江汉大学武汉市市级重点学科项目"教育学"学科

现代大学治理的地方高校实践研究

Xiandai Daxue Zhili de Difang Gaoxiao Shijian Yanjiu

储著斌 ◎ 著

西南交通大学出版社
·成都·

图书在版编目（CIP）数据

现代大学治理的地方高校实践研究／储著斌著. —
成都：西南交通大学出版社，2018.5
ISBN 978-7-5643-6146-4

Ⅰ. ①现… Ⅱ. ①储… Ⅲ. ①地方高校－学校管理－
研究－中国 Ⅳ. ①G647

中国版本图书馆 CIP 数据核字（2018）第 079856 号

Xiandai Daxue Zhili de Difang Gaoxiao Shijian Yanjiu

现代大学治理的地方高校实践研究

储著斌　著

责任编辑	武雅丽
特邀编辑	陈亚萍
封面设计	严春艳

	西南交通大学出版社
出版发行	（四川省成都市二环路北一段 111 号
	西南交通大学创新大厦 21 楼）
发行部电话	028-87600564　028-87600533
邮政编码	610031
网址	http://www.xnjdcbs.com
印刷	四川森林印务有限责任公司
成品尺寸	170 mm×230 mm
印张	13.5
字数	241 千
版次	2018 年 5 月第 1 版
印次	2018 年 5 月第 1 次
书号	ISBN 978-7-5643-6146-4
定价	58.00 元

序

　　构建具有中国特色的现代大学治理体系，是适应社会主义市场经济和社会发展，加快高等教育现代化，办好人民满意教育的制度保障。开展这一问题的研究，具有重要的现实意义和深远的历史意识。本书作者储著斌博士是我校高等教育研究所的专职研究人员。他在其近年来有关地方高等教育研究成果的基础上，适当拓展内容编著的《现代大学治理的地方高校实践研究》一书即将出版面世。

　　这一课题的研究和著作的出版，与作者对这一问题研究重要性的认识和学习、工作经历密切相关。他在武汉大学先后获得学士、硕士、博士学位，学习的专业均是马克思主义理论与思想政治教育，在参加工作后，又主动到国内知名高校的教育学院进修访学。1998 年以来，作者一直在江汉大学从事大学教育工作，经历过理论宣传、专业教学、发展规划、政策法规、法律事务等不同岗位，后有志于专职从事高等教育研究，并有机会接触到我国副省级城市所主办的大批地方高等教育的材料。纵观他学习、工作及学术研究的简要经历，主要是围绕着管理育人这一主题进行的。这直接引发他对我国现代大学治理与管理育人有着较为深刻而独特的体验和感悟，便以管理育人为切入点，将大学德育纳入大学治理开展研究。于是，本书的选题就自然围绕着现代大学治理的地方高校实践展开，其中既有他对工作实践的理论关注，也有他在学术研究上的个性思考。

　　作者首先从中国特色现代大学治理体系的宏观环境出发，审视现代大学治理这一主题，将管理育人作为联系现代大学治理中其他方面实践活动的纽带，坚持现代大学治理中德治与法治的协调统一，彰显普通高校党委领导下的校长负责制的制度自信，强调以大学章程为统领推进现代大学治理，以高校各级领导干部法治思维与法治方式为核心提升治理能力，确保高校的正确育人导向。在此基础上，结合教育学、法学、思想政治教育学、管理学等几个学科维度进行综合分析，明确管理育人手段发挥作用的延展时间和空间，就"治理有方、管理到位、风清气正"给出了自己的诠释，试图将管理育人作为独立领域进行专门化研究。

同时，作者在研究中也具有鲜明的问题意识。例如，作者认为现代大学治理必须是德法共治，依法治校与以德治校在目标指向上具有一致性，两者协调统一的观念基础在于德法协同观、核心价值观、大学文化观、人才培养观，两者需要实现制度协调。诸如此类的论述，其问题直接来源于高等教育工作实践。这种教育学研究的问题意识，是值得倡导的。

纵观此书，论点鲜明、思路清晰、论证比较充分，是一部关于现代大学治理与管理育人研究的优秀作品。相信本书的出版，会对现代大学治理、高校思想政治工作理论以及管理育人工作的精细化、科学化起到积极的促进作用，对地方高校进一步提升中国特色现代大学治理能力有所裨益。

当然，由于作者的水平有限及其理论视野的局限，本书不可避免地存在一些不足，希望专家学者多多赐教。更希望作者以此为起点，更加深入系统地研究现代大学治理的中国特色问题、地方高校的鲜明个性问题以及高等学校管理育人与制度育人等方面的问题，以期取得新的成果和成绩。

储著斌同志也是江汉大学地方高校发展与评估研究中心的兼职研究人员。应他的要求，我作为中心主任，同意将本书纳入"高校发展与评估研究论丛"，并为之作序，也算是对中青年学者的一种扶掖与支持吧！

是为序。

李进才

2018 年 3 月 26 日

（作者系江汉大学名誉校长、教授。曾任教育部高教一司副司长、武汉大学副校长、江汉大学校长等职）

前　言

　　建设中国特色现代大学制度是《国家中长期教育改革和发展规划纲要（2010—2020年）》提出的明确要求，也是高等教育管理体制改革的核心内容。党的十八届三中全会进一步提出"完善学校内部治理结构"的改革要求。2016年底，习近平同志在全国高校思想政治工作会议上特别强调，我们的高校是党领导下的高校，是中国特色社会主义高校。办好我们的高校，要求之一就是"要坚持不懈培育优良校风和学风，使高校发展做到治理有方、管理到位、风清气正"。"治理有方、管理到位、风清气正"是十八大以来以习近平同志为核心的党中央对中国特色现代大学治理的基本要求，贯穿于高等学校治理全过程。

　　为贯彻落实习近平同志系列重要讲话精神，围绕上述要求，近年来教育部及其他有关部门开展了一系列现代大学制度建设方面的工作，逐步完善了建设中国特色现代大学的制度框架体系。表现为在国家法律法规的基础上，贯彻落实中共中央发布的《中国共产党普通高等学校基层组织工作条例》《关于坚持和完善普通高等学校党委领导下的校长负责制实施意见》等纲领性文件，教育部制定了《全面推进依法治校实施纲要》《高等学校章程制定暂行办法》《学校教职工代表大会规定》《高等学校学术委员会规程》《普通高等学校理事会规程（试行）》《高等学校信息公开办法》等一系列教育部部门规章与规范性文件，内容包括高等教育宏观管理、高等学校内部治理和决策机制、综合管理、质量建设与教学评估、财务管理与基本建设、教师与学生管理、专业与学科设置、学位管理、对外交流与合作等各个方面，涉及政府对高校的管理权限、管理方式、管理内容、支持政策，以及对高校内部管理体制机制提出的规范性要求等，全面涵盖了现代大学制度建设的各个方面，为进一步推进中国特色现代大学制度建设、落实高校办学自主权、规范高校治理结构和管理方式提供了重要制度设计，成为诠释和勾勒我国现代大学制度框架的制度成果和实践依据。

　　伴随着国家最高教育行政部门的顶层制度安排，一个时期以来，我国学术界以及实务界对中国特色现代大学制度与现代大学治理的认识存在两个误区：一是认为随着近年来我国现代大学制度建设的步伐加快，特别是在教育部的强力推进下，中国特色现代大学制度已经形成了固定的模式；二是认为现代大学制度也就是西方的大学制度，西方模式就是现代大学制度的模板，唯西方大学制度为标准，符合即为正确。认为我国实行的以"党委领导下的校长负责制"为核心的现代大学制度不符合西方的实践，中国现代大学制度的建立只需拷贝、复制西方即可。

对于第一种认识误区，我们需要引导。虽然中国特色现代大学制度框架体系基本形成，但是我国现代大学制度尚未形成固定模式。特别是十八大以来，习近平同志一系列治国理政新理念新思想新战略，已上升为习近平新时代中国特色社会主义思想，确认为我们党的行动指南，转化为我国宪法的基本规范，要以习近平教育思想指引中国教育改革和发展的前进方向。党的十九大报告进一步强调"实现高等教育内涵式发展"的战略任务，中国特色现代大学治理属于高等教育内涵式发展的题中应有之义。中国特色现代大学治理要主动服从教育的根本任务，即"承担好立德树人、教书育人的神圣职责"，具体而言就是落实前述的"治理有方、管理到位、风清气正"的任务。在新时代，中国特色现代大学治理要继续在深化教育体制机制改革、推进治理能力现代化、切实强化管理育人、保障各层面"双一流"建设等方面发挥重要作用。

对于第二种认识误区，我们需要批判。事实上，现代大学制度具有历史性和多样化的特质。即使就西方大学制度自建立以来的实践而言，也始终处于一个不断探索完善的过程中。在厘清现代大学制度的发展历程和本质内涵的基础上，准确把握中国特色现代大学制度的根本特征、实践优势等，对坚持和完善中国特色现代大学制度，增强中国特色现代大学制度的制度自信，推进"双一流"和实现高等教育强国的战略目标意义重大。对此，习近平总书记在第二十九个教师节的慰问信中，对我国教育发展方向、发展目标进行了高度概括，这就是"发展具有中国特色、世界水平的现代教育"，"中国特色、世界水平的现代教育"自然涵括了现代大学治理在"中国特色"方面的要求。

基于此，笔者得出初步结论，新时代中国特色现代大学治理要以习近平教育思想为指导，确保习近平新时代中国特色社会主义思想在教育领域落地生根。中国特色现代大学治理"永远在路上"，要按照"治理有方、管理到位、风清气正"的总体要求创新改革、继续推进。

一是自觉坚持对中国特色现代大学制度的制度自信。正如笔者所指出的，普通（公立）高校党委领导下的校长负责制是在马克思主义中国化的历史进程中形成的，并为党的历届中央领导集体所重视，实现了理论自信。当前，高等教育实践者对这一制度设计缺乏制度自信，学术界对这一制度安排缺乏理论自信，进一步强调坚持并完善这一领导体制十分必要。在此背景下，就要加强制度自觉与制度自信，以党委领导下的校长负责制为切入点，高校党委切实履行管党治党与办学治校的主体责任、高校思想政治教育的主体责任、高校意识形态领导权的主体责任、高校党风廉政建设的主体责任，发挥制度优势，服务于高校人才培养中心任务的实现。实践证明，党委领导下的校长负责制符合我国国情和高等教育发展规律，是中国特色社会主义现代大学制度的核心内容，是党对高校领导的根本制度。对这一领导体制，我们需要认真学习马克思主义中国化过程中党的领袖的经典论述，反对和批判各种错误认识，增强理论自信。

二是主动避免陷入中国特色现代大学制度的"制度迷信"。在树立党委领导下的校长负责制制度自信的同时，我们要坚决破除"制度神话"，避免走入"制度迷信"的怪圈。关于制度，我们曾经和正在建构"两个神话"：或者过分迷信制度的自发作用，认为我们已从理论上设计出一个好的、先进的、优越的制度，就想当然认为它在实践中必然具有现实性，这一制度就能解决我们希望解决的问题；或者过分迷信制度的万能作用，认为伴随着改革开放以来依法治国的发展进程，中国社会进一步意识到制度的意义与价值，对制度的作用越来越推崇，但是过了头就想当然地认为制度可以解决一切问题了。对于以党委领导下的校长负责制为核心的现代大学制度而言，我们要自觉维护制度的权威，培育制度意识；理性认识制度的不能，走出制度神话；充分彰显制度的价值，建设制度文明，在增强制度自信的同时避免陷入"制度迷信"的窠臼。这就要求我们在高等教育改革与发展中，进一步优化党委领导下校长负责制的制度设计与制度安排，制定相关会议制度和议事规程，建立健全内部管理制度，正确处理好党的领导、依法治校与民主管理之间的关系，消除各种错误认识，避免制度停留在"纸面上"，增强制度自信。

三是充分发挥中国特色现代大学制度的育人功能。在新时代，要坚持和加强党的全面领导，充分发挥中国特色社会主义教育的育人优势，以立德树人为根本，以理想信念教育为核心，以社会主义核心价值观为引领，以全面提高人才培养能力为关键，形成全员全程全方位育人格局。构建管理育人质量提升体系，把规范管理的严格要求和春风化雨、润物无声的教育方式结合起来，加强教育立法，遵守大学章程，完善校规校纪，健全自律公约，加强法治教育，全面推进依法治教，促进教育治理能力和治理体系现代化，强化科学管理对道德涵育的保障功能，大力营造治理有方、管理到位、风清气正的育人环境。健全依法治校、管理育人制度体系，研究梳理高校各管理岗位的育人元素，制定管理干部培训规划，严把教师聘用、人才引进政治考核关，把育人功能发挥纳入管理岗位考核评价范围，培育一批"管理育人示范岗"。具体而言，一要完善教育法律法规体系，加快制（修）订教育规章，保障师生员工合法权益；二要健全依法治校、管理育人制度体系，结合大学章程、校规校纪、自律公约修订完善，研究梳理高校各管理岗位的育人元素，编制岗位说明书，明确管理育人的内容和路径，丰富完善不同岗位、不同群体公约体系，引导师生培育自觉、强化自律；三要加强干部队伍管理，按照社会主义政治家、教育家要求和好干部标准，选好配强各级领导干部和领导班子，制定管理干部培训规划，提高各类管理干部育人能力；四要加强教师队伍管理，严把教师聘用、人才引进政治考核关，依法依规加大对各类违反师德和学术不端行为查处力度，及时纠正不良倾向和问题；五要加强经费使用管理，科学编制经费预算，确保教育经费投入的育人导向；六要强化保障功能，健全依法治校评价指标体系，深入开展依法治校创建活动；七要把育人功能发挥纳入管理岗位考核评价范围，作为评奖评优条件；八要培育一批"管理育人示范岗"，引导管理干部用良好的管理模式和管理行为影响和培养学生。

四是全面落实"双一流"建设对现代大学治理提出的改革任务。自2015年启动世界"一流大学"和"一流学科"建设任务以来，目前国家与地方不同层次的建设方案、实施意见均已密集出台，这对于提升我国教育发展水平、增强国家核心竞争力、奠定长远发展基础，具有十分重要的意义。但是在不同层级的"双一流"建设中，各地各校均异常重视"双一流"的建设任务即"硬性"方面的要求，例如建设一流师资队伍、培养拔尖创新人才、提高科学研究水平、传承创新优秀文化、着力推进成果转化；但是，不少地区或高校自觉或不自觉地在一定程度上对"双一流"的改革任务即"软性"方面的要求却忽视甚至漠视了。就国务院2015年《统筹推进世界一流大学和一流学科建设总体方案》的制度设计，建设任务与改革任务同等重要，都属于"双一流"建设的重要内容。在五项"改革任务"即加强和改进党对高校的领导、完善内部治理结构、实现关键环节突破、构建社会参与机制、推进国际交流合作中，前四项均直接或间接与现代大学治理或中国特色现代大学制度建设内容相关。仅就第二项改革任务"完善内部治理结构"而言，建立健全高校章程落实机制，加快形成以章程为统领的完善、规范、统一的制度体系；加强学术组织建设，健全以学术委员会为核心的学术管理体系与组织架构，充分发挥其在学科建设、学术评价、学术发展和学风建设等方面的重要作用；完善民主管理和监督机制，扩大有序参与，加强议事协商，充分发挥教职工代表大会、共青团、学生会等在民主决策机制中的作用，积极探索师生代表参与学校决策的机制等，均需要按照"治理有方、管理到位、风清气正"的总体要求进一步健全完善。

上面简单地就现代大学治理与现代大学制度建设发表一些浅见，既作为本书的绪论，交代作者的一些基本构想；又提供了作者下一步思考的着力点，将在今后的研究中继续加强针对性研究。

目　录

第一章

地方高校现代大学制度建设的发展环境

十八大以来，随着我国各区域发展总体战略的深入实施，又因地方高校聚集的各类城市位于国家各类发展战略的核心地带，区位优势得以彰显。地方高校的发展机遇来自于区域发展的主攻方向、政策制度的强大动力、前期发展的良好基础、人力资源的新型需求、政府支持的空前力度、高质教育的强烈期盼等。严峻挑战体现为外部制度环境有待改善、地方高教格局深刻变化、高校生源大幅减少、就业形势不容乐观、高校内部不利因素等。

第一节　地方高校科学发展的现实境遇

随着世界经济、政治、文化形势的发展，高等教育在人类社会发展中的地位和使命正发生着深刻的变革，其对政治生活、文化生活和经济社会发展发挥着日益强大的影响力。国家经济发展方式的转变、经济社会全面协调发展及社会转型更加突出了高等教育的战略作用。这不仅为高等教育事业发展提供了广阔的空间，而且为地方高校的发展提供了良好机遇。以全国十五个副省级城市举办的综合性大学①为代表的地方高校，既获得了大发展的机会，也面临着严峻的挑战。

一、地方高校内涵发展的区位优势

我国教育事业特别是高等教育要在 2020 年基本实现教育现代化，就必须加大对包括城市大学在内的地方高校的关注，必须重视地方高校的改革与发展。城市大学，原指 19 世纪至 20 世纪初，英国在各大城市建立的一些具有

---

① 程墨. 全国十五城市综合大学联席会议举行[N]. 中国教育报，2010-11-02（2）.

学位授予权的大学。① 十一届三中全会以来，我国出现了一批新的大学即职业大学。从 20 世纪 90 年代开始，伴随着城市成长的职业大学，经过合并调整，大多先后升格为普通本科院校，这也是我国高等教育体制改革的重要成果和高等教育大众化进程实现的载体。这类大学大多建在省会等重要城市，学校由城市政府举办，主要为城市的区域经济社会发展服务，专业设置与人才培养贴近城市发展的实际，因此我国高等教育学界将此类具有明显城市属性的、后经合并或升格的本科院校定位为"城市大学"。

2010 年 10 月，全国十五个副省级城市的综合性大学建立了联席会议机制（2010 年成立于武汉并召开了全国十五个城市综合大学联席会议第一次会议，包括广州大学、沈阳大学、青岛大学、大连大学、深圳大学、济南大学、杭州师范大学、宁波大学、成都大学、厦门理工学院、哈尔滨学院、长春大学、金陵科技学院、西安文理学院与江汉大学等；2011 年 12 月在广州召开了联席会议第二次会议）。② 该机制所联系的 15 所综合性城市大学，占我国普通本科高校的 1.95%，具有一定的代表性。这些综合性城市大学与所在城市相互依存。一方面，这些城市大学都是应城市发展而生，都办在副省级城市，大多数实行的是"省市共建、以市为主"的管理体制（青岛大学例外，实行"以省为主"的体制），同时它的发展离不开城市的繁荣；另一方面，城市的发展决定着城市综合大学支持与服务的力度和水平。这些大学大多数是在以前多所市属小型高校的基础上，按照政府的要求合并而成（厦门理工学院除外），招生以城市所属区域生源为主（且录取存在省市分数线的差异），毕业生就业也主要面向大学所在城市。

地方经济社会的快速发展需要地方高等教育强有力的支持。城市综合大学不仅有力地推动了高等教育的大众化，提高了劳动人口的文化科学技术素质，为城市产业结构高级化和职业结构高技术化提供人才和智力支持，而且推进城市文化不断发展，进而促进城市及区域经济社会的全面发展。一直以来，在地方政府的领导下，城市大学为我国及各个省市地方的经济建设和社会发展培养了数以万计的社会主义建设者和接班人，提供了有力的科技支撑和智力支持。尽管在这些副省级城市里国家重点高校林立，但以城市大学为代表的地方高校为我国高等教育事业发展做出的突出贡献、在地方经济社会发展中发挥的作用是不可替代的。一方面，地方高校是我国高等教育实现精英教育向大众化教育转变的重要承担者，重点大学研究生的生源越来越多地

---

① 朱九思，姚启和. 高等教育辞典[M]. 武汉：湖北教育出版社，1993：26.
② 黄茜，王国栋. 全国十五所城市大学联席会议举行[N]. 广州日报，2011-11-19（A4）.

依赖地方高校所培养的优秀本科毕业生。近年来，在各级政府及社会各界的支持帮助和大学自身的不懈努力下，地方高校普遍实现了较为迅速的发展，为高等教育体制改革和教学改革提供了许多创新性经验，已日益成为中国高等教育发展进程中一支不可或缺的重要力量。另一方面，由于高等教育大众化进程的快速推进，我国大学与政府、社会的关系，以及大学内部管理模式、组织形态、队伍建设、师生关系等问题日益凸显。城市大学作为地方高等教育的生力军，在从数量增长到内涵式发展的过程中，同样面临许多需要解决的问题，诸如定位不明、同质化倾向的问题；发展方向不明，为地方服务意识不强、力度不够的问题；应用性不足、特色不够鲜明的问题。

地方经济社会发展水平制约着城市大学的内涵式发展。第一，若城市经济发展水平落后，影响城市大学办学经费的筹集。目前，高校办学经费来源除政府投入外，社会资助和学费收入占有相当大的比重。但是，很多城市的高校学生欠费率较高，一般在 15% 左右，学生欠费成为困扰城市大学发展的难题之一。第二，城市经济发展水平落后，影响城市大学的学生就业。受经济发展水平的影响，经济落后地区对人才总量的需求不旺盛，这严重影响了高校毕业生在本地区的就业。第三，城市经济发展水平落后，影响城市大学专业结构的调整。受经济发展规模和效益的限制，欠发达地区的高校在专业结构调整方面既无法增加更多的投入，又缺少外部环境的配合，专业结构调整处于滞后状态。第四，城市经济发展水平的落后，影响城市大学师资队伍的建设。欠发达地区人才大量流失，需引进人才，但人才的引进可能要以超过自身承受能力为代价，这既加大了办学成本，又影响了发展速度。

参加全国十五城市综合大学联席会议的十五所城市大学，在我国地方高校中占的比例虽然不大，但在我国经济社会发展各种区域性战略中具有很强的代表性。十五所城市综合大学所在城市均是区域发展战略的中心城市与核心地带，囊括了我国经济发展的所有龙头地带，如长三角、珠三角、闽南三角洲（海西开发区），以及西部大开发、中部崛起、东北老工业基地振兴等地区。特别是中央将上述区域发展战略上升为国家战略之后，各省市都在具体实施各类国家战略，这对城市大学而言，既有实现科学发展的良好地缘优势，更是实现跨越发展的空前机遇。十五城市大学中有 9 所处于我国沿海经济开放带，这是我国经济社会发展的发达地区，也是要率先实现教育现代化的地区。这些地区的城市大学有：改革开放最前沿经济特区的深圳大学、厦门理工学院，沿海开放城市的广州大学、青岛大学、宁波大学、大连大学，位于长江三角洲经济带的金陵科技学院、杭州师范大学以及位于经济开放区山东半岛的济南大学。这 9 所城市大学从北到南，贯穿了我国东部经济发达地区的辽东半岛、山东半岛、长三角、闽南地区、珠三角。其余 6 所分布在我国改革开放的重要区域：我国中部崛起战略的中心城市武汉（江汉大学），西部大开发的桥头堡成都与西安（成都大学、西安文理学院），东北老工业基地振兴的三个中心城市（沈阳大学、长春大学、哈尔滨学院）。

这些城市大学分布在我国东西南北各主要城市，作为当地城市的市属综合大学，它们有着显著的共同点：所在城市均是我国副省级城市，其中很多是省会城市、经济特区、沿海开放城市，是当地政治、经济、文化的中心，引领着地方经济社会的发展方向，在地方和国家经济社会发展中占据着重要地位，发挥着各自不可替代的作用。更重要的是，在当地党委、政府的领导下，城市大学已经成为当地城市高等教育的主要力量，成了当地高等教育的一张名片，并为我国改革开放和经济建设提供了人才和智力贡献。

二、地方高校跨越发展的有利条件

"十三五"期间是各副省级城市建设高水平综合大学的重要机遇期。按照中央的判断，我国经济社会发展呈现出新的阶段性特征，这直接影响着各副省级城市的区域定位，决定着各城市大学的发展方向。

（一）政策制度的强大动力

高等教育发展有三大主题，即大学制度改革、特色发展、教育质量的提高。大学制度改革的方向是更彻底的办学自主权、更大的政策空间、更多的学术民主，特色发展的方向是更加注重高校的社会服务功能，教育质量提高的方向是更加注重杰出人才的培养。根据这一导向，各城市大学主动进行大学制度改革和创新，加强特色建设，强化区域社会发展的服务功能，培养优秀人才，按照国家投资方向努力做好项目储备，进而获得较大和较快的发展。各副省级城市根据《国家中长期教育改革与发展纲要（2010—2020 年）》以及各省教育发展纲要的精神，具体制定了各城市的中长期教育改革与发展纲要（名称不一），对三大发展主题进一步细化，并对各城市大学提出了具体的要求。同时，国家及各省市相继颁布了中长期科技、人才等规划纲要，密集地出台了一系列重大方针政策，鼓励高等教育率先发展，引导高校在不同层次和领域办出特色，继续实施本科教学质量工程，启动特色重点学科项目，支持地方高等教育专项资金，支持高校提高国际化办学水平，加大海外高层次人才引进力度，逐步提高财政性教育经费支出所占国内生产总值的比例。

（二）前期发展的良好基础

在所在地的省市党委与政府的正确领导和学校师生的共同努力下，各城市大学全面落实科学发展观，扎实推进各项工作，各项事业成效显著，综合实力和办学水平迈上新台阶，学校步入科学发展新阶段。具体表现为办学规模稳步增长，学科专业建设实现新突破，教学质量逐步提高，科研实力明显增强，师资队伍建设水平进一步提升，对外合作与交流持续扩大，办学条件日益改善，开放办学深入推进，党建和思想文化建设成效显著。同时，各城市大学还取得了多方面跨越式发展的成功经验。这些成绩和经验为"十三五"的新发展奠定了坚实的基础。

（三）符合区域发展的主攻方向

在我国现行经济社会发展政策中，经济结构的调整作为转变经济发展方式的主攻方向，对劳动者的素质提出更高要求，人才需求结构、层次和类型也将出现显著变化；科技进步和全面创新作为加快转变经济发展方式的重要支撑，将继续促进科教兴国战略和人才强国战略的深入实施；保障和改善民生作为加快转变经济发展方式的出发点和落脚点，将促使全社会对教育事业发展更为重视。高等教育在现代化建设整体格局中的战略地位将更加突出。以青岛市为例，从区域经济社会发展来看，环渤海经济圈正在加速崛起，黄河三角洲高效生态经济区建设、山东半岛蓝色经济区建设上升为国家战略，青岛传统产业转型升级、主导产业集群发展和战略性新兴产业培育正处于关键时刻，区域经济社会发展带给高等教育的机遇呈多重叠加态势。为此，青岛大学实施的"青岛大学服务青岛行动计划"，就是在人才培养、科学研究、成果转化等方面直接为青岛的建设服务。厦门理工学院提出，要在总体目标中更突出产业特色，力争把该校"建设成为特色、精致、具有较强竞争力的开放式、应用型、地方性、国际化的海西一流亲产业大学"。所谓的"亲产业"，就是指高校主动贴近产业，紧密围绕产业导向和产业价值实现来进行人才培养、社会服务、科学研究，并由此形成配套的教学科研管理体系、评价考核体系和校园环境氛围。学校与企业在人才培养、技术供需、科技攻关、资源共享、人员交流等方面亲密合作。"亲产业"的核心是学校办学要"关产业痛痒、应产业所求、纳产业精华、为产业服务"。就大连而言，近年来，大连经济社会发展突飞猛进，已成为东北老工业基地振兴的龙头、东北亚地区的核心城市。目前，大连正在推进全域城市化发展战略，未来五年，大连将在城市科学发展和发展模式转型等方面有大动作、大项目、大投资。全面融入大连的经济社会发展，以特色和优势服务大连，是大连大学创新发展得天独厚的外部环境。

（四）适应人力资源的新型需求

一方面，我国加入世界贸易组织后，世界级企业纷纷来到中国贸易市场特别是副省级城市的市场，这必然需要大量受过高等教育的人才来满足这一需求。另一方面，由于经济快速稳步的发展，城市经济社会发展也需要越来越多的各种类别的高层次人才。厦门提出要进一步构建适应地方支柱产业、战略性新兴产业发展需求的专业链，形成结构合理、特色鲜明、优势突出、亲产业的专业格局。为此，厦门理工学院呼应海西（厦门）产业结构调整及支柱产业、战略性新兴产业发展和人才需求，完善先进制造业、现代服务业、电子信息、文化传播、数字创意、城市建设与环境等 6 条专业链，加快构建新能源、新材料等专业链，形成 50 个左右本科专业和若干有特色的专业方向。同时，整合专业教育资源，推进学科交叉与融合，培育新的交叉性、融合性专业增长点，形成与区域经济和产业结构相适应的专业格局。大连大学则认为在大连市企事业单位的用人层次将有大幅度向上（研究生）和向下（职教生）位移的趋势；接收本科生的企事业单位更趋向有行业背景的高校。这对以本科为主且无行业背景的诸多城市大学的人才培养是一个新挑战。

（五）政府支持的空前力度

由于城市大学对本地区经济和社会发展有着很大的影响，地方政府也越来越注重科教的作用。城市大学发展最核心的要素之一是地方政府的大力支持，杭州师范大学就是一个典型。第一，该校的发展规划既是学校未来五年发展的作战图，又是杭州市经济和社会发展规划纲要的专项规划。这意味着学校不仅要站在学校立场上思考学校的科学发展，还要站在杭州市未来发展的立场上思考和谋划学校的科学发展，这一角度的调整促使规划的体例、内容、语言等方面都更"像"杭州市经济社会发展规划的专项规划。第二，杭州市委、市政府专门就杭州师范大学的发展问题出台文件，在政策层面上支持学校的改革与发展，这在全国都是很少见的。在 2008 年发布的《中共杭州市委、杭州市人民政府关于支持杭州师范大学建设一流综合性大学的若干意见》（市委〔2008〕12 号）中，为进一步加快杭师大的建设与发展，更好地发挥其在服务城市经济社会发展和共建共享"生活品质之城"中的智囊团、创新源、人才库作用，就支持杭师大建设省内乃至国内一流综合性大学提出了诸多指导意见。

（六）高质教育的强烈期盼

全国教育工作会议指出，教育发展要顺应人民群众对接受更多更好教育的新期盼。① 随着我国经济社会的不断发展进步，广大人民群众对提高自身素质、通过接受高质教育改变自身命运的愿望更加强烈。特别是在 2002 年我国高等教育毛入学率达到 15%、进入高等教育大众化阶段以后，我国高等教育基本解决了"有学上"的问题，在副省级城市这个问题解决得更理想；但是"上好学"的问题依然突出，这对城市大学的进一步发展提供了有利的机遇和条件。虽然各城市大学也面临着竞争生源的问题，但高等教育特别是优质教育的需求在一个较长时期内会保持旺盛的态势。

三、地方高校和谐发展的现实压力

城市大学在面临有利条件和发展机遇的同时，也存在着诸多压力和严峻挑战。这些压力与挑战既来自外部环境，也存在于高校内部。

（一）外部制度环境有待改善，避免制度层面的"先天缺陷"

城市大学的管理体制大多数属于"省市共建、以市为主"。这种办学体制有其优势，可以得到省市共同关注和支持；但同时也带来另一问题：有时都管你，有时都不管你；更多时候高校不知道该找谁："找教育部吧，够不着；找教育厅吧，它有自己直属的高校；找市里吧，严格上讲，市里又不管高等教育。"这是很多城市大学的领导在工作中面临的困境。这种体制具有先天缺陷，国家教育规划纲要在国家制度层面也没有地方高校与城市大学的具体定位。从国家层面而言，在诸如硕士、博士学位授予权方面，在争取科研项目方面都存在着对城市大学（甚至包括所有城市举办的地方高校）不利的制度障碍。国家硕士、博士学位授予权单位按区域布点和向中西部倾斜的导向，使东部高校硕士、博士学位授权学科的竞争十分激烈；但很多东部地区的城市大学建校时间短，一级学科成熟度又不高，在继续发展中必然要面对授权单位竞争白热化的挑战。

从地方层面而言，部分城市大学面临着资金不足、负债较多的问题，这严重影响了学校的正常运行和可持续发展。同时，城市政府掌控着城市大学的人、财、物，上级核定的编制数少于学校事业发展需要的编制数，制约了人才引进，限制了职称晋级，影响了人才队伍建设，不利于学校又好又快地

---

① 教育规划纲要工作小组办公室. 全国教育工作会议文件汇编[M]. 北京：教育科学出版社，2010：30.

发展。对于城市政府而言，城市大学在一定程度上被地方政府当做一个"大学局"来看待，而大学本身不能做到人事自配、计划自定、机构自设、财务自理、设备自购等。对此，深圳大学校长曾言，"学校为吸引人才需要的房产不能向市场购买，只能等政府分房，甚至购置一台电脑都要等待三个月，财、物完全由政府控制。如本科专业设置需要全国评审，可能要花 5 年时间才能申请下来，这就导致高校根本无法根据市场需求灵活设置专业"[1]，"由于深圳大学是深圳市投资举办的地方大学，所以深圳市政府对学校具有管辖权，所有财政性支出必须严格按照深圳市财政局批准的经费指标执行，并通过国库支付系统支付，每天结算，实行'零余额'账户。"[2] 从现有体制来讲，城市大学从教育部、省教育厅拿到的资源实际上非常有限，城市大学面临着制度障碍，处于尴尬的"夹心层"。

（二）地方高等教育格局深刻变化，竞争与合作进一步加强

各地高等教育格局发生深刻变化。以青岛市为例，进入 21 世纪以来，该市的高校从 6 所增加到 23 所，全日制在校生从 4.6 万人增加至 30.6 万人，优质高等教育资源高度集聚。另外，高等教育竞争与合作进一步深化。各高校普遍重视加强内涵建设，积极争取各类资源，办学水平快速提升，综合实力显著增强：一些高水平大学之间通过联盟等形式，进行了新的合作办学尝试；一些新近合并的大学度过磨合期后，优势逐步显露；一些具有行业背景的大学与社会需求结合紧密，发展势头强劲；一些地方院校尤其是省部共建大学在争取政策支持方面也取得了一定成效。这些都对城市大学形成很大的压力。

（1）外来竞争者。外国大学以资源优势吸引更多的中国学生，特别是大城市的学生到海外留学，这必将缩小城市大学优秀生源的挑选空间；外资企业和机构凭借高工资、高福利等物质条件与优越的工作环境，对城市大学的青年教师产生诱惑，引发新一轮的人才外流。

（2）其他高校的竞争。得到教育部和省政府重点扶持的高校，在社会声誉、人才引进、科研项目的获得、建设资金的引进等方面都有很强的优势，城市大学在整体上根本不能与这些高校相媲美。

（3）民办高校的竞争。作为我国教育体系重要的组成部分，民办高等教育近年来呈现出迅猛发展的良好势头。民办大学在办学机制、办学效率、用

---

① 江海波. 深圳大学：妥协式改革前车之鉴[N]. 中国经营报，2011-02-14（A10）.
② 马晖. 深圳大学试水打破教授"铁饭碗"[N]. 21 世纪经济报道，2010-05-31（6）.

人机制、办学经费等方面存在着包括城市大学在内的公办高校无法比拟的优势，逐渐成为城市大学强有力的竞争者；另外，部分民办高校从 2012 年开始实施研究生教育，这对于城市大学本就薄弱的研究生教育更是新的挑战。

（三）高校生源大幅减少，就业形势不容乐观

高校生源大幅减少目前已是不争的事实。以山东为例，根据山东省人口普查资料，未来几年山东省、青岛市高等教育适龄人口将迅速减少，高校生源将受到直接影响。受人口生育率峰值急转直下的影响，高中毕业生的规模逐年收缩。以辽宁为例，2015 年比 2012 年减少 15 万高中毕业生，生源总量的减少必然使优秀生源的竞争日趋激烈。一些部属院校、省属高校的分校进入异地城市办学，将使各城市大学面临优秀生源竞争的新挑战。同时，随着国际教育服务贸易的迅猛发展，国外知名高校吸引了一批素质较高、经济条件较好的生源，进一步加剧了优质生源竞争。同时，毕业生就业形势也不容乐观。转变经济发展方式和调整经济结构的任务对学科专业结构的调整提出了新的更高的要求，社会对人才的需求趋于多样化，我国大学毕业生供给结构性过剩的状况将持续，毕业生就业压力仍然较大。

（四）高校内部诸多不利因素的影响

20 世纪末以来的高校扩招给城市大学带来的首要问题就是师资的紧缺和教育资源供应的不足。扩招后一线教师数量明显不足，许多课程不得不大班开课，对学生面对面指导的机会减少；教师教学任务加重，也大大减少教师教学研究和教学改革、进修和开展科研的时间和精力；部分高校硬件设施的建设和管理滞后于扩招的要求，严重影响到了学校的教学质量；扩招过程中盲目扩大某些"时髦""热门"专业的招生规模，导致毕业生人数结构性过剩，造成就业困难。为此，诸多城市大学提出要稳定规模，例如，在学校的"十二五"规划中，青岛大学将全日制在校生规模作为约束性指标；沈阳大学、哈尔滨学院等均表示要稳定招生规模。学科专业结构的不合理严重制约了城市大学的科学发展。城市大学某些专业的开设"跟风"其他高校，没有根据自身的内、外条件做出科学决策；学科专业建设与发展没突出特色，部分专业设置存在短期行为的现象。为了迎合市场需求，某些城市大学盲目设置时髦（热门）专业，开办的新专业太多，各种硬件和软件一时难以跟上，人才培养质量难以提高。部分城市大学经费问题成了制约进一步发展的瓶颈，办学资金短缺的现象进一步恶化。城市大学的资金来源一般来说主要依靠城市政府拨款、学生学费、成果转化及其他创收。一方面，国家教育投资的重

点是列入"一流大学""一流学科"等重点项目的高校，省级政府拨款也主要倾向于省属高校，因此对大多数城市大学的投入与扶持力度有限；另一方面，城市大学在市场经济条件下，资金来源渠道过于单一，自身"造血"能力有限，缺乏必要的科研水平和财力去办企业，通过校企联合的形式多渠道为学校发展融资的能力受限，发展资金严重不足。

综合判断当前发展面临的形势，在决胜全面建成小康社会的新时期，城市大学必须主动适应环境变化，增强机遇意识和忧患意识，科学把握高等教育规律，认清和发挥自身优势，充分利用各种有利条件，加快解决突出矛盾和问题，有效应对风险和挑战，切实提高发展的科学性、全面性、协调性、可持续性，促进学校各项事业又好又快地发展。

第二节　地方高校科学发展的制度困境

现代大学制度建设应加大对包括城市大学在内的地方高校的关注。城市大学的现代大学制度建设面临的现实困境在于举办者的办学理念不够明晰，现行管理体制相对僵硬，办学者的办学自主权有待落实。城市大学现代大学制度建设要在教育管理体制改革的环境中取得政府支持，在长期准备、程序合法的前提下推进渐进改革，在稳妥处理涉及"人"的敏感问题的基础上实现重点突破。

现代大学制度是指适应经济社会发展需要，符合现代教育理念和规则的高等学校体系和制度安排，一般包括学校、政府和社会关系的合理界定，规范、清晰的学校内部管理制度，教职工和学生等学校成员合法权益的保障机制等方面内容。建立和完善中国现代大学制度，是贯彻《国家中长期教育改革与发展规划纲要（2010—2020 年）》的重要任务，是落实《中国共产党普通高等学校基层组织工作条例》的制度要求，是实施《中华人民共和国高等教育法》的法律要求，是贯彻落实十八届三中全会"完善学校内部治理结构"的改革要求，是实现习近平总书记关于高校"治理有方、管理到位、风清气正"的总体要求，也是我国高等教育改革和发展的必然选择。中国特色现代大学制度建设，应加大对城市大学的合理关注，正视其建设过程中的现实困境，选择适合城市大学特色的实践路径。

一、现代大学制度建设对城市大学的合理关注

在《国务院办公厅关于开展国家教育体制改革试点的通知》（国发〔2010〕48号）中，教育部专门就"改革高等教育管理方式，建设现代大学制度"的试点工作进行了部署。为深入贯彻全国教育工作会议精神和教育规划纲要，教育部专门召开了中国特色社会主义现代大学制度建设的试点工作会议，推进现代大学制度改革试点工作。不过，现代大学制度建设的试点较多地集中在部属高校。但是，从地方高校的数量来看，在全国2 305所普通高等学校中，本科院校占1 090所，其中中央部委所属普通高校75所，其余的1 015所（含322所独立学院）都属于地方高校，占普通本科院校的93.12%；从大学在校生比例来看，90%以上学生在地方高校。因此，无论是从数量还是从规模上来讲，地方高校都是我国高等教育的主要阵地，地方高校的质量直接影响着中国高等教育的整体质量，中国特色现代大学制度建设不能忽视地方高校。

在我国，地方高校按照举办者与现行的行政隶属关系（即"主管部门"），有省属高校与市属高校之分，前者是由省级政府及其组成部门作为举办者设立的，后者则指由市级政府作为举办者设立的。城市大学，亦即市属高校中的普通本科院校，是指诞生于改革开放初期的20世纪80年代，伴随着城市成长的职业大学、专科学校，经过世纪之交的合并调整后，升格而成普通本科高校。这些大学建在城市，学校行政隶属于城市人民政府（主要是省会城市或副省级城市），主要为城市的区域经济社会发展服务，学科专业设置及人才培养也都贴近城市发展，是我国高等教育体制改革的重要成果和高等教育大众化的实现载体。城市大学在大学制度方面的共同特征主要是实行"省市共建、以市为主"的管理体制，财政经费划拨、人员编制等主要由市级政府管理，高等教育业务由省级政府教育行政主管部门管理，又称"省属市管"。

在现代大学制度的实践层面，城市大学取得了一系列令人鼓舞的进展，现代大学制度建设各方面内容在这些高校都得到了一定程度上的落实。例如，内部治理结构逐步完善，办学自主权得到进一步扩大，普遍设立了校务委员会和学术委员会，中间治理结构建设迅速，大学董事会或理事会等相关机构职能逐步扩大，学校成员参与管理的意识大幅提升，学校内部调解机制初步形成，社会合作进一步扩大。如深圳大学经过多年准备，以建立现代大学制度为目标，深入推进人事改革，2010年开始尝试人事制度改革，在全国引起了巨大的反响。但是，从总体上看，大多数城市大学现代大学制度建设进程

缓慢，高等教育治理领域也并未取得重大进展。

国家《教育规划纲要》从两个方面设计了改革的推进策略，即在自上而下改革的同时进行自下而上的实践，鼓励支持各地高校大胆探索，不断总结推广经验，这对城市大学积极完善现代大学制度建设提供了制度依据。作为地方高校的代表，城市大学引领着地方高校发展的方向。出于较全面和中长期的考虑，中国特色现代大学制度建设应加大对包括城市大学在内的地方高校的关注和重视。各级教育行政部门要在不违反教育规律和高等学校发展原则的前提下，加大简政放权力度。进一步加强部属院校、本地优势行业院校与城市大学的交流，鼓励城市大学进一步完善学校制度。

二、现代大学制度建设中城市大学的现实困境

大多数城市大学的现代大学制度建设进程缓慢，究其原因，除各高校自身的内部因素以外，现行城市大学管理体制是主导因素。从理论上看，推进政校分开、管办分离，是建设现代大学制度的基础和前提；落实和扩大法律规定的办学自主权，是现代大学制度建设的核心内容；深化教育管理体制改革是破除教育发展体制性障碍的关键环节。对于这些问题，2010 年在武汉召开的全国十五城市综合大学联系会议第一次会议上，与会高校领导均认为这是城市大学目前面临的共同问题。这些问题虽然在部属、省属高校中也存在，但在城市大学中尤为突出。

（一）城市大学办学理念不够明晰

城市大学的办学理念是各高校现代大学制度建设的前提和基础。办学理念是指高校的举办者和办学者对学校在所处系统中的地位和发展目标的理论化认识，是一种战略性思考和规划性活动，主要包括学校在社会系统中的定位、在高等教育系统中的定位和学校自身发展的定位等三个层面。不少地方城市大学盲目追求大而全，不是建设"国内一流"，就是实现"国际领先"，脱离了学校实际，也违背了教育本质，培养的人才往往无法满足社会需求。《教育规划纲要》提出，要"引导高校合理定位，克服同质化倾向，形成各自的办学理念和风格，在不同层次、不同领域办出特色，争创一流"。地方高校的发展目标、办学层次、学科布局、培养目标、服务面向等内容，均在战略性层面上凸显着学校的办学特色，同时也制约着学校各具特色的现代大学制度建设。对于城市大学来说，如何准确定位和如何实现和谐发展，既是高等

教育优化结构的重大课题，也是当前城市大学现代大学制度建设的前提和基础。城市大学必须以服务地方为目标，明确教学应用导向的根本性问题，围绕地方经济社会发展的大局，培养更多经济社会与城市发展所需要的应用型、实用型人才。以城市为依托产生的城市大学，只有在为地方经济社会发展服务中才能实现其更加崇高的价值。

纵观国内外城市大学发展经验，结论是：城市大学能否办出特色，关键在于能否立足本地，做出正确的前瞻性分析和准确把握，开拓为地方经济社会发展服务的空间。换言之，城市大学取得成功的标志，是看它是否能够真正融入社会，并为地方经济社会发展服务。在我国，高等教育发展的一个重要趋势就是高校与地方经济社会的互动发展。城市大学应准确把握这一时代要求和发展趋势，明确自身使命，发挥特定优势，积极为地方经济社会发展服务。地方高校要更好服务地方，这也是高等教育"大众化阶段"之后的必然要求。相对于精英型高等教育而言，大众化阶段的大学具有重心下移、结构复杂、规模扩大、水平提升等新特点，因此城市大学必须更加直接地融入地方经济社会发展进程中，只有提供能够满足经济社会需求的供给，城市大学才能获得自身的发展。

（二）城市大学管理体制相对僵硬

绝大多数城市大学的办学体制是"省市共建、以市为主"，学校属于市级财政拨款单位，但业务指导又归省级教育行政主管部门，这样就容易形成各级教育主管部门"都管都不管"或者"想管又管不了"的局面。以湖北省为例，湖北作为高教大省，全省共有普通高等学校129所，其中市、州人民政府作为举办者的城市大小共27所，分布在15个市、州，占比21%。教育投资较大，而作为中部省份的湖北省财政比较紧张，现实情况就决定了省里只能给予省属高校更多的关注，因此在投入和政策上省属高校和城市大学便存有差别。城市大学如何处理这种尴尬的局面，争取省市更多的关心和支持，值得深思。"省市共建，以市为主"的办学体制有其优势，即可以同时得到省市两级政府的共同关注和大力支持，但这同时也是这种办学体制的劣势。"省市共建"，因为高等教育业务由省级教育行政主管部门管理，财政经费由市级政府统筹，遇到问题的时候，找省教育厅，他可以说你是市里的学校；找市教育局，他们又管不上；当然，教育部则更难以兼顾市属高校。现实中的诸多问题，的的确确是影响学校发展的关键性因素，比如招生指标、重点学科建设、重点实验室建设等。因此，这种管理体制使城市大学成为"都管又都不管"的学校，这也直接导致了举办者与管理者对城市大学的发展没有统一的明确思路，宏观上对教育改革与发展指导得不够，制约了城市大学的科学发展。

（三）城市大学办学自主权有待落实

因为城市大学属于市级财政拨款单位，其常常被当作行政事业单位来管理，成为所在城市政府的"大学局"。同部属、省属高校相比，城市大学在依照《高等教育法》行使教育教学、人事、财务等方面的办学自主权有待进一步落实。尽管法律在制度层面已为高等学校设计了不少办学自主权，但其落实情况却不理想。为此，深圳大学校长曾指出，目前中国高校缺乏一个"高等学校法人财政制度"，如学校为引进人才需要房产时不能向市场购买，只能等待政府分房；学校为购置一台电脑都要等待三个月的行政审批，财、物方面的权力完全由政府控制；学校本科专业设置需要全国评审，可能要花5年或更长时间才能获得批准，这些都导致高校根本不能依据市场需求而灵活设置专业。①城市大学的高等教育管理权力在省级政府，市级政府对其只负责财政拨款。对于"省市共建"这种办学体制，目前尚未形成较好的新的管理体制，可供借鉴的经验也较少，因此市级政府也只能依照行政单位对城市大学进行管理。城市大学的人事、干部、财政支出、招投标，甚至教师出国学习、交流指标等，都需要严格按照市级政府的规定来执行。如何更好地实现自主办学，按照《教育规划纲要》的要求处理好政府管理和自主办学之间的关系，努力提高教育教学质量、科研水平，更好地服务所在城市经济社会发展，是一个值得深入探讨的问题。

三、现代大学制度建设中城市大学的路径选择

大学管理既是一项日常工作，更是一项制度建设。现代大学制度建设，就是要在加强和完善党的领导的前提下，遵循"宏观有序、微观搞活"的管理原则，制度化地构建大学内、外部关系的管理体制。城市大学现代大学制度建设既要借鉴国内外大学的丰富经验，更要避免国内大学近年来在现代大学制度建设过程中失败或搁浅的风险。

（一）在教育管理体制改革的环境中寻求政府支持

推进政校分开、管办分离，是现代大学制度建设的基础和前提。政校

---

① 江海波. 深圳大学：妥协式改革前车之鉴[N]. 中国经营报，2011-02-14（A10）.

分开、管办分离，是指在大学制度建设中，高等学校要实现不同程度的自主管理，不再是政府的附属机关；同时，通过健全法律制度，规定政府实行宏观管理而不再承担具体办学责任。这对于政府而言，就是要按照《教育规划纲要》的要求，逐渐习惯依靠法律政策、标准规范、宏观规划、经费引导、中间机构、评价监督等手段，对高校实现不同程度的间接管理；对于学校而言，应当在法律和制度框架内，承担不同程度自主办学的责任，增强学校发展的自我约束力，加强校内民主管理，扩大社会参与，履行好学校应当承担的社会责任。城市大学在完善现代大学制度的过程中，必须改善政府与高校的关系，取得政府的大力支持。大连市在《大连市加快教育改革和发展行动计划（2011—2013 年）》中，专门编制了"高等教育与城市互动发展工程实施方案"，要求"进一步加强市属高校建设"。其中，明确提出要"支持大连大学博士点、国家级重点学科申报工作；强化重点学科、硕士点内涵建设；加强基础设施建设，逐步完成校园安全设施和危旧校舍改造"①。在全国产生巨大影响的 2010 年人事制度改革中，深圳大学相关举措也得到了市政府的鼎力支持，深圳市市长批示，"支持深大改革"②。在其他改革层面，深圳大学也提出了一些调整政府与高校关系的具体思路，试图未来或将由城市人大立法颁布《深圳大学条例》，仿效香港高校"一校一法"的立法模式。据悉，深圳市政府亦有类似意向，在资金方面也希望能像香港那样成立"大学拨款委员会"。这些改革思路，已纳入深圳市教育发展规划的制度创新之中。

（二）在长期准备、程序合法的基础上推进渐进改革

在现代大学制度建设中，城市大学内部治理结构的完善就是一场改革，但是必须坚持渐进性或妥协式改革。如何平衡不同利益群体的合理诉求成为考量改革者智慧的试金石，这往往也是决定改革成功与否的关键。以 2003 年北京大学人事制度改革方案为例，该校众多青年教师认为该方案设计的"非升即走"的改革政策（即在规定时间内讲师不能晋升副教授，副教授不能晋升教授的教师将会被解聘），严重损害了自身的利益，因此强烈反对。结果是，这份被各方关注并寄予厚望的激进改革方案，实施效果并不理想。后来，包括中山大学、暨南大学等在内的一批高校，也都在人事体制方面推行了改革，在制度设计上吸取了北大的教训，基本上走的是温和改革路线。对这两种改

①　大连市加快教育改革和发展行动计划[EB/OL]. http://www.dledu.com/info/411440_781891.vm.
②　萧葭. 深圳大学"试水"人事改革[J]. 教育与职业，2010（3）：60.

革路径，有学者作过一个形象的比喻：当年北大的人事改革是"辣椒水"，一上来动得太厉害，刺激性太强；后来几所高校的改革举措就弱了很多，但效果并不明显，是"温吞水"；深圳大学的改革，既不要"辣椒水"，也不要"温吞水"，只要"普通开水"就行。① 渐进性或妥协式改革必须建立在长期准备的基础上。以深圳大学为例，《深圳大学人事改革方案》从 2005 年开始酝酿，其方案的启动、草拟、斟酌、修订等历时 5 年，2010 年依照新的人事改革方案才顺利完成首次聘任。2 400 名教职工签约，占应签约人数的 99.83%，仅 4 人未签约。② 所以说，改革的准备时间要充足，产生的过程要透明，内容的形成要谨慎，文本的讨论要公开。渐进性或妥协式改革在实体上必须有法律与政策的依据，在程序上也必须合法。改革的各类方案要依据《中华人民共和国教育法》《中华人民共和国高等教育法》《中华人民共和国教师法》、国务院批准的《关于在事业单位试行人员聘用制度意见》，以及地方各级政府出台的法律法规，结合本校的具体情况，设计方案并组织实施。同时，根据法律规定，有关改革方案、制度设计，还要通过教代会投票才能予以实施。

（三）在稳妥处理涉及人的敏感问题基础上实现重点突破

中国特色现代大学制度建设过程中高校内部的改革实践，主要有两种方式，也就是说有两种突破口。其一是前述以北京大学为代表的人事制度改革，其二是以武汉大学为代表的机构改革。2003 年北京大学以人事制度改革为突破口的现代大学制度构建的实施其效果不彰，究其原因，在于"非升即走"的改革举措遭到青年教师的集体反对。北大的改革并未触及现代大学制度建设中的关键性症结、根本性问题，而是以损害一部分"弱势群体"（讲师、副教授）的利益，保护另外一部分（教授）的既得利益者，因为没有稳妥处理敏感问题，所以只能带来负面影响。2008 年，武汉大学推行的"政学分权"改革引起了热议。③ 此次改革旨在从根本上突破传统"政学不分"的管理体制，实现学术回归。该校在学校一级成立校学术委员会，在院系一级成立教授委员会，规定两级学术组织的主任委员不能由校院两级党政一把手担任；在学校一级，扩大了校学术委员会的权力，将过去由行政部门负责管理的学术权力"归还"校学术委员会，以校学术委员会和院教授委员会为组织依托的学术权力得到增强。改革触及了高校内部管理

① 马晖. 深圳大学试水打破教授"铁饭碗"[N]. 21 世纪经济报道，2010-05-31（6）.
② 李凤亮. 以建立现代大学制度为目标 深入推进高校人事改革[J]. 中国高校师资研究，2011（2）：1.
③ 田豆豆. 武汉大学试水"政学分权" [N]. 人民日报，2008-04-17（11）.

体制的核心，但是有调查显示，由于受到种种压力，此项改革已经搁浅，"凡是涉及政学分权、分钱到院、学者治学、教授治校以及学校大部制改革的话题"①，已不再提及。

中国特色现代大学制度建设，在实践中以人事制度改革为突破口，开展高校内部管理体制改革。人事制度是现代大学内部管理制度的核心因素，各类以建立现代大学制度为目标的改革必须积极稳妥处理涉及"人"的敏感问题，也就是要坚持国家各项人事制度改革意见中强调的"老人老办法、新人新制度、中人逐步过渡"的基本原则。因此，各类以建立现代大学制度为目标的改革方案在酝酿、起草与实施的各个环节，都要坚持平稳过渡、稳步推进、渐进改革。

第三节　地方高校制度建设的服务依托

在我国现行经济社会发展政策中，作为转变经济发展方式的主攻方向，经济结构的调整将对劳动者的素质提出更高要求，带来人才需求结构、层次和类型的显著变化；作为加快转变经济发展方式的重要支撑，科技进步和全面创新将继续促进科教兴国战略和人才强国战略的深入实施；作为加快转变经济发展方式的出发点和落脚点，保障和改善民生将促使全社会对教育事业发展更为重视。高等教育在现代化建设整体格局中的战略地位将更加突出。

一、服务区域发展的主攻方向

国家提出教育要服务国家区域发展的总体战略。城市大学要贴近中心城市发展实际，彰显服务职能，提升服务能力。

就指导原则而言，城市大学要贯彻落实教育与经济社会相结合的教育制度，着力实施地方高教服务国家区域发展的总体战略，大力提升支撑区域发展的能力，科学建设区域高等教育中心，系统构建区域高等教育联动合作平台，更好地服务区域发展。

就现实机遇而言，存在着内涵发展的区位优势、政策制度的强大动力、

① 杨桐. 武汉大学"教授治校"改革搁浅调查[N]. 东方今报，2008-10-10（7）.

前期发展的良好基础、区域发展的主攻方向、人力资源的新型需求、政府支持的空前力度以及优质教育的强烈期盼。

就严峻挑战而言，地方高等教育格局深刻变化，竞争合作深度加强；高校生源大幅减少，就业形势不容乐观；高校内部不利因素影响加剧，严重制约服务能力提升。

就路径选择而言，要立足地方性，为城市经济社会发展服务；改善外部制度环境，避免制度层面先天缺陷；打破资金瓶颈，保障地方高校经费投入；政府为高校办学松绑放权，提供外部政策支持。

湖北作为促进中部地区崛起的重要战略支点，在高等教育继续保持全国领先的条件下，在努力建设"五个湖北"进程中，要大力建设科教强省，促进科技教育与经济社会发展的深度融合，促进科教实力转化为发展竞争力，大力提升高校服务区域经济社会发展的现实能力。在此进程中，城市大学社会服务职能的发挥，当前正处于既有优势也有弊端，既有发展机遇也有生存挑战的矛盾进程中。由于我国高等教育大众化进程的快速推进，地方高校在服务区域经济社会发展方面的问题也日益凸显。城市大学，作为地方高等教育生力军，在从数量增长到质量提高过程中，同样面临许多需要解决的问题，诸如定位不明、同质化倾向严重；发展方向模糊，为地方服务意识不强、能力不足、力度不够等问题；应用性不足，特色不够鲜明的问题。在全面建成小康社会的历史新时期，城市大学面临着适应形势发展、提升服务能力等一系列热点和难点问题。

人才培养、科学研究、社会服务、文化传承是高校的四大基本职能，与另外三种职能相比较，社会服务强调的是高等学校作为学术组织直接为社会做出的多方面贡献。高校的社会服务是指高等学校在保证正常人才培养任务的情况下，依托高等学校教学、科研、人才和知识等方面的优势向社会提供直接性的、服务性的，以促进区域经济社会发展为目的的活动。高校社会服务依托于其教学和科研等职能，实践中也往往与其他职能交织在一起，难以彻底、绝对分开。在当前全面深化改革时期，大力提升高校社会服务能力，有助于高校全面服务区域经济社会发展、促进社会主义现代化，助推"中国梦"。城市大学也不例外。

第一，对于政府而言，高校提升服务区域经济社会发展能力，有助于国家创新体系建设，促进区域全面协调科学发展。

通过提升服务社会的能力，高校可以通过培养适应社会主义的接班人、建设者而服务于国家发展；通过科技创新、技术推广、建立大学科技园、兴办高科技产业等服务于国家经济；通过承担各类纵向横向科技课题、技术攻关计划服务于国家科技。作为高等教育的主要执行机构，高校必定会对各层级教育产生影响，并对基础教育、职业技术教育、成人教育提供直接的服务帮助。高校作为一个文化机构，本身也能够在传播和发展社会主义先进文化上有所贡献。高校通过提升服务社会的能力，对地方经济社会发展的现实和长远问题既可以起到推动作用，又可以起到引领作用。

第二，对于城市而言，高校提升服务区域经济社会发展能力，有助于城市经济和产业的发展，推进大学与城市的良性互动。

我国各类高校，基本上都是建在城市之中的，大学与城市存在着良性互动关系。高校通过提升服务能力，以人才培养、科学研究、技术转让等方式，可以将学术性知识和科技创新从实验室带入市场，将抽象的理论用于解决城市的现实问题，这大大推动了城市经济的发展。特别是研究型大学以及中心城市、重要城市的主要大学，在城市经济和产业发展中发挥着龙头和表率作用。高校可以对城市产业提供技术支持、人才支持，实现传统工业城市的改造。通过提升服务能力，高校利用自身在科技、人才和哲学社会科学等方面的比较优势，成为服务城市发展的"科技库""人才库"和"思想库"。

第三，对于自身而言，高校提升服务区域经济社会发展能力，有助于高校贯彻落实为社会主义现代化建设服务的教育方针、实现促进社会主义现代化建设的主要任务，实现大学与城市的良性互动。

社会服务作为一种办学思想、大学理念、大学责任，强调高等学校对于国家和社会的使命、责任和贡献。高校服务区域经济社会发展的积极作用不是单向的。高校在服务社会的过程中，自身也能够得到更多的资源和社会支持，人才培养、科学研究得到迅速发展，自身综合实力和核心竞争力也会不断得到增强。高校服务社会的作为和贡献与其自身发展息息相关、密不可分。大学提升服务能力，服务区域发展，既是其自身的职责所在，也是避免"边缘化"，获得自身发展的重要保证。

第四，对于教师而言，高校提升服务区域经济社会发展能力，有助于包括教师在内的高校所有专业技术人员正确对待社会服务与教学、科研的关系，提高社会服务意识与能力。

高校提升服务区域发展的能力，主体是各类专业技术人员。高校各类专业技术人员通过接受社会委托，培养培训专门人才，进行技术指导，开发科研产品，开展技术革新，提供政策咨询等社会服务，甚至直接运用自身优势创办知识产业以获取经济效益,这既有利于改善教师的教学条件和科研条件，促进人才培养、科学研究，又在一定程度上解决了自身经费不足、实验设备不足等问题；既有利于区域经济社会发展，也有利于高校专业技术人员的自身发展。

第五，对于社会而言，高校提升服务区域经济社会发展能力，有助于发挥高校作为学术组织对区域自然环境、人文环境的影响。

在文化教育领域的合作，有助于化解学术文化与市民文化的冲突，共同寻求文化认同。高校服务能力的提升以及对社会的影响，最终在于大学与市民之间的互动。根据马克思主义基本原理，经济社会发展的最终目的是实现人的全面自由发展。在高校提升服务能力过程中，由教师、专业技术人员、学生等构成的"学人共同体"与"公民""市民"之间也存在着良性互动关系。

二、服务区域发展的职能演进

大学的社会服务职能在 19 世纪下半叶形成于美国的高等教育，一个多世纪以来，社会服务职能伴随着美国高等教育国际影响的提升和世界经济全球化、科技发展一体化逐渐被各国高校所仿效、学习。在新的世纪，全球各大国、强国的高等教育，均努力提升各自服务社会的能力，以助推各国经济社会发展。

第一，国外关于大学与所在城市或社区的互动研究，最初源于中世纪的"市民与学人"之间的冲突，典型的是牛津大学与牛津城的冲突。

随着工业化、城市化的发展和大学社会职能的扩大，大学与所在城市、社区之间的联系日益紧密，这方面的研究文献也逐渐增多。总体而言，国外关于提升大学服务社会能力的研究主要集中在大学与城市关系的研究之中，研究主题聚焦于四个方面：一是关于大学选址的研究。"城市的刺激对学术兴趣有很大影响。地点是形成大学项目的形式和内容的关键因素，也是大学能够为城市社会做出实质性贡献的决定性因素。"二是大学与社区冲突的研究。随着大学与城市的关系日益密切，大学给所在城市带来了深刻的社会影响，主要有经济影响、空间影响、人口影响、社会心理影响。阻碍大学与社区良好关系的因素首先是城市对所有权力机构的反对，大学普遍被看作一种权力机构，这种观点阻碍着城市对大学的信任，并引发冲突。三是大学在城市危机中的作用研究。卡内基高等教育委员会 20 世纪 70 年代出版的《大学与城市：八个相关案例》分析了不同类型大学与城市的关系，总结了大学处理城市危机的四种基本方式。1994 年《教师教育学院学报》刊发了四篇论文，以不同方式呼吁通过重申大学对城市生活问题所承担的义务，试图改善美国的大学；并特别指出，随着城市中贫困和绝望状况的不断增加，面对由种族、民族和经济分离导致的分化，以及经济基础的不断削弱，城市中的大学和学院不能袖手旁观。四是关于大学与城市伙伴关系的研究。当前，大学与城市之间的合作在不断加强，在大学与城市之间建立伙伴关系成为双方合作的主要途径。美国卡内基高等教育委员会等机构为此提出了诸多建议。大学与社区建立伙伴关系的主要目的是为了促进城市贫困地区的经济和社会平等，提高城市生活的质量。有学者通过案例研究指出了重塑大学与城市伙伴关系的具体途径，主要包括服务性学习、提供社区服务、教师参与、学生志愿者服务、社区课堂、应用研究、制度变革等。

第二，20 世纪 90 年代以后，随着我国高等教育大规模发展，特别是在《教育法》《高等教育法》将教育、高等教育促进社会主义现代化建设作为基本任务之一后，服务社会便在政策层面、法律层面被确定为高等教育的基本职能之一。

国内一些学者开始关注高校服务国家经济社会发展的议题，重视大学与城市的互动关系。这些研究与国外研究不同，其重点主要集中在我国城市化进程与高等教育改革的关系，城市化、城镇化与高等教育规模、结构之间的关系，大学与城市在人才、科技与文化领域的互动，高校的科学研究如何推进社会服务工作，以马克思主义实践观指导高校服务经济社会发展等。一是城市化进程与高等教育改革之间的关系。随着我国城市化进程的加快，城市生活已经影响到社会的方方面面，越来越多研究者开始关注城市化进程与我国社会发展的关系，高校作为现代社会的轴心机构之一，自然引起学者们的关注。城市化进程的加速必将推进高等教育的改革。学者从城市化进程对人才的需求、面临的机遇等方面加强了对高校提升服务社会经济发展能力的研究。二是城市化、城镇化与高等教育规模、结构关系的研究。城市化是国家现代化程度的重要标志，随着社会主义现代化进程的不断推进，社会文明程度、民主化程度不断提高，人口规模不断增大，对高等教育的需求也越来越大，因此城市化进程在一定程度上影响着高等教育的规模。高等教育布局结构是我国学者比较关注的一个话题，特别是"十二五"时期的国家教育事业发展规划对此明确提出了要求，并做了政策指引。三是高等学校与城市互动关系的研究。城市化进程受制于多种因素，教育尤其是高等教育发展水平与城市化进程之间存在着互动关系。在此过程中，学者从大学与城市互动的角度研究如何提升高校为区域经济社会发展服务的能力。有学者基于广东中心城市新办大学的宏观背景，以汕头大学、深圳大学、五邑大学、佛山大学为例，对中心城市新办大学的成长规律进行研究，其中涉及新办大学对区域（城市）经济社会发展的服务功能。有学者从高等教育大众化背景下我国大学的理想与使命入手，以山东地区的临沂师范学院、淄博师专等为例，阐发了大学与城市互动的基本策略。四是地方高校发展中的服务区域经济社会发展职能研究。地方高校是我国高等教育大众化的主力，其直接面向地方（所在城市及其辐射的区域）服务，为此，地方高校提升服务社会能力的要求、愿望更为迫切。有学者立足于地方高等教育发展目标的反思及其构建，从地方高校可持续发展的战略困境及战略选择入手，就人才问题、本科人才培养战略、财务风险评估等成本核算、效益评价等方面，阐述地方高校提升服务能力的路径。2010 年，湖北省江汉大学等发起的"全国十五副省级城市综合大学联盟"机制，有目的地开展十五个副省级城市主办的综合大学（地方高校中的"市属高校"）研究，其中较多涉及此类高校核心竞争力提升、服务社会职能实现等。湖北以"一圈两带""一主两副"构建的"武汉城市圈"所属的高职类院校发起的联盟、平台，长期就高职高专类院校开展社会服务、提升服务能力开展研究。五是哲学社会科学服务区域经济社会发展的研究。此类主题主要聚焦于科学研究与社会服务关系的研究、以马克思主义实践观指导高校服务经济社会发展研究。科学研究是高等学校的一项基本职能，是高校培养人才的重要手段，也是高校服务社会的一个重要载体，许多高校通过科研渠道加强与社会的联系并直接为社会服务。为此，科学研究与社会服务之间存在着密切联系，北京社科联等曾举办"高校社会科学研究与地方经济社会发展高层论坛"。2013 年度"湖北青年学者论坛"以"以马克思主义实践观指导高校服务经济社会发展"为主题，围绕社会服务职能、能力建设、体制机制、典型模式、现状、困境与对策开展研讨。

第三，对于国内外研究现状，我们可以简要分析如下 3 点。

其一，在研究内容上，国内外关于这一主题的研究处于两个不同的层次。就研究内容而言，国外研究集中于中观与微观方面，重点研究大学与城市（社区）之间的互动，更加关注大学在解决城市社会问题中的作用，体现的是一种公平的理念；我国学者研究则更多集中在宏观的互动领域，重点论述高校的社会服务职能，城市化、城镇化对高校的影响以及高校对区域经济社会发展的提升作用，强调了高校与区域（城市）之间的积极互动、正向互动，而对高校给区域（城市）带来的负面影响、大学与城市（社区）的微观互动等领域关注较少。其二，在研究对象的范围上，国内外关于这一主题的研究也处于两个不同的层次。国外已有研究主要集中于较小的城市（社区）与大学之间的互动，讨论主题多为城市大学或都市大学，对其他类型的大学如研究型大学、世界"名校"与城市之间的互动缺乏探讨；而且，在研究过程中，研究者主要通过案例分析的方法来研究一所或几所大学与城市之间的互动关系，很少从整体上分析城市与大学的互动机制。国内学者的研究，主要侧重于宏观领域，主要研究城市化、城镇化进程中高校与区域发展的互动关系，缺乏细致、深入的分析；虽然国内也有些个案的研究，但仅处于起步阶段。其三，中外学者研究的差异受各国高等教育特点的影响。以美国为例，美国是一个联邦制国家，采取地方分权，高等教育主要由各州管理，由此决定了它不可能对全国的高等教育布局结构进行宏观总体规划，只能就局部的、个别的大学与所在城市之间良性的互动关系进行研究，城市大学服务社会主要是协助解决城市危机。目前，我国的区域经济社会与高校都处于迅速发展的时期，大学与区域发展、城市互动的积极效应日益凸显，二者在微观领域的矛盾与冲突还没有完全暴露出来，因此人们更多地将目光投向了高校与区域发展互动的宏观领域和积极方面。不过，随着我国城市化水平的不断提高、城镇化率的逐渐提升、高校与区域相互依赖程度的渐次增强，二者的矛盾冲突将会引起人们更多的关注，从而对高校提升服务社会能力的研究也将从侧重宏观领域向宏观与微观并重的领域转移。

三、服务区域发展的观念更新

"十三五"期间是各副省级城市建设高水平综合大学的重要机遇期。城市大学要实现科学发展，有着难得的外部机遇。城市大学在面临有利条件和发展机遇的同时，不可否认地也面临着诸多压力和严峻挑战。这些压力与挑战既来自外部环境，也存在于高校内部。在此发展环境下，城市大学要继续凸显其地方性，强化为城市经济社会发展服务的职能。

地方性就是指包括副省级城市综合大学在内的地方高校，在人才培养方面要适应地方新兴战略产业发展趋势及企业急需；在学科发展方面要紧密对接地方社会发展和经济建设的需要；在专业设置方面符合地方产业结构和人才供需结构的格局；在校园文化建设方面要满足城市品牌经营和对外交流的需求。地方性的本质就是区域化，区域化发展战略是城市综合大学的生存之路和活力来源。

胡锦涛曾在庆祝清华大学建校100周年大会上讲话指出，要紧紧围绕科学发展这个主题、加快转变经济发展这条主线，不断增强服务社会经济发展能力。之前的教育规划纲要也提出，高校要牢固树立主动为社会服务的意识，全方位开展服务。然而，值得注意的是，由于种种原因，一些高校特别是部委直属的全国重点高校，主动为地方经济社会服务的意识还不够强，对地方经济社会发展的贡献还不够大，与地方之间若即若离。① 这在一定程度上给城市大学的发展留下了巨大空间，城市大学要以问题研究促进地方经济社会发展，在服务社会中提升学校核心竞争力。

以金陵科技学院为例，其作为南京市属的普通高校，认为自己的"根"在南京，发展的"魂"也应该在南京。②该校明确提出其发展的"南京战略"，把"南京"作为第一服务方向、第一主要目标、第一优先发展的区域，立足于此、深入于此、融入于此、服务于此、贡献于此。让学校各个学科专业在南京得到认可，在南京扎好根、打好基。有人认为将发展战略定向地方是目标小、眼界浅，这是误解。根据国家规划，长三角地区将成为世界最发达的地区之一，而南京是江苏"两个率先"的带头城市，是长三角地区的骨干城市，也将成为世界最重要的城市之一。只要学科专业能够融入南京发展，在南京走在前面，那么学科专业建设水平就不会是低层次的，事业发展也能真正融入南京的发展，学校也能真正展开腾飞的"发展之翼"。地方高校不怕"低"一些，不仅要敢于"地方化"，还要"化"入地方的方方面面，甚至街道、乡村、中小企业，把事情做起来，真正成为地方经济社会发展的坚实基础。

近年来，中央将诸多区域发展战略提升为国家战略。城市大学更是面临适应形势发展变化、科学谋划未来发展战略与对策等一系列热点和难点问题。在地方高等教育事业改革与发展过程中，面对新的形势、新的历史使命、新的机遇与挑战，地方高校需要立足于城市的科学发展，不断优化高等教育事业的发展环境，增强用科学发展观指导自身履行人才培养、科学研究、社会服务与文化传承等重要职能的自觉性和坚定性，不断促进自身发展的能力，不断提高引领、支持、服务城市发展的能力。

---

① 李健. "大学国家队"也要"接地气"[N]. 中国教育报，2011-09-26（5）.
② 陈小虎. 地方高校定位不怕"低一些"[N]. 中国教育报，2011-09-26（2）.

第二章
地方高校现代大学制度建设的德法协调

实现教育现代化，是改革开放后便提出的部门现代化目标①。2010 年中共中央、国务院印发的《国家中长期教育改革和发展规划纲要（2010—2020年)》则明确提出"基本实现教育现代化"是 2020 年的战略目标之一②。"优先发展教育、提高教育现代化水平，对全面实现建设小康社会奋斗目标、建设富强民主文明和谐的社会主义现代化国家具有决定性意义。"③为适应经济社会现代化进程，教育现代化是教育发展所应具有的重要特点和趋势，是传统教育向现代教育转变的过程。人类社会从工业革命特别是信息化以来所发生的一系列教育变革，以及发展中国家追赶发达国家教育发展水平的过程，都是教育现代化的重要标志。教育现代化是国家现代化的先导，主要体现在教育观念、教育制度、教育程度、教育内容、师资水平、教育设施、教育手段和方法、教育公平、教育国际化等方面④。我国教育事业发展，面临着前所未有的机遇和挑战，但是必须清醒地认识到，我国教育"还不完全适应国家经济社会发展和人民群众接受良好教育的要求"，第一种表现就是"教育观念相对落后"⑤。所以，人才培养是整个教育工作的核心，深化教育体制改革的关键就是"更新教育观念"，就是更新人才培养观念。人才培养观深刻影响着人才培养体制和教育教学实践，决定着人才培养体制改革的导向。社会主义建设事业对人才提出的要求、人才成长规律及我国特有的教育和文化传统，对人才培养观念的形成具有决定作用。更新人才培养观，要从全面建成

---

① 十四大以来重要文献选编（上）[M]. 北京：人民出版社，1996：63.
② 国家中长期教育改革和发展规划纲要（2010—2020 年）[R]. 北京：人民出版社，2010：14.
③《教育规划纲要》工作办公室. 全国教育工作会议文件汇编[M]. 北京：教育科学出版社，2010：6-7.
④《教育规划纲要》工作办公室. 教育规划纲要辅导读本[M]. 北京：教育科学出版社，2010：218.
⑤ 国家中长期教育改革和发展规划纲要（2010—2020 年）[R]. 北京：人民出版社，2010：10.

小康社会和建设人力资源强国的目标出发，按照科学发展观的要求，坚持以人为本，尊重教育规律，适应社会需要，发扬优良传统，摒弃与时代要求不相适应的观念，树立新的人才培养观念，以培养创新精神和实践能力为重点，全面实施素质教育，多出人才、快出人才、出好人才。具体而言，就是树立全面发展观念，使学生德智体美诸方面得到发展；树立人人成才的观念，为每个人提供成才的阶梯；树立多样化人才观念，在个性发展基础上，尊重个人选择，鼓励个性发展，不拘一格培养人才；树立终身学习观念，使学习场所不再局限于学校，让学习成为贯穿于人一生的活动；树立系统培养观念，尊重人才成长规律，把人才成长当作一个连续的过程，系统工程①。

第一节　依法治校与以德治校相统一的目标指向

现代化理论的研究对象，既指向农业现代化、工业现代化、教育现代化、科技现代化等不同部门；也包括行为现代化、结构现代化、制度现代化、观念现代化等不同领域。② 有学者认为，中国的现代化包括器物技能层次的现代化、制度层次的现代化与思想行为层次的现代化等三个层面，③ 这三个层面也就是物质现代化、制度现代化与观念现代化。在中国的教育现代化中，这三个层面均同时存在。其中，制度现代化、观念现代化与高等教育管理密切相关。

实现教育现代化是我国中长期教育改革与发展的战略目标之一。高等教育管理在服务教育现代化的进程中，通过依法治校促进管理制度的现代化，通过以德治校实现管理观念的现代化。依法治校与以德治校相统一的观念的基础在于确立高等教育管理的德法协同观、核心价值观、大学文化观与人才培养观。通过现代大学制度的宏观环境，高校管理法治的运行体制，高校规章制度的制度载体，成员权益保护的保障机制，实现依法治校与以德治校相统一的制度协调。

---

① 《教育规划纲要》工作办公室. 教育规划纲要辅导读本[M]. 北京：教育科学出版社，2010：123-128.
② 何传启. 中国现代化报告 2011——现代化科学概论[M]. 北京：北京大学出版社，2011：9.
③ 殷海光. 中国文化的展望[M]. 台北：文星出版社，1966：459.

一、 高等教育管理彰显教育现代化的根本要求

教育现代化是指为适应经济社会现代化进程，教育发展所应呈现的重要特点和趋势，是传统教育向现代教育转变的过程和结果。人类社会从工业革命特别是信息化以来所发生的一系列教育变革，以及发展中国家追赶发达国家教育发展水平的过程，都是教育现代化的重要标志。作为国家现代化的先导，教育现代化主要体现在教育观念、教育制度、教育程度、教育内容、师资水平、教育设施、教育手段和方法、教育公平、教育国际化等方面。[①]

高等教育管理作为一项日常工作，既属于制度建设的范畴，也属于文化建设的领域。依法治校与以德治校作为高等学校管理的两个层面，体现着教育现代化不同层面的要求，两者相统一的目标指向就在于教育现代化的实现。

依法治国与以德治国相结合是中国共产党对中国历代治国经验的升华，是对中国共产党执政经验的总结。依靠建立有效的制度推进依法治校，是我们推进学校民主和法制建设进程的必然要求。在高校管理中，必须坚持依法治校和以德治校相统一。法律与道德的关系问题是法学理论特别是哲学关注的焦点问题之一。我国学术界持续关注道德法律化的问题，具有一定的针对性和必要性。社会主义市场经济体制在我国初步确立，随之也出现了一些道德滑坡、价值取向紊乱、社会公德丧失等现象。主张用法的手段强制推行和实施道德的要求，确实能对目前道德建设起到积极作用，同时也是促进法治建设的有效措施。但是，完全用法律代替道德，是有很大的负效应的，而且在实践中容易造成"法律至上"与"道德至上"的片面性。从法律与道德的相互关系中，我们能深刻地理解到法律与道德之间存在着密切的联系，它们作为社会调节系统的重要组成部分是缺一不可的。这启示我们在依法治校的过程中，同时也要重视道德与法律所产生的自律与他律的双重效应，在高校管理中寻求依法治校与以德治校的有机结合。法律与道德在内容上相互区别又相互联系的关系、在功能上相辅相成又相互促进的关系，决定了依法治校和以德治校在高校管理中的关系就如同鸟之双翼，缺一不可。

依法治校就是要改变过去主要靠行政手段管理学校的观念，促进民主管理和常规管理的制度化，改变过去主要是领导人说了算的习惯做法，实行依法管理、民主决策，使学校管理不再因领导人注意力的改变而改变。通过依法治校，实现和保障教职工管理学校的民主政治权利和其他合法权益，保证

---

① 《教育规划纲要》工作办公室. 教育规划纲要辅导读本[M]. 北京：教育科学出版社，2010：218.

广大教职工参与依法治校的民主管理和依法治校所需的规章制度的制定。学校实行依法治校，一方面通过法制教育和依法办事、依章办事，规范学生的行为，达到人才培养的目的；另一方面依法治理校内秩序和周边环境，预防和减少青少年犯罪，建立良好的教学、科研和生活秩序，为人才的培养创造健康的环境。以德治校，就是坚定不移地坚持办学的社会主义方向和育人的思想政治道德标准，认真贯彻党和国家的教育方针和素质教育的指导思想，认真实施《教育法》和各项教育法律法规中关于加强德育的法规。大力弘扬社会主义思想道德和先进文化，大力加强高校领导干部廉洁自律和教职工的职业道德建设，坚持与时俱进，将时代精神与开拓创新相结合，弘扬中华民族优秀道德传统，不断提高广大师生的思想道德和科学文化水平，在校园内真正形成和保持"爱国守法、明礼诚信、团结友善、勤俭自强、敬业奉献"的良好氛围和风尚。以德治校，离不开法律的保障，同时加强德育也是有效实施法律法规的重要保证，二者是不可分割、有机统一的。

二、依法治校实现高等教育管理的制度现代化

依法治校体现教育现代化中制度现代化的内容，包括教育制度、教育法规、教育公平等内涵，属于制度文明的范畴。依法治校，就是要按照国家的有关法律、法规及社会主义法治理念来管理学校，保证社会主义的办学方向，保证人才培养的基本规格和基本质量，同时将学校的一切活动纳入学制的轨道，保障教育教学的正常进行，从而顺利完成国家赋予高等学校的根本任务。通过依法治校，实现和保障学校成员管理学校的民主政治权利和其他合法权益，保证学校成员参与依法治校的民主管理和依法治校所需的规章制度的制定。学校实行依法治校，一方面通过法制教育和依法办事、依章办事，规范学生的行为，达到提高人才培养质量的目的；另一方面依法治理校内秩序和周边环境，预防和减少青少年犯罪，建立良好的教学、科研和生活秩序，为人才培养创造健康的环境。

长期以来，我国高校实行的是经验管理，这种管理模式曾有过积极的作用。随着社会主义市场经济的发展和民主法制建设的加强，随着我国加入国际贸易组织，在更大范围和更深层次上参与经济全球化，传统的治校模式已经越来越不能适应高等教育发展的需要。在当今新技术革命的背景下，人的道德观念、社会责任感和价值取向转变的问题更突出、更尖锐、更紧迫地摆在人们的面前。人的思想道德素质在社会生活的方方面面显得越来越重要，良好社会经济文化秩序的形成，维护国家或世界事务管理的良性运行，都需

要借助道德的力量发挥作用。当前我国社会经济政治变革的节奏日趋加快。对此，如何引导人们做出正确的道德选择，提高道德判断力，避免人们在急剧变化的形势面前出现道德困惑、理想错位和信念迷失的问题，是德治的使命所在。高校要在未来人才和知识的竞争中立于不败之地，就要使培养的人才既具有高度的自律精神、社会责任感及自我约束能力，又具有攀登和探索科学技术高峰的精神。而这种精神和品质无疑需要高等学校通过以德治校、以德育人去培养和塑造。

以德治校和依法治校都是经济全球化与高等教育国际化的时代要求。而在理论上，道德与法律二者又是紧密统一的。高校道德建设的实效性需要法律制度的保障，高校的道德建设又是推动高校法制化进程的基础。

社会主义法治理念和不同主体的权利意识正在深入高等教育领域。改革开放以来，我国社会主义民主法制建设取得了巨大进展，各方面法律制度不断建立和完善，法制建设成就空前。在此过程中，社会主义法治理念逐步确立，法律意识也不断提高。党的十八大报告提出，法治是治国理政的基本方式，要求"提高领导干部运用法治思维和法治方式深化改革、推动发展、化解矛盾、维护社会稳定"。2013年党的十八届三中全会做出了全面深化改革的重大举措，将"推进国家治理体系和治理能力现代化"作为全面深化改革的总目标。从1998年田永诉北京科技大学学位纠纷案开始（该案作为典型案例入选当年最高人民法院公报），请求人民法院裁决的高校管理纠纷日益增多。一方面，这显示着各类社会主体权利意识和法治理念正在深入高等教育领域；另一方面，这也在一定程度上促使着人们对于教育法治的了解、理解，以及对于社会主义教育法制建设的关心。

教育学界重视学生作为受教育者的教育权、法治进程中的学生权利保护以及依法治校等问题，成为教育学的分支学科的教育法学与教育政治学（以前称之为教育政策与法律研究）的研究对象。此项研究以劳凯声、周光礼、孙霄兵、李海燕等学者及其团队为主体，主要以教育权与受教育权作为教育法学基本问题进行实证与规范研究，强调国家教育权的性质、发展及其权利、权力行使模式，区分其与社会教育权的关系，突出受教育权的法律本位，彰显受教育权的相对方及其权利保护，认为受教育权的当代发展趋势就是从受教育权走向学习权；强调法治进程中学生权利的保护，以学生观的变化与素质教育的实施为切入点，注重学生地位的变化，重视学生权利及其法律救济的扩张，而学生权利从法定权利到现实权利的实现，要求从以学校管理权力为本到以学生权利为本，促进学生全面发展；依法治校强调提高制度建设质量，形成以章程为核心的自主管理制度体系，建立健全科学民主决策机制，完善学校治理结构，推进信息公开，健全民主监督，依法办学，形成平等自由公平正义的育人环境，规范管理权力，尊重师生主体地位，健全校内权利救济制度，形成便捷有效的纠纷解决机制，深入开展法制宣传教育，形成浓厚的法治文化氛围。

行政法学界强调高校特别是公立大学的行政诉讼主体资格。力求明晰高校的公立法人地位；高校作为承担公共管理职能的国家法律授权组织，在学生与高校的行政诉讼中具有主体资格；高校章程及其内部规章制度要实现合法性与合理性，涉及学生利益的制度安排要听取学生意见；分清高等学校自治与司法审查的界限问题，确保高校的学术自由与自治。以湛中乐、马怀德、程雁雷、胡肖华等行政法学者为代表，他们或参与相关教育法的立法起草或咨询论证工作，或作为诉讼代理人参与影响重大的涉及高校与学生法律关系的行政诉讼案件，其学术观点在司法界与法学理论界有着重要影响，成为相关研究的主力军。

大学德育研究突出大学生法律意识的培养与社会主义法治精神的弘扬。思想政治理论课教师在相关课程教学中，就大学生思想道德修养与法律意识培养中的现实问题，结合学生教育管理中的案例对有关理论进行阐发，以案说法，增强教育的针对性与有效性；高校党的系统各级领导者就学生思想政治工作以及教育管理中的实践案例，提出加强学生法制教育的有效途径与方法载体等；辅导员、团委、学生工作干部以及广大教师等思想政治工作者，就学生教育管理培养中的相关法律问题、纠纷处理及其案例进行分析，强调要实现高校辅导员队伍的专业化。郑永廷、骆郁廷等学者重视当代大学生思想政治教育环境的新变化及其带来的当代大学生思想发展的新特点、教育工作的机遇与挑战，强调要实现高校辅导员工作专业化与科学化。

三、以德治校体现高等教育管理的观念现代化

以德治校体现了教育现代化中观念现代化的内容，包括教育理念、教育观念等内涵，属于精神文明的领域。以德治校，就是坚定不移地坚持办学的社会主义方向和育人的思想政治道德标准，认真贯彻党和国家的教育方针和素质教育的指导思想，认真实施《教育法》和各项教育法律法规中关于加强德育的法规。以德治校，就是要加强学校思想政治教育和精神文明建设，不断培养师生的道德觉悟、道德感情、道德信念，提高师生的道德品质，通过精神文明建设的成果，通过强大的思想政治教育，凝聚人心，调动学校师生各方面的积极性和创造性，促进学校改革、发展和稳定，大力弘扬社会主

思想道德和先进文化，大力加强高校领导干部廉洁自律和教职工的职业道德建设，坚持把与时俱进、弘扬中华民族优秀道德传统和体现时代精神、开拓创新相结合；不断提高广大师生的思想道德和科学文化水平，在校园内真正形成和保持"爱国守法、明礼诚信、团结友善、勤俭自强、敬业奉献"的良好氛围和风尚。

自 20 世纪 90 年代末以来，由于国家实行科教兴国的战略，我国高等教育步入了快速发展的轨道，进入大众化的教育阶段。高等教育受托管理的国有资产非常庞大，每年的运转经费数额庞大，迅速扩大的学生规模与有限的教育资源之间的矛盾日益突出。所有这些都要求大力加强和改善高校的管理。但目前我国高校管理存在教育法制不健全、管理手段单一，习惯采用行政命令的方式，缺乏应有的民主与透明，依法治校尚未最终建立，以德治校流于表面形式。高校的管理要实现从无序走向有序，从随意性走向标准化，从经验走向科学、民主，从而最终实现人性化、现代化、法治化，这是新时期摆在高校管理者面前的一个重要课题。

高等学校作为教育机构，在我国属于事业单位系列。但由于法律的授权，它又承担了某些行政管理的职能。因此，它的某些管理权具有公共权力的性质。随着自费求学，自主择业的实行，现在，高校与教师、学生之间存在双重的法律关系。一是学校作为教育服务提供者，与学生、教师形成了合同性质的民事法律关系；二是学校依据法律授权对学生管理，履行某些行政管理的职能，因而和学生、教师形成了行政管理的法律关系。高校对学生管理权力的行使与限制、就是按照法治原则和精神的要求，正确认识和处理这两种法律关系。基于合同关系，高等学校管理就必须遵循自由、平等、诚信实用原则，不能以自己的强势地位强加学生、教师不平等的义务，而需为学生、教师提供尽可能高水准的服务，体现以德治校的要求。基于行政管理关系，必须坚持公平、正义的理念，坚持行政法治的原则，强调权力的法定性，行使权力必须具有法律依据，处理有关学生的学籍，学位授予、处分问题，必须按授权范围行事，体现依法治校的要求。

《国家中长期教育改革和发展规划纲要（2010—2020 年）》明确要求"完善中国特色现代大学制度"。在中国特色现代大学制度的构建中，要坚持依法治校与以德治校的结合，特别要凸显以德治校对依法治校制度构建的功能。

以德治校对依法治校制度构建的要求之一：充分保障教师和学生的权利。把体现教师和学生的权利作为依法治校制度构建的原则之一，这就要求我们在依法治校的各种制度、规范、机构乃至具体行为中都能够真正地表达和实现师生的利益。具体地讲要建立教师和学生的申诉制度，并加强教师和学生管理制度的完善。

以德治校对依法治校制度构建的要求之二：现实有效的监督机制。以德治校的这一要求与依法治校的权力制约原则又有相通之处，但与依法治校不同，以德治校之所以强调监督机制的实行，一是着眼于监督机制本身具有惩恶扬善的道德功能，二是着眼于随监督机制而来的学校领导行为的规范。

以德治校对依法治校制度构建的要求之三：现实有效的道德传播机制。高校领导和师生的道德养成，一则必须依赖于教育之修养，二则必须依赖于环境之涵养，两者缺一不可。因此，从以德治校的方面看，一个要推行德治的体制构建除了通过自身的运行提供一个有利于涵养人们德性的环境外，还必须具备一套现实有效的道德传播机制，通过教育的方式促成人们德性的修养。

《国家中长期教育改革和发展规划纲要（2010—2020年）》指出，基本实现教育现代化是我国教育改革与发展的战略目标之一，这是优先发展教育、提高教育现代化水平的重要体现，是基本实现国家现代化的必然选择。高等教育管理在服务教育现代化的进程中，要在依法治校中实现教育管理制度的现代化，在以德治校中实现教育管理观念的现代化，通过教育管理着力促进教育现代化观念的统一与制度的协调。

第二节　依法治校与以德治校相统一的观念基础

我国教育事业发展面临着前所未有的机遇和挑战，但是必须清醒地认识到，我国教育"还不完全适应国家经济社会发展和人民群众接受良好教育的要求"，第一种表现就是"教育观念相对落后"[①]。所以，人才培养作为整个教育工作的核心，深化教育管理体制改革的关键就是更新教育观念，实现依法治校与以德治校的结合。

一、德法协同观：依法治校与以德治校统一的理论基石

法律与道德的关系问题是古今中外学术理论与社会实践关注的焦点问题之一。中国历史上很早就形成了德法协同的观念，中华传统文化对此也给予

---

① 国家中长期教育改革和发展规划纲要（2010—2020年）[M]. 北京：人民出版社，2010：10.

了关注，形成了科学的认识。例如："法制者，道德之显尔；道德者，法制之隐尔。……有道德结于民心，而无法制者为无用，无用者亡；有法制者系于民身，而无道德者为无体，无体者灭。"①中国共产党在治国理政过程中形成了依法治国与以德治国相结合的思想，这是中国共产党对中国历代治国经验的升华，是对中国共产党执政经验的总结，也是社会主义文化建设的指导思想。

我国学术界持续关注道德法律化的问题，具有一定的现实性和必要性。社会主义市场经济体制在我国逐步确立以后，一些领域也随之出现道德失范、价值取向紊乱、诚信缺失等现象。主张用法的手段强制推行和实施道德的要求，确实对现时期道德建设起到一定的积极作用，同时也是促进法治建设的有效措施。但是，完全用法律代替道德是有很大的负效应的，而且在实践中容易造成"法律至上"与"道德至上"的片面性。从法律与道德的相互关系中，我们就能深刻地理解，法律与道德之间存在着密切的联系，两者作为社会调节系统的重要组成部分是缺一不可的。这就指导我们在依法治校的过程中，要重视道德与法律所产生的自率与他率的双重效应，在高校管理中寻求依法治校与以德治校的有机结合。法律与道德的内容上既相互区别又相互联系，功能上相辅相成又相互促进，决定了依法治校和以德治校在高校管理中的关系，就如同鸟之双翼，缺一不可，必须将二者有机地结合起来，确立高等教育管理的德法协同观。

现代大学建立的一切规章制度所体现的基本精神就是培养德智体全面发展的社会主义建设者和接班人；其根本目的是保证和调动大学所有成员的积极性，挖掘其潜能，优化资源配置，做到人尽其才、物尽其用，取得最佳的社会效益和必要的经济效益；其根本做法就是坚持科学发展观，高等学校自我约束、依法治校；校长负责、教授治教、民主管理，实行与社会主义市场经济体制相适应的高效的管理运行机制。高等学校的规章制度既要体现依法治校的要求，也要落实以德治校的蕴含。

高等学校规章制度的合法性问题不容忽视。高等学校的自治性规范性文件中的有关规定不符合社会主义法治理念的基本要求，与法律法规和规章相抵触的问题现实中大量存在，这在一定程度上侵犯了高等学校成员的合法权益。同时，高等学校规章制度的合理性问题同样不容忽视。有的规章制度虽然有法律法规、规章及政策的依据，但其合理性还有待商榷。

依法治校与以德治校相统一具有十分重大的意义：

---

① [宋]胡宏. 知言·卷一·修身.

（一）有助于准确把握习近平总书记关于大学治理的基本要求

习近平总书记对大学治理的基本要求，就是"治理有方、管理到位、风清气正"，这是 2016 年底他在全国高校思想政治工作会议上集中阐发的。这一基本要求，体现了高校德治（以德治校）、法治（依法治校）与自治（大学自治）的有机统一。我们要全面准确学习领会这一基本要求的科学内涵，"治理有方"侧重党和政府的层面，要求大学治理坚持党和国家的教育方针、政治方向与发展方略，体现依法治校；"管理到位"侧重高校内部管理的层面，高校教育教学管理的各项措施、政策能够落实到位，实现大学自治；"风清气正"则是依法治校与以德治校良好效果的彰显，侧重以德治校要求的全面落实。学习好、贯彻好这一基本要求，既要全面把握，又要突出重点，着力领会这一基本要求的科学内涵，并深刻把握其思想精髓，做到知其言更知其义、知其然更要知其所以然，这是当前高等教育领域深入学习习近平教育思想的重要内容之一。

（二）有助于全面落实立德树人根本任务

坚持以人为本，全面实施素质教育是教育改革和发展的战略主题，是贯彻党的教育方针的时代要求。习近平总书记指出，实现我们的梦想，要靠我们这一代，更要靠下一代。习近平总书记还殷切期望当代大学生要志存高远，脚踏实地，转变择业观念，坚持从实际出发，勇于到基层和艰苦地方去，善于在平凡的岗位上创造不平凡的业绩。学习领会习近平教育思想，就要自觉将青少年学生的健康成长作为学校一切工作的出发点和落脚点，实现依法治校与以法治校有相统一，服务于"培养什么样的人，如何培养人以及为谁培养人"这一根本问题，大力培养德智体美全面发展的社会主义建设者和接班人。

（三）有助于始终把教育摆在优先发展战略位置

教育优先发展是党和国家长期坚持的一项重大方针。习近平总书记指出，教育是人类传承文明和知识、培养年轻一代、创造美好生活的根本途径。人才是衡量一个国家综合国力的重要指标，没有一支宏大的高素质人才队伍，全面建成小康社会的奋斗目标和中华民族伟大复兴的中国梦就难以顺利实现。百年大计，教育为本。科教兴国已成为中国的基本国策，中国要坚定实施科教兴国战略，就要始终把教育摆在优先发展的战略位置。学习领会习近平教育思想，就要充分认识教育在社会主义现代化建设全局中的地位和作用，切实保证经济社会发展规划，优先安排教育发展、财政资金，优先保障教育投入、公共资源，优先满足教育和人力资源开发需要，为推进教育改革发展奠定坚实基础。

（四）有助于全面深化教育领域综合改革

改革是教育事业发展的强大动力。习近平总书记指出，改革开放是党和人民大踏步赶上时代的重要法宝，是决定当代中国命运的关键一招。改革开放只有进行时，没有完成时，停顿和倒退没有出路。强调必须以促进社会公平正义、增进人民福祉为出发点和落脚点，着眼创造更加公平正义的社会环境，使改革发展成果更多、更公平地惠及全体人民。必须坚持以人为本，尊重人民主体地位，发挥群众首创精神，紧紧依靠人民推动改革。习近平总书记还指出，加强顶层设计和摸着石头过河都是推进改革的重要方法。要使各方面改革协同推进、形成合力，而不是各自为政、分散用力。学习讲话精神，就要深刻理解全面深化改革开放的重大意义，牢固树立进取意识、机遇意识、责任意识，着力深化教育领域综合改革，加快教育重点领域和关键环节的改革步伐，全面形成与社会主义市场经济和全面建成小康社会相适应的充满活力、富有效率、更加开放、有利于科学发展的教育体制机制。

（五）有助于培养更多高素质的人才

全面提高教育质量是建设教育强国和人力资源强国的重要基础。习近平总书记指出，青年的素质和本领直接影响着中国梦实现的进程。要调整优化学科专业结构，创新高校人才培养机制，抓好高端人才的培养，造就更多、更高素质的人才。习近平总书记还强调，要教育引导青年学生既扎实打牢基础知识又及时更新知识，既要刻苦钻研理论又积极掌握技能，不断提高与时代发展和事业要求相适应的素质和能力。要找准专业优势和社会发展的结合点，找准先进知识和我国实际的结合点，真正使创新创造落地生根、开花结果。学习讲话精神，就要切实把提高质量作为教育改革发展的核心任务，牢固树立科学的教育观、人才观、质量观、发展观，坚持规模和质量相统一，推动教育内涵的发展。

二、核心价值观：依法治校与以德治校统一的理念灵魂

建设社会主义核心价值体系是党提出的一项重大战略任务，是我们党在思想文化建设上的重大理论创新。社会主义核心价值观是社会主义意识形态的本质体现，是全党全国各族人民团结奋斗的共同思想基础，是实现科学发展、社会和谐的推动力量，是国家文化软实力的核心内容。高等学校在管理中要实现依法治校与以德治校的有机结合，就要坚持以中国特色社会主义理论为指导，以社会主义核心价值体系为理念灵魂。

我国教育改革与发展的指导思想，其一就是"全面贯彻党的教育方针，坚持教育为社会主义现代化建设服务，为人民服务，与生产劳动和社会实践相结合，培养德智体全面发展的社会主义建设者和接班人"，这要求在高等教育改革与发展中体现以德治校的要求；其二就是"立足社会主义初级阶段基本国情，把握教育发展的阶段性特征，坚持依法治教，尊重教育规律，夯实基础，优化结构，调整布局，提升内涵，促进教育全面协调可持续发展"，这要求在高等教育改革与发展中彰显依法治校的任务。

全社会都要努力学习实践社会主义核心价值体系，共同推动社会主义核心价值体系建设。对于高等学校而言：第一，要把社会主义核心价值体系融入高等教育育人的全过程。要把社会主义核心价值体系纳入高等教育培养人的全过程之中，积极探索符合当代大学生思想特点和成长规律的方式方法，科学有效地把社会主义核心价值体系体现到大学生的课堂教学中，体现到各种形式的课外活动中，体现到学校的日常管理中，切实做到进教材、进课堂、进学生头脑。这是高等学校学习实践社会主义核心价值体系对以德治校的基本要求；第二，要把社会主义核心价值体系体现到高等学校的各项制度设计、规章制度制定和教育管理之中。社会主义核心价值体系规定着高等学校制度设计、规章制度的性质和方向，具体的规章制度又直接影响着人们对社会主义核心价值体系的认同。要积极促进把社会主义核心价值体系的要求转化为高等学校的制度设计、规章制度，用制度的权威来推动社会主义核心价值体系建设。这是高等学校学习实践社会主义核心价值体系对依法治校的内在要求。

第一，有助于高校教育管理实践中维护学校、教师与学生的合法权益，实现高等教育治理的现代化、规范化、法治化、公开化与高效化。实现依法

治国，建设社会主义法治国家的目标，要求各个行业、领域都要实现依法治理。高等学校特别是公立高校作为具有公共管理职能的社会组织，需要按照法律至上、保障权利、制约权力的原则，实现教育管理。

第二，有助于厘清政府、高校、教师与学生之间的法律关系。近年来，由于高校、政府、教师与学生之间的法律地位不明确，四者之间特别是前三者与学生之间的法律纠纷不断。行政机关和司法机关对于此类纠纷的解决也处于不断摸索和徘徊中，缺乏理论上的指引和制度上的规范。实践中此类纠纷不仅使作为教育管理者的高校无所适从，而且使得作为被管理者的学生饱受伤害。在此情形之下，建立在案例分析基础之上系统的理论研究，从法律层面探讨学生与政府、高校、教师之间的法律关系，明确各主体在学生事务管理中的法律地位，对于此类纠纷的顺利解决，对于和谐社会、和谐校园构建都大有裨益。

第三，有助于实现高校行政权力行使的法治化与规范化。我国高校要成为独立运行的法人实体，关键是要重构政府与高校的关系，即由命令——服从的行政关系向授权——经营的法律关系转变。在市场化运行模式下，政府与高校之间的关系必须由简单的行政隶属关系转变为产权明晰、职能清晰的举办者和经营者的关系，从以计划为约束的直接联系转变为以市场为导向的间接联系。政府与高校的这种新型关系延伸到高校内部，就需要高校行政权力行使的法治化与规范化。针对高校行政权力行使的不规范性和低效率，本课题认为有必要改革行政权力的运行模式，即由传统型的权力导向模式向现代型的权利导向模式转变，从人治化的模式向法治化模式转变，以实现高校内部行政管理的公开化和效率化。为积极应对这种挑战，推动高校面向社会自主办学，高校需确立一种与市场经济相适应的法治型行政权力来实现其教育与管理职能。

第四，有助于促进高校行政权力结构的适当分散并对其进行弹性控制。伴随着我国高等教育与国际竞争大舞台的逐步接轨，高校行政权力的结构和运行都将面临着适应市场要求的调整，其中一个重要的内容就是必须改革高校行政权力的控制与监督机制。目前，我国高校的内部管理基本上都是以行政权力为中心的模式，学生在管理过程中对诉求缺乏表达，不具备参与途径。针对我国大学权力顶部聚集和等级森严的症结，本课题认为改革的核心应该放在协调权力的内部分配和完善权力的自律控制上。为此，新的高校行政权力结构应适当分散并具有弹性，在涉及学生合法权益保护、学生事务管理事项等方面吸收学生参与民主管理。这不仅有利于克服权力行使的负效率和低效率，同时也与民主平等、公平正义的法治理念相吻合。

第五，有助于维护学校、教师和学生的合法权益。通过对高校教育与管理两类不同性质活动过程中各法律关系主体法律地位的界定，分析各主体在教育与管理活动中的权利和义务关系，明确各法律主体的日常行为规范。通过对高校日常管理活动中所涉及法律问题案例的分析及其系统的研究，深入探讨高校作为民事主体和行政主体所承担的不同责任，这为高校、教师与学生之间法律纠纷的解决提供了清晰的法律路径。高校的行政管理者在高校的各类教育管理活动及高校内外部各种交往中必须增强法律意识，运用法治思维和法治方式规范地行使各类权力，本着致力于推进学术共同体繁荣发展的最高目标、促进学生全面发展的价值追求，综合运用教育法、民法、行政法、刑法等切实维护学校、教师和学生的合法权益。在促进三者之间法律关系运行规范化和良性化的同时，特别突出学生作为宪法上的公民、民法上的自然人、行政法上的被管理者、教育法上的受教育者，所应该享有的合法权益。

三、大学文化观：依法治校和以德治校统一的文化根基

所谓大学文化，就是在大学产生和发展的过程中逐渐出现并长期沉淀的、被大学成员所认同的一种思想理念，同时又是具有时代意义的人类思想、文化、观念、理想、行为准则和智慧等融合而成的创新性成果的升华，是一种非物质性的独特的精神，反过来又指导、规范大学行为的发展，使之具有持久生命力的大学灵魂。

现代大学文化的产生、形成和发展是在大学长期发展过程中逐步积累而呈现的，而且随着历史的演进和时代的变迁不断更新。现代大学精神看起来是无形的，实际上是有形的，是实实在在存在于现代大学的各个方面的，从办学理念到学校的定位、培养目标的确立，从教职工的言行到大学生的举止，从校容校貌到校园环境，从教学科研过程到校园文化氛围，从教材教法到科研成果的展现，无处不体现现代大学精神的存在。从现代大学精神的表现形式来看，现代大学的思想理念、品牌及其效应、校园文化等形式，体现了以德治校的内在属性；而现代大学的人才培养、科研及其成果转化、规章制度等载体，体现了依法治校的具体要求。通过大学在管理中以德治校与依法治校的有机结合，在大学长期发展的实践中、在现代大学各个方面逐渐抽象形成的理性的大学精神，无疑还要回到现代大学的发展实践中以各种形式表现出来，且会表现得丰富多彩，比原来更深刻、更鼓舞人。

四、人才培养观：依法治校和以德治校统一的现实指向

人才培养观深刻影响着人才培养体制和教育教学实践，决定着人才培养体制改革的导向。社会主义建设事业对人才提出的要求、人才成长规律以及我国特有的教育和文化传统，对人才培养观念的形成具有决定作用。

更新人才培养观，就是要从全面建设小康社会和建设人力资源强国的目标出发，按照科学发展观的要求，坚持以人为本，尊重教育规律，适应社会需要，发扬优良传统，摒弃与时代要求不相适应的观念，树立新的人才培养观念，以培养创新精神和实践能力为重点，全面实施素质教育，多出人才、快出人才、出好人才。具体而言，就是树立全面发展观念，使学生德智体美诸方面得到发展；树立人人成才观念，为每个人提供成才的阶梯；树立多样化人才观念，在个性发展基础上，尊重个人选择，鼓励个性发展，不拘一格培养人才；树立终身学习观念，使学习场所不再局限于学校，让学习成为贯穿于人一生的活动；树立系统培养观念，尊重人才成长规律，把人才成长当作一个连续的过程，系统工程①。

推进人才培养模式改革是实施素质教育的重要保障。高校教育管理活动要优化学生知识结构，丰富学生社会实践，强化学生能力培养，着力提高学生的学习能力、实践能力、创新能力，教育学生在法治课堂中学会知识技能，在法治实践中学会动手动脑，在法治环境中学会生存生活，在法治社会中学会做人做事。紧紧围绕和服务于高校人才培养是提高教育质量的根本任务，体现学校特色，关注学生需求，要从制度层面上贯彻和落实以人为本的原则，切实尊重和保护学生的合法权益，提高服务意识，重视学生参与管理的民主建设，依法落实学生及家庭、媒体、社会的知情权、表达权、参与权和监督权。加强大学生的公民意识教育，树立社会主义民主法治、自由平等、公平正义理念，要求高校把培养具有现代法治观念和意识的社会主义合格公民，作为教育管理的重要任务和实施素质教育的重要目标，依法治校是构建符合法治理念的育人环境，培养学生学法明理，树立公民意识的重要保障。要以有利于学生健康成长、全面发展为根本出发点，改革并进一步完善人才培养和评价制度，健全学生的学习与研究制度，促进高校管理重心与方式的改变。

---

① 《教育规划纲要》工作办公室. 教育规划纲要辅导读本[M]. 北京：教育科学出版社，2010：123.

第三节 依法治校与以德治校相统一的制度协调

要实现依法治校和以德治校相统一的管理方式就必须"两手抓，两手都硬"，既要建立高等学校法治体系，又要建立校园道德体系；既要加强社会主义民主法治的教育和宣传，又要加强社会主义道德教育的宣传与实践，以此实现依法治校与以德治校的制度协调。

一、现代大学制度：依法治校与以德治校统一的宏观环境

《教育规划纲要》明确要求"完善中国特色现代大学制度"。在中国特色现代大学制度的构建中，要坚持依法治校与以德治校的结合，特别要凸显以德治校对依法治校的制度构建功能。

依法治校与以德治校相统一，有助于推动高等学校思想政治工作实践的发展与改革，实现高等教育内涵发展、科学发展、特色发展。坚持以人为本、全面实施素质教育是教育改革发展的战略主题，是贯彻党的教育方针的时代要求，其核心是解决好培养什么人、怎样培养人的重大问题，重点是面向全体学生。促进学生全面发展，着力提高学生服务国家服务人民的社会责任感、勇于探索的创新精神和善于解决问题的实践能力。

依法治校与以德治校相统一，有助于完善中国特色现代大学制度。建设中国特色现代大学制度要求德治与法治两种管理方式之间、政府与学校之间、学校与社会之间、学校与学生之间，以及学校内部实现依法治理，使高校真正成为独立办学实体，实现依法自主发展和自我监督。高校必须通过依法治校，切实转变办学、教育和管理的理念、思路、方式和手段；大学生在大学制度建设中发挥积极的主体作用，通过学生代表大会等制度设计，参与学校的治理，为建设中国特色现代大学制度奠定坚实基础。

依法治校与以德治校相统一，是提高教育管理水平与效益、办好人民满意的教育的迫切需要。当前，高校教育管理活动的自主性、复杂性，权利义务关系的多样性，学生法律意识的丰富性显著增强，法律问题、管理漏洞与矛盾纠纷日渐突出，学生在权益保护以及公益维护过程中运用申诉、信访、诉讼、仲裁并借助传统媒体、新媒体的意识不断增强，途径不断丰富，能力不断提高，家庭以及其他势力的参与给高校教育管理与教育行政、司法处置带来了许多新的问题和挑战。高校必须通过依法治校，实现教育管理的制度

化、法治化和规范化，必须在教育管理中重视对自身法定义务的遵守，依法实现与学生、家庭、公民、媒体、社会其他组织的对话与合作，获得人民群众的认可与支持。

依法治校与以德治校相统一，是凸显法治原则对学校治理方式与手段的总体要求。高校要坚持社会主义办学方向，树立法律至上、尊重章程、依法依章办事的理念，实现法律、规章制度面前人人平等，实现教育管理活动、办学活动有法可依、有章可循。要以增强高校领导者依法治校的意识和能力、提高章程及规章制度建设质量、规范和制约管理权力运行、保证法律法规的有效实施、完善师生权利救济为着力点，体现法治要求对高校工作全局、管理全程的统摄与指导，对学校具体办学活动、管理行为的系统规范。在对学生的教育管理中准确把握权利与义务、权利与权力、民主与法治、实体与程序、教育与惩戒的平衡，实现目的与手段的有机统一，避免以苛刻繁杂的学生行为规则代替日常管理准则和教育方法艺术。

二、高校管理法治：依法治校与以德治校统一的运行体制

高等学校作为教育机构在我国属于事业单位系列。但由于法律的授权，它承担了某些行政管理的职能。因此，它的某些管理权具有公共权力的性质。随着自费求学，自主择业的实行，现在，高校与教师、学生之间存在双重的法律关系：一是学校作为教育服务提供者，与学生、教师形成了合同性质的民事法律关系；二是学校依据法律授权对学生管理，履行某些行政管理的职能，因而和学生、教师形成了行政管理的法律关系。高校对学生管理权力的行使与限制，就是按照法治原则和精神的要求，正确认识和处理这两种法律关系。基于合同关系，高等学校管理就必须遵循自由、平等、诚信实用原则，不能以自己的强势地位强加学生、教师不平等的义务，而须为学生、教师提供尽可能高水准的服务，体现以德治校的要求。基于行政管理关系，必须坚持公平、正义的理念，坚持行政法治的原则，强调权力的法定性，行使权力必须具有法律依据，在处理有关学生的学籍、学位授予、处分等问题上，必须按授权范围行事，体现依法治校的要求。

三、高校规章制度：依法治校与以德治校统一的制度载体

现代大学建立的一切规章制度所体现的基本精神就是培养德智体美全面

发展的社会主义建设者和接班人；其根本目的是保证和调动大学所有成员的积极性，挖掘其潜能，优化资源配置，人尽其才，物尽其用，取得最佳的社会效益和必要的经济效益；其根本做法就是坚持科学发展观，高等学校自我约束、依法治校，校长负责、教授治教、民主管理，实行与社会主义市场经济体制相适应的高效的管理运行机制。高等学校的规章制度既要体现依法治校的法治要求，也要落实以德治校的道德蕴涵。

高等学校规章制度的合法性问题不容忽视。高等学校的自治性规范中的有关规定不符合社会主义法治理念的基本要求、与法律法规和规章相抵触的问题现实中大量存在，在一定程度上侵犯了高等学校成员的合法权益。同时，高等学校规章制度的合理性问题同样不容忽视，有的规章制度虽然有法律法规规章以及政策的依据，但其合理性有待商榷。

四、成员权益保护：依法治校与以德治校统一的制度指向

按照通常理解，学校成员由学生、教育人员（教师）、行政人员和工勤人员等构成[①]。按照法治原则的要求，必须实现学校成员权益保障原则的制度设计，即：学校应当保障学校成员的合法权益。非经法定事由，非经法定程序，学校不得做出对教师、学生的不利处分。

我国《教育法》《高等教育法》等相关法律都规定，国家应该保障教师和学生的合法权益。作为学校成员的教师和学生是学校教育机构的主要组成者，他们的工作、学习和活动与学校这个特定的环境存在不可分割的紧密联系。相对于其他的组织而言，学校对教师或学生做出不利处分的机会更多，教师和学生的合法权益更容易受到来自学校的损害。也正因为如此，学校在保障教师和学生合法权益方面可以有更大的空间，理应承担起保障教师和学生合法权益的重任。

"非经法定事由，非经法定程序，学校不得作出对教师、学生的不利处分"，这可以说是对我国近年来频频出现的教师和学生状告学校事件的及时回应。从近年来出现的刘兵诉天津市轻工业学院开除学籍处分案、林某诉西北大学拒绝授予职称案、黄渊虎诉武汉大学招生纠纷案、田永诉北京科技大学拒绝颁发毕业证学位证案、刘燕文诉北京大学拒绝颁发学位案等焦点案件中，[②]我们可以看出，目前我国各级各地人民法院对教师或学生状告学校案件的受

① 马怀德. 学校法律制度研究[M]. 北京：北京大学出版社，2007：113.
② 周光礼. 法律制度与高等教育[M]. 武汉：华中科技大学出版社，2005：179.

理态度不一，还没有形成一个定型的权利救济体系。权益受到损害的教师和学生能否从司法中得到救济还不肯定。通过正当程序的保障和法定事由的约束，从源头上控制学校损害教师和学生合法权益事件的发生，正是保障学生权益的良方。这同时还有利于依法治校，改变其以一些不合理的内部规定对教师和学生做出不利处分的做法。

第三章
地方高校现代大学制度建设的领导体制

改革开放以来，中国共产党就加强高校党的建设，1989 年 6 月党的十三届四中全会以后，确定在高等学校全面实行党委领导下的校长负责制；1996年中共中央发布了《中国共产党普通高等学校基层组织工作条例》（2010 年 8月 13 日中共中央修订后重新印发），明确规定高等学校实行党委领导下的校长负责制；1998 年 8 月党委领导下的校长负责制被载入《中华人民共和国高等教育法》，以法律的形式被正式固定下来。二十多年的实践证明，高等学校党委领导下的校长负责制，符合我国国情和高等教育发展规律，必须毫不动摇、长期坚持并不断完善。

2014 年 10 月，中共中央办公厅印发了《坚持和完善普通高等学校党委领导下的校长负责制的实施意见》（中办发〔2014〕55 号，以下简称《实施意见》）。《实施意见》体现了党的十八大、十八届三中全会和习近平总书记系列重要讲话精神，体现了党要管党、从严治党方针，体现了深化党的建设制度改革的要求，体现了各地各高校实践探索的新经验，是加强高校党的建设工作和完善中国特色现代大学制度建设的重要遵循。这次颁发的《实施意见》，对于新形势下加强和改进党对高校的领导，完善高校内部治理结构，促进高等教育事业科学发展，具有十分重要的意义。十五副省级城市大学在改革开放以来的教育改革与发展中，坚持、贯彻并结合学校实际不断完善各自党的领导体制和工作机制，实现了大学治理的"良治"与"善治"，为地方高校现代大学制度建设积累了经验。

第一节　党委领导下校长负责制的制度自信

坚持和完善党委领导下的校长负责制，是加强高校党建的重要着力点。公立高校党委领导下的校长负责制，是在马克思主义中国化的历史进程中形成的，并为党的历届中央领导集体所重视，实现了理论自信。当前，高等教育实践者对这一制度设计缺乏制度自信，学术界对这一制度缺乏理论自信，因此，进一步强调坚持并完善这一领导体制十分必要。在此背景下，就要加强制度自觉与制度自信，以党委领导下校长负责制为切入点，高校党委切实履行管党治党与办学治校的主体责任、高校思想政治教育的主体责任、高校意识形态领导权的主体责任、高校党风廉政建设的主体责任，发挥制度优势，服务于高校人才培养中心任务的实现。

一、党委领导下校长负责制制度自信的理论依据

改革开放以来，高等教育改革坚持"体制改革是关键、教学改革是核心、教育思想观念改革是先导"的原则，不断推进高等教育改革的深化。体制改革是使各项改革不断深化的关键，也是推动教育事业发展的关键。实践与理论一致表明，我国的高等教育改革主要体现为五大体制改革：高等教育办学体制改革，高等教育管理体制改革，高等教育经费筹措体制改革，高等教育招生就业制度改革，高等教育内部管理体制改革。[①]同时，从马克思主义中国化的历程看，在我国公立高等学校实行党委领导下的校长负责制是有一个过程的，为党的历届中央领导人所重视。

毛泽东认为，办教育也要有政治水平。1965 年 8 月，他明确指出："办教育也要看干部。一个学校办得好不好，要看学校的校长和党委究竟是怎么样，他们的政治水平如何来决定。学校的校长、教员是为学生服务的，而不是学生为校长、教员服务的。"[②]毛泽东在这里强调了学校党委与校长的政治职责，类似于我们现在讲的"主体责任"。

1977 年 8 月邓小平在科学和教育工作座谈会上谈到教育和科技工作的体制、机构时指出，在科研部门、教育部门的调整过程当中，"具体问题很多，第一位的是配备好领导班子。我提出一个单位要有三个人要选得好。党委统一领导，书记很重要，一定要选好，这是第一个人。第二个人是领导科研或教学的人，要内行，至少是接近内行或者比较接近内行的外行。还有一个管后勤的，应当是勤勤恳恳、扎扎实实、甘当无名英雄的人。有了这样的三把手，事情就比较好办了"。[③]他谈到的第一个人就是党委书记，第二个人就是

① 中国高等教育学会. 改革开放 30 年中国高等教育发展经验专题研究[M]. 北京：教育科学出版社，2008：11-15.
② 毛泽东邓小平江泽民论教育[M]. 北京：中央文献出版社，2002：79.
③ 邓小平文选：第 2 卷[M]. 北京：人民出版社，1994：53.

校长，并且明确谈到了两者的分工与角色。1980 年初，在《目前的形势和任务》这篇重要讲话中，邓小平谈到要建立一支坚持社会主义道路的具有专业知识和能力的干部队伍，"我们也需要大量的、合格的学校管理人员，这也是专业人员。比如说学校党委的领导同志，应不应该是个专业人员呢？应该是。他可以不是教学人员，但至少应该是懂得教育的有管理学校专长的专业人员，会管某一类学校"。① 在谈到改善党的领导时，邓小平指出："关于改善党的领导，现在需要解决的问题很多。比如我们历来说，工厂要实行党委领导下的厂长负责制；军队是党委领导下的首长分工负责制；学校是党委领导下的校长负责制。如果今后继续实行这个制度，那么，工厂的车间是否也要由党总支领导？班组里边是否也要由党支部或者党小组领导？同样，大学的系是否也要由党总支领导？这样是不是有利于工厂和大学的工作？能不能体现党的领导作用？如果这个问题解决得不好，可能损害党的领导，削弱党的领导，而不是加强党的领导。共产党实现领导应该通过什么手段？是用这种组织形式，还是用别的办法。"② 1980 年 8 月，在题为《党和国家领导制度的改革》这篇重要文献中，邓小平提出："有准备有步骤地改变党委领导下的厂长负责制、经理负责制，经过试点，逐步推广、分别实行工厂管理委员会、公司董事会、经济联合体的联合委员会领导和监督下的厂长负责制、经理负责制。还有党委领导下的校长、院长、所长负责制等等，也考虑有准备有步骤地加以改革。过去的工厂管理制度，经过长期的实践证明，既不利于工厂管理的现代化，不利于工业管理体制的现代化，也不利于工厂里党的工作的健全。实行这些改革，是为了使党委摆脱日常事务，集中力量做好思想政治工作和组织监督工作。这不是削弱党的领导，而是更好地改善党的领导，加强党的领导。"③

1989 年以后，在中央召开的十三届四中全会及其通过的《中共中央关于加强党的建设的通知》中，明确规定："高等院校实行党委领导下的校长负责制。"④ 至此，党委领导下的校长负责制作为一项制度得到了确立。江泽民1994 年 6 月 14 日在全国教育工作会议上也提出，"一切对党、对人民高度负责的领导干部，都应为本地区教育的改革和发展做出努力。关于学校的领导体制，实行党委领导下的校长负责制的高等院校，党委要对重大问题进行讨论并做出决定，同时保证行政领导人充分行使自己的职权。试行或实行校长负

---

① 邓小平文选：第 2 卷[M]. 北京：人民出版社，1994：263.
② 邓小平文选：第 2 卷[M]. 北京：人民出版社，1994：270.
③ 邓小平文选：第 2 卷[M]. 北京：人民出版社，1994：340.
④ 十三大以来重要文献选编（中）[M]. 北京：人民出版社，1991：596.

责制的其他学校和中小学，也要切实发挥党组织的政治核心作用。"①

以胡锦涛同志为总书记的党中央，不仅要求坚持和完善党委领导下的校长负责制，还把这一制度推及到高职院校。在 2005 年 10 月《国务院关于大力发展职业教育的决定》中就明确规定："中等职业学校实行校长负责制和聘任制，高等职业院校实行党委领导下的校长负责制和任期制。"② 胡锦涛在 2010 年全国教育工作会议上也强调指出："要加强和改进教育系统党的建设，健全各级各类学校党的组织，坚持和完善公办高等学校党委领导下的校长负责制，加强学校领导班子和领导干部队伍建设，加强在优秀青年教师、优秀学生中发展党员工作，重视学校共青团、少先队工作，充分发挥党组织在教育改革和发展中的作用。"③

2014 年 12 月，习近平同志就高校党建工作强调指出："办好中国特色社会主义大学，要坚持立德树人，把培育和践行社会主义核心价值观融入教书育人全过程；强化思想引领，牢牢把握高校意识形态工作领导权；坚持和完善党委领导下的校长负责制，不断改革和完善高校体制机制；全面推进党的建设各项工作，有效发挥基层党组织战斗堡垒作用和共产党员先锋模范作用。"④ 这是习近平总书记从严管党治党系列重要思想的组成部分，其为高校全面推进党的建设新的伟大工程进一步指明了方向。此前中央印发的《实施意见》体现了党的十八大、十八届三中、四中全会和习近平总书记系列重要讲话精神，符合党要管党、从严治党方针，总结了各地高校实践探索的新经验，成为新时期加强高校党建工作和完善中国特色现代大学制度的重要依据。《实施意见》的颁布，对于加强党委领导下的校长负责制的理论自信、制度自信，完善高校内部治理结构，促进高等教育事业科学发展，具有重要意义。

二、党委领导下校长负责制制度自信的现实动因

党委领导下的校长负责制的实施，为我国高等学校全面贯彻党的教育方针，坚持社会主义办学方向，培养中国特色社会主义合格建设者和可靠接班人，促进高校改革发展稳定，提供了坚强的政治保证。实践证明，党委领导下的校长负责制符合我国国情和高等教育发展规律，是中国特色社会主义现

① 江泽民文选：第 1 卷[M]. 北京：人民出版社，2006：371.
② 十六大以来重要文献选编（下）[M]. 北京：中央文献出版社，2008：39.
③ 胡锦涛. 在全国教育工作会议上的讲话[M]. 北京：人民出版社，2010：24.
④ 习近平就高校党建工作作出重要指示 坚持立德树人思想引领 加强改进高校党建工作[N]. 人民日报，2014-12-30（1）.

代大学制度的核心内容，是党对高校领导的根本制度。但是，毋庸讳言，当前高校面临着许多新情况、新问题、新挑战，改革发展稳定任务繁重，党委领导下的校长负责制在实践与理论中也产生了许多分歧与争议，在当前新形势下进一步强调长期坚持并完善这一体制十分必要。

第一，从实践的角度看，《实施意见》在一定程度上是应对党委领导下的校长负责制在实践中出现的问题而颁布实施的，问题主要体现为高校实践者对这一制度不够自信。1989 年以来的实践证明，党委领导下的校长负责制，是坚持社会主义办学方向的根本保证，是依法治校的生动体现，是科学决策与民主管理的有机统一，符合现代大学管理体制变革的客观要求，符合中国国情，具有鲜明的中国特色，是一个行之有效、科学管用的高校领导体制与工作机制。但是，不可否认，该制度在实施中也出现了不少问题。

一是党委的领导核心地位在某些高校的办学实践中没有得到很好的坚持。例如，有的高校教师在课堂教学中不讲政治纪律，在课堂上鼓吹西方"普世价值"，鼓吹民族分裂。如中央民族大学教师伊力哈木·土赫提以"维吾尔在线"网站为平台，利用其大学教师身份，通过授课活动传播民族分裂思想，蛊惑、拉拢、胁迫部分少数民族学生加入该网站，形成了以伊力哈木·土赫提为首要分子的分裂国家犯罪集团，2014 年 9 月被判处无期徒刑。这与"我们的高校是党领导下的高校，是中国特色社会主义高校"的要求出现偏差。

二是校长依法行使职权没有得到保证。例如，有的高校党委书记腐败案件就是如此，实际上架空了校长全面负责教学、科研、行政管理工作的职权，如南昌航空航天大学党委书记王国炎在工作中独断专行、作风霸道、用权"任性"，对"三重一大"事项常常个人说了算。他嫌校纪委领导"碍手碍脚"，以组织名义将其支去省委党校参加培训，好让自己"大展身手"①。

三是没有建立健全党委统一领导、党政分工合作的工作机制，工作中相互推诿、扯皮，严重影响了党的组织纪律与工作效率。

四是没有认真贯彻民主集中制，导致党内组织生活涣散，出现了书记或校长独断专行或党组织软弱涣散等不同倾向。

五是协调运行的机制尚未真正确立，行政权力独大，学术权力、民主权力、监督权力没有起到真正的作用。

在实践中，上述五点都体现为高校实践者的不自信。一是高校师生的不自信，书记、校长不合，在一部分高校成为公开的秘密；二是一些校长不自

---

① 南昌航空大学党委原书记王国炎违纪违法案件剖析 [N]. 中国纪检监察报，2015-05-07.

信，表示无法配合、壮志未酬、权力受到束缚，通过校内外各种途径公开或半公开地"大呼小叫"；三是个别书记不自信，认为自己不懂学科专业，不知道自己该做什么，"有劲使不上"；四是行政管理部门不自信，在管理中搞不清楚党委书记、校长这两个角色该怎么摆。

第二，从理论的角度看，《实施意见》在一定程度上是为平息应对学术理论界对党委领导下的校长负责制的纷争而颁布实施的，这体现为教育理论界的不够自信。一种观点认为，党委只是负责政治方向的领导，不应取代校长为代表的行政机构，成为高校事实上的决策者；另一种观念认为，党委领导原则可能会损害高校自治的原则，影响到大学的整体发展。《实施意见》明确划分了高校党委和校长的权力，明确了他们相互之间的关系，也平息了在此问题上的意见分歧。为此，习近平指出，高校党委对学校工作实行全面领导，承担管党治党、办学治校主体责任，把方向、管大局、作决策、保落实。

第三，在新形势下加强党对高等学校的领导，是坚持和完善党委领导下校长负责制的应有之义和本质内涵。

党的十八大以来，习近平总书记就内政外交国防、治党治国治军发表了一系列重要讲话，不仅指引全党全国各族人民开创了中国特色社会主义事业新局面，而且为我们进一步做好包括高等教育在内的各项工作提供了基本思路和行动指南。高校肩负着学习研究宣传马克思主义、培养中国特色社会主义建设者和接班人的重大任务，学习并贯彻习总书记重要讲话精神的要求则更加突出，任务更加繁重。解决当前高等学校各项工作特别是党建工作中存在的问题，关键是要把加强党对高校的领导落到实处。加强党对高校的领导，不仅是高校完成学习宣传马克思主义、培养中国特色社会主义事业建设者和接班人重大任务的根本保证，是加强和改进高校党建工作的前提和基础，是牢牢把握高校意识形态工作领导权、管理权、话语权的迫切需要，也是坚持和完善党委领导下的校长负责制的本质内涵。

2015 年 5 月，第 23 次湖北省全省高校党的建设工作会议指出，坚持和完善党委领导下的校长负责制必须把"四个有利于"作为出发点和落脚点。一要有利于巩固中国共产党的执政地位。党委的领导是全面的，是总决策、总负责，是决定权，是实体的责任。要强化党委的领导核心作用，把党的领导贯穿到高校工作各领域、全过程。高校党委统一领导学校工作，履行管党治党、办学治校的主体责任，把握学校的发展方向，决定学校的重大问题，监督重大决策的执行，支持校长依法独立负责地行使职权。党委书记主持党委全面工作，对学校工作负总责，履行第一责任人责任。校长在党委领导下，主持学校行政工作，组织实施党委有关决议并向党委报告决议执行情况，履行法定代表人职责。二要有利于完成高校肩负的重大任务。高校党委书记和校长要把学习、研究、宣传马克思主义、培养中国特色社会主义事业建设者和接班人作为共同的职责，以一个声音、一个步调，共同抓好，贯彻落实。三要有利于牢牢把握高校意识形态工作的领导权、管理权和话语权。高校党委书记和校长都要旗帜鲜明地站在意识形态工作第一线，共同担负起巩固马克思主义在意识形态领域指导地位的责任。四要有利于坚持中国特色社会主义大学办学方向。高校党委书记和校长都要按照社会主义政治家、教育家的要求，切实增强自信，认真履职尽责，共同为办好中国特色社会主义大学努力①。

三、党委领导下校长负责制制度自信的时代价值

我们要充分认识坚持和完善党委领导下校长负责制的重要性和必要性，充分认识学习贯彻《实施意见》的重要意义，切实把思想和行动统一到中央精神上来，把学习贯彻落实《实施意见》作为当前和今后一个时期加强高校党的建设工作的一项重要任务。

第一，从党委的主体责任看，《实施意见》是坚持和完善党对高等教育事业领导的现实需要。

结合中央精神以及各地高校党建工作会议精神，高校党委要在高校中至少履行四种主体责任，也就是管党治党、办学治校的主体责任，高校思想政治教育的主体责任，高校意识形态领导权的主体责任，高校党风廉政建设的主体责任。党的领导核心作用就是"党总揽全局、协调各方"，也就是总揽学校全局，把握正确方向，实施重大决策，协调各方利益。其中最重要的是为全面贯彻党的教育方针，坚持社会主义办学方向，培养中国特色社会主义事业的合格建设者和可靠接班人，提供坚强的组织保证。高等教育有四项职能，即人才培养、科学研究、社会服务、文化传承与创新，而人才培养工作无疑是高校工作的中心。而人才培养的要求，在社会主义中国，从技术层面而言就是"信念执着、品德优良、知识丰富、本领过硬的高素质专门人才和拔尖创新人才"②。从政治层面而言，就是"德智体美全面发展的社会主义合格建设者和可靠接班人"，这里突出了"合格"与"可靠"的政治要求。从人才培养的政治要求而言，在一定程度上的确与党对社会主义军人的要求相类似，

---

① 第二十三次全省高校党的建设工作会议在武汉召开[N]. 湖北日报，2015-05-27.
② 全国教育工作会议文件汇编[M]. 北京：教育科学出版社，2010：102.

所以加强和改善党对高等教育事业的领导成为必然。完善大学治理结构，就是要围绕培养什么样的人、怎样培养人这一根本问题展开。换句话说，在国家举办的高等学校中，党要在办学方向、领导干部、人才培养、教师等工作人员、教授内容方面发挥领导核心作用。

第二，从制度现代化角度看，党委领导下的校长负责制是中国特色社会主义大学管理体制的基本特征。

《国家中长期教育改革和发展规划纲要（2010—2020年）》对高等教育的改革与发展，提出了建立和完善中国特色社会主义大学制度的要求。完善大学治理结构、深化校内管理体制改革、提高高等教育质量，是建立和完善中国特色现代大学制度的重要任务。大学治理结构以一定的社会和教育制度、体制规定为前提，治理目标和方向则是现代大学发展目标和功能的实现。建设中国特色现代大学制度，要与当今世界高等教育发展的趋势相适应，要与中国的国情相结合。其中，一是要特别坚持和完善党委领导下的校长负责制，这是中国特色社会主义高等教育的基本制度，是中国特色社会主义大学管理体制的基本特征，也是完善大学内部治理结构必须坚持的前提和方向；二是要特别把握和厘清大学治理结构的独特性和根本特征，大学治理结构不同于企业治理结构或政府治理结构，大学治理结构是一项职业化、专业化极强的管理工作，要"让真正懂教育的人来办教育"，推动"教育家办教育"，也就是实践中经常说的对大学党委书记"政治家"、大学校长"教育家"的要求，坚持按照教育规律办教育，这是大学治理结构的核心问题；三是特别要关注和推进大学的学术繁荣和发展，尊重学者、崇尚学术是大学的生命和活力所在，探索教授治学、坚持学术自由，建立和完善以学术委员会为核心的学术权力体系，形成宽松的学术氛围，这是大学治理结构的重要条件和标志；四是要坚持和实施依法治校，牢固树立法治思维与法治方式，实现高等学校治理体系和治理能力现代化，这是我国高校管理、大学治理改革的必然趋势，是高校管理走向科学化、规范化、民主化、现代化的必然之路。完善大学章程，坚持依法治校，实现大学内部治理，这是大学治理结构的体制和机制保障。

第三，从运行机制的角度看，高等学校内部权力应当形成决策权、执行权、监督权的权力制约与协调机制。

党的十七大报告首次明确提出，要"建立健全决策权、执行权、监督权既相互制约又相互协调的权力结构和运行机制"。党的十八大报告、三中全会决议、四中全会决议均重申了这一制度设计与要求。这是改革开放以来我们党在探索权力制约和监督机制方面的重要经验和实践成果，是对权力结构和运行机制认识的进一步深化，对于规范权力运行、提高管理效能、从源头上防止腐败，意义十分重大。就公立高等学校而言，作为社会公益部门，既要完成大学的使命，也要根据自身特点，建立决策权、执行权、监督权既相互制约又相互协调的权力机制。

第四，从中国特色社会主义教育法治体系而言，注重党内法规同国家法律的协调衔接。

党的十八届四中全会指出，要构建"五位一体"的社会主义法治体系，其中首次将"完善的党内法规体系"纳入社会主义法治体系范畴①。党内法规既是管党治党的基本依据，也是建设社会主义法治国家的重要保障。作为治党的基本依据和保障，党内法规制度体系是由党章、条例、规定等规范性文件构成的。就党委领导下的校长负责制而言，既有党内法规的规定，如 2010 年 8 月印发的《中国共产党普通高等学校基层组织工作条例》、2014 年印发的《关于坚持和完善普通高等学校党委领导下的校长负责制的实施意见》等；又有国家法律法规规章的规定，如《高等教育法》以及教育部的诸多部门规章，有《全面推进依法治校实施纲要》《高等学校章程制定暂行办法》《学校教职工代表大会规定》《高等学校学术委员会规程》《普通高等学校理事会规程（试行）》等具体制度安排。

第二节　党委领导下校长负责制的理念基础

公立高等学校党委领导下的校长负责制的实质，涉及到中国特色现代大学制度的构建，关系到大学治理的实现。就现代大学制度而言，是以学术自由、大学自治、教授治校为基础，大学自主发展并与政府、社会良性互动的制度②。学术界经过多年研究归纳整理的这一现代大学制度概念，一是将现代大学制度划分为内部与外部两个层面，或曰内部治理结构与外部治理结构；二是在现代大学制度中嵌入了政党、政府、社会等多种因素。这表明中国特色现代大学制度的建构，离不开执政党、政府的因素。就大学治理而言，西方大学治理的观念与实践为我国所借鉴，学术界认为大学治理就是一种新的大学管理模式，主张通过合作、协商、伙伴关系，确立

---

① 《中共中央关于全面推进依法治国若干重大问题的决定》辅导读本[M]. 北京：人民出版社，2014：4.

② 教育学名词审定委员会. 教育学名词：2013[M]. 北京：高等教育出版社，2013：140.

共同目标等方式实施对大学事务的管理，有时特将国家或政府对大学的管理称为治理①。

一、党委领导下校长负责制的政治使命

有学者指出，中国的现代国家建构与现代大学发展几乎是同时起步、密切关联的，二者在百余年的历史风雨中相互影响，形成了独特的互动关系。政党基于精英吸纳和价值传播的需求深度参与大学治理；社会则往往批评大学与经济社会发展脱节，忽视了社会责任的积极承担，应当接受社会监督，积极变革，提高效率；大学则认为教育有其特殊规律，其已经陷入了政治与社会的漩涡，应当回归学术共同体的自治。现代大学如何通过制度的建构，既有效整合各方利益诉求，又维护学术共同体的自治空间；通过有效的制度设计厘清国家、政党、社会以及大学自身在大学治理中行动者角色与权力边界，进而形成多元共治的大学治理美好愿景，都已成为中国特色现代大学制度建设构建中的关键问题。②

中国的现代大学起源于清末连续性、整体性的政治社会改革，尽管其中出现反复，但是朝着现代大学制度结构衍变的规范性发展方向没有改变。作为"戊戌变法"整体计划的一部分，京师大学堂以《钦定京师大学堂章程》为基础，开启了中国国家层面现代大学的建设历程，这也与中国现代化进程中观念现代化、制度现代化的历程同步。由于政治原因，"戊戌变法"的其他更为重要的制度设计、制度安排与改革规划被废止，但是现代大学的建设却得以保存。这不是历史的偶然，因为即使是最保守的政治力量也会在中国近现代痛苦的历史进程中认知并接受新人才、新知识、新观念的极端重要性；而新思想、新知识、新人才的系统提供或培养不能通过传统的私学、私塾或官学来承担，只能通过现代大学进行。在清末民初的特定历史阶段，发展现代大学就是"救亡图存"，就是对中国初步实现现代化的一种智力支持，这在当时成为一种共识。然而在旧民主主义革命和新民主主义革命时期，由于战争和政治斗争的频繁、剧烈，知识分子和青年学生的爱国、救国热情远远超过了大学的学术吸引力，大学及大部分师生员工更多地成为一种政治力量而非学术力量，大学制度的发展一波三折，大学主要承担的不是学术使命，而

---

① 教育学名词审定委员会. 教育学名词：2013[M]. 北京：高等教育出版社，2013：140.
② 蒋达勇. 现代国家建构中的大学治理[M]. 北京：中国社会科学出版社，2014：347-348.

是学术性使命之外的政治性使命，也就是"救亡图存"。

中国大学的规范化发展需要相对稳定的政治状况和相对平和的国民心态。新中国建立后，在改革开放之前，这种相对稳定的政治状况和相对平和的国民心态尚不具备，为此我国在高等学校领导体制中先后实行了校务委员会制（1949—1950 年）、校长负责制（1950—1956 年）、党委领导下的校务委员会制（1956—1961 年）、党委领导下的以校长为首的校务委员会负责制（1961—1966 年）、党的一元化领导下"革命委员会"制（1966—1976 年）。改革开放初期，在探索中实行了党委领导下的校长分工负责制（1977—1985 年）、部分高校试行校长负责制（1985—1989 年）等不同领导体制。政局稳定、心态平和的基本历史条件是在 1978 年改革开放后的改革年代中逐渐具备的，我国的现代大学也因此才获得了一个相对稳定、快速、规范发展的历史时期。改革开放 30 多年来，特别是 1989 年以来，我国高等教育事业以及高等学校在一定程度上实现了"物质层面的现代化"，同时在高等教育法治和高等学校内部治理等制度性层面也获得了一定的发展，高等教育事业的"制度层面的现代化"正逐步推进。与清末到民国时期大学发展的背景不同，中国当下的大学发展面临着崭新的历史环境和任务，而不再是"救亡图存"，从培养对象上讲是"人的全面自由发展（德智体美全面发展）""社会主义合格建设者和可靠接班人"，从高等学校的任务上讲是"国际竞争""世界一流大学建设"（这是百余年追赶西方现代化历程在高等教育领域的直接体现）、"为经济社会发展服务"等。这些其实也是大学在学术性使命之外的政治性使命。总之，事实上，中国大学的发展在百余年的历史进程中基本没有脱离政治的控制，不仅在办学理念上，而且在具体制度上，中国的大学一直承载着双重使命，也就是学术性使命与政治性使命并存，这是中国大学与西方大学的差异之一。① 简单来说，北京大学的办学思想中体现了这一点，现代的北大最终正式确认北大的传统就是"爱国、进步、民主、科学"，这种概括实际上综合了中国近现代民主主义革命过程中逐步接受的国家观、进化观、政治观和自然观，也就是同时涵括了大学的学术性、政治性使命。

中国大学使命的双重性特点在中国现代大学制度建设中必然会得到鲜明体现。也就是我们讨论的公立高校党委领导下的校长负责制这一根本体制模式问题。从规范的角度看，这是宪法上"党的领导"原则在高等教育领域的具体体现，有的学者认为"党的领导"原则在我国宪法的序言部分规定的，

---

① 湛中乐. 公立高等学校法律问题研究[M]. 北京：法律出版社，2009：114-115.

属于宣示性原则，不具有法律效力，不能为人民法院在司法实践中适用，因此应排除其规范性，这是错误或者误解。实际上，"党的领导"原则是关于制宪权主体的根本性宪法原则，对于国家政治、法律、社会生活都具有根本的规范性。这决定了我国高等学校治理结构中至少存在着政治权力、行政权力、学术权力、民主权力等四种不同权力形态。

二、党委领导下校长负责制的基本内容

（一）重要内容

全国高校思想政治工作会议强调，高校党委要切实履行管党治党、办学治校的主体责任，坚持和完善党委领导下的校长负责制。结合目前实践工作中的政策依据，即 2014 年 10 月中央印发的《坚持和完善普通高等学校党委领导下的校长负责制的实施意见》，拟对普通高校党委领导下的校长负责制的基本内容进行分析。

《实施意见》的重点内容有四个方面。

1. 坚持党委的领导核心地位

党委是学校的领导核心，履行党章等规定的各项职责，把握学校发展方向，决定重大问题，监督重大决议的执行，支持校长依法行使职权，保证学校各项任务的完成。党委坚持管方向、管全局、管干部、管人才及党要管党，并准确把握其职责定位，健全和完善党委领导的内容和途径，力戒包揽行政事务。

2. 正确处理党委领导与校长负责的关系

党委领导下的校长负责制是一个不可分割的统一整体。党委统一领导学校工作，总揽学校改革发展稳定的全局，加强党的建设和思想政治工作，尊重和支持校长独立负责地开展工作。校长在党委领导下，积极主动地做好教学、科研、行政管理工作。校长和其他行政班子成员要自觉接受党委集体领导，认真贯彻执行党委决定。

3. 认真贯彻执行民主集中制

党委领导下的校长负责制是高校贯彻执行民主集中制的具体体现。要按照"集体领导、民主集中、个别酝酿、会议决定"的原则研究决定重大事项。坚持集体领导和个人分工负责相结合，集体决定了的事情，领导班子成员要分工去办，勇于负责，防止推诿和扯皮。要健全完善党委会议、校长办公会

议等会议制度和议事规则，进一步明确重大事项的具体内容和决策程序，提高科学决策、民主决策、依法决策水平。

4. 协调和完善运行的工作机制

合理确定领导班子成员的分工，明确工作职责。领导班子成员要认真执行集体决定，按照分工积极主动开展工作。加强党政协调配合，建立党委书记和校长定期沟通、重大事项决定前酝酿沟通等制度，领导班子成员要相互理解、相互支持，协调配合，形成工作合力。发挥教师在教育教学、学术研究和学校管理中的作用，健全师生和员工参与民主管理和监督的工作机制。

（二）具体内容

《实施意见》的主要内容是坚持党委的领导核心地位，保证校长依法行使职权，建立健全党委统一领导、党政分工合作、协调运行的工作机制；认真贯彻民主集中制，坚持集体领导和个人分工负责相结合；严肃党内组织生活，反对独断专行和软弱涣散两种倾向。具体来说包括以下 5 个方面。

1. 对国家规定的高等学校的党的领导体制和工作机制从决策权的角度进行规定

《实施意见》的主要内容是确立党委统一领导学校工作，即党委是学校的领导核心，履行党章等规定的各项职责，把握学校发展方向，决定学校重大问题，监督重大决议执行，支持校长依法独立负责地行使职权，保证以人才培养为中心的各项任务完成；确立校长主持学校行政工作，即校长是学校的法定代表人，在学校党委领导下，贯彻党的教育方针，组织实施党委有关决议，行使高等教育法等规定的各项职权，全面负责教学、科研、行政管理工作。高等学校作为一个社会自治体的基本构成内容，其关键就在于"谁在做决断"这一问题。由此可知，《实施意见》的核心内容就是进一步明确并强化了学校党委的决策权，关于党委、行政的议事决策制度是直接服务于高等学校决策权的行使的，关于高等学校加强学术组织建设、发挥教职工代表大会及群众组织作用等内容，也是决策权行使过程中的协调运行机制的完善。

2. 高校党委的主要权力在于领导权、决策权与监督权

高校党委的领导权有两个方面的体现：① 政治领导权。这是中国公立高等学校管理体制中的根本体制模式，不是简单的教育管理行政化问题，而是教育管理政治化问题，是宪法上"党的领导原则"在高等教育领域的

规范形态，或者称之为中国公立高等学校内部权力结构的"政治原则"，体现为"学校的领导核心，履行党章等规定的各项职责，把握学校发展方向"等内容；② 具体工作的领导权，这是从工作职责角度界定的具体职能，体现在《实施意见》中就是 10 项职责中的第 5、第 8、第 9 等三项"领导"以及第 6、第 7 项的两项"加强"，即校党委对于学校思想政治工作和德育工作、党的纪律检查工作、工会、共青团、学生会等群众组织和教职工代表大会工作的领导权，校党委对于大学文化建设、基层党组织等工作的"加强"。高校党委的监督权，就是"监督重大决议执行"，以及"加强对领导班子成员贯彻执行党委领导下的校长负责制情况的监督，发现问题及时纠正"等（第 19 条）。

公立高校党委的主要职责在于其决策权，《实施意见》对其共进行了五种形式的规定：① 明确规定了三项"讨论决定"职权，即讨论决定事关学校改革发展稳定及教学、科研、行政管理中的重大事项和基本管理制度，讨论决定学校内部组织机构的设置及其负责人的人选，讨论决定学校人才工作规划和重大人才政策等；② 规定了"讨论决定其他事关师生员工切身利益的重要事项"；③ 党委"集体讨论决定学校重大问题和重要事项"（第 2 条）；④ 党的全委会"对事关学校改革发展稳定和师生员工切身利益及党的建设等全局性重大问题做出决策"（第 6 条）；⑤ 党的常委会"主要对学校改革发展稳定和教学、科研、行政管理及党的建设等方面的重要事项做出决定"，"按照干部管理权限和有关程序推荐、提名、决定任免干部"等（第 7 条）。总之，党委的决策权涉及重大事项、基本管理管理制度、重要事项、重大问题与全局性重大问题等。但是，这里的"重大""重要""基本"却缺少具体的描述，其更多是从定性的角度进行制度设计与安排的。换言之，校党委的"政治领导权"确实有具体化为立法权、决策权、监督权的"全能"趋势，在一定程度上直接成为高校自身范围内的权力性"代议机构"。

3. 公立高校校长的主要职责在于执行权与教学、科研、行政管理工作的行政决策权

就执行权而言，校长以及以校长为代表的行政科层主要是"在学校党委领导下，贯彻党的教育方针，组织实施学校党委有关决议"，具体而言就是《实施意见》第 4 条列举的 10 项职责中的四项"组织拟订和实施"的职能与工作。与执行权相联系的是，校长要"向校党委报告重大决议执行情况"。就行政决策权而言，主要是具体的教学、科研与行政管理工作，比较有限。

4. 公立高校学术组织是党委领导下校长负责制中"完善协调机制运行"的一个具体环节

《实施意见》确定的与学术权力有关的事项及权力配置体现在：一方面，在政治权力、行政权力主导下开展工作，其包含四个内容。① 学校党委讨论决定涉及学术活动的重大事项和基本管理制度以及人才工作规划、重大人才政策；② 校长全面负责科学研究工作、组织拟订和实施重大教学科研改革措施与人才规划政策计划、组织开展教学活动和科学研究；③ 校党委与校长办公会决定专业性、技术性较强的重要事项时经过专家评估以及技术、政策与法律咨询等（第9条）；④ 党委书记与校长一般不担任科研项目主要负责人。另一方面，高校健全以学术委员会为核心的学术管理体系和组织架构，合理确定学术组织人员构成，制定学术组织章程，保障学术组织依照章程行使职权，充分发挥其在学科建设、学术评价、学术发展和学风建设等方面的重要作用，积极探索教授治学的有效途径。按照《高等学校学术委员会规程》，高校学术委员会统筹行使学术事务的决策、审议、评定和咨询等职权。这里的决策权在该部门规章中与审议权一起并列以供选择，即学校某些学术事务"决策前，应当提交学术委员会审议，或者交由学术委员会审议并直接作出决定"（第15条）[①]。

5. 是发挥教职工代表大会及群众组织参与民主管理和监督的工作机制

这是民主管理原则的具体体现。具体来说，校长向教职工代表大会报告工作，学术委员会向教职工代表大会报告工作，党委与校长决策有关师生和员工切身利益的重要事项，应通过教职工代表大会或其他形式，广泛听取师生和员工的意见建议。

6. 是学院治理中，将院（系）党政联席会议制度固定下来作为决策机构，即"集体讨论决定重大事项"

三、党委领导下校长负责制的治理意蕴

西方现代大学是以德国洪堡大学和柏林大学为典型代表的，其基本背景是启蒙运动和工业革命。与清末一样，新时代呼唤着新知识和新人才，大学的目的和使命也出现了相应的转型，现代著名教育家洪堡的基本观念代表着西方现代大学的基本精神，也就是著名的洪堡三原则。

---

① 中国特色现代大学制度文件辑要（2014 年版）[M]. 北京：外语教学与研究出版社，2014：98.

大学理念（Rationale of the university, Idea of the university）也就是大学之所以为大学的认识本源，是"人们在对大学发展规律认识的基础上所形成的关于大学本质、使命、目标、职能及大学与社会、政府关系等一系列基本问题的理性认识"。^① 究其性质，大学理念则是"人们对大学这一本体所持有的基本看法，是大学教育各种理念中最基本的理念，是引发和构建其他教育理念的基础理念或者元理念"。^② 大学理念是大学的时代精神，它总是伴随着时代的发展、教育思潮的演进与大学制度的变迁而不断发生变革。

大学理念与教育思潮同属于思想观念层次的大学理想或大学精神。大学理想（Idea of the university）是人们对大学宗旨和使命的理性认识，是大学价值追求和文化品位的集中体现^③。大学精神（Spirit of the university）则是大学在长期办学实践中对其价值理想进行内化、升华与凝练的结果，既反映对理想境界的追求，又体现在广大师生的现实表现之中^④。虽然大学理念、大学理想与大学精神三者都属于思想观念层面的内容，但大学理念与大学理想基本同义，均侧重于宏观的方面；大学精神则侧重于微观方面，特别是某一具体大学的理想与追求。

第一，大学治理是在西方大学理念的不断发展、创新之中形成的。

大学起源于中世纪的西方国家行会，主要是修习语法、修辞、逻辑等"三艺"的场所，最初主要是为了培养僧侣。后来，虽然也学习如法学、医学、神学等专业，但极其有限。到了资本主义时代，约翰·亨利·纽曼（John Henry Newman，1801—1890），19 世纪英国维多利亚时代的著名神学家、教育家、文学家和语言学家，1851 年应邀出任新创办的都柏林天主教大学校长。次年，他在都柏林为宣传这所新办的大学作了一系列演讲，宣称大学是一个"教学"的场所，一个培养人才的机构，一个保存文化传统的地方。他在《大学的理想》中写道："大学是对知识和科学的巨大保护力，是对事实和定理的巨大保护力，是对实验和思考的巨大保护力。大学测验了知识和智力的领地，并保护其不受任何干涉，不向任何力量妥协。"^⑤ 纽曼的大学自由教育观，认可了大学对知识的保护和传递价值，但是也仅此而已。

19 世纪初，洪堡等人的大学理念促使德国确立了洪堡原则（Humboldt

---

① 教育学名词审定委员会. 教育学名词: 2013[M]. 北京: 高等教育出版社, 2013: 151.
② 韩延明. 理念、教育理念及大学理念探析[J]. 教育研究, 2003（9）: 50-60.
③ 教育学名词审定委员会. 教育学名词: 2013[M]. 北京: 高等教育出版社, 2013: 151.
④ 同③.
⑤ [英]约翰·亨利·纽曼. 大学的理想[M]. 杭州: 浙江教育出版社, 2001: 28.

Principle），率先建立起现代大学体系，这为德意志民族的复兴创造了条件，更实现了德国大学核心竞争力的提升。对致力于大学改革的洪堡而言，在创办柏林大学时提出了大学改革三原则，大学自治、教学与科研相统一、学术自由①。他认为教师的首要任务是从事创造性的学问，而不是传授知识，"对国家生活方式的全面改革而言，学术自由和促进创造是最主要的"，"总体而言，国家决不能要求大学直接地和完全地为国家服务；而应该确信，只要大学达到了自己的最终目的，也就实现了而且是在最高层次上实现了国家目标"。②

美国在其高等教育的历史发展中确立了"威斯康辛思想"（Wisconsin idea）及"三 A 原则"（three-A Principle）等大学理念，这主要明确了服务社会与培养人才、科学研究一样，都是大学的重要职能。美国高等学校普遍奉行"学术自由"（Academic freedom）、"学术自治"（Academic autonomy）、"学术中立"（Academic neutrality），这三条基本原则成为美国现代大学的"公共关系准则"。学术自由是指保护学者的学术活动不受外界的限制和干扰、自由追求真理的原则或理念，其包括教学自由和学习自由。教学自由即教师享有不受外界干涉和限制、自由教学的权利，学习自由即学生在不违反国家和学校有关规定的前提下自由选修课程、自己安排学习计划、自主选择学习方法的权利。学术中立则是指大学教授的学术自由以大学和学术领域为界，而不以某种特定利益为出发点。美国威斯康辛大学校长范·海斯在 20 世纪初提出高等教育除了人才培养、发展科学以外，还有"服务社会"这一重要职能的理念。

西方的大学理念，与学术自由相关的还有象牙塔理论，也就是大学要与社会保持一定距离，潜心探索和传播高深的学问；与大学自治相关的还有教授治校理论，这是源于中世纪巴黎大学的西方大学管理思想，即通过一定的规章制度和组织形式，由教授群体决定办学的方针，掌握学校全部事务或主要事务（特别是有关学术事务）的决策权力，并对外维护学校的自主与自治。这些大学理念都是不断发展演变的，而大学理念每向前迈进一步都会带来大学职能的变化、功能的拓展，从而使大学在逼近世俗社会的同时成为复杂矛盾的焦点和竞争的主体。因此，大学核心竞争力就必然成为大学理念演进的结果之一。

第二，我国的大学治理也是在大学理念的不断发展、创新之中形成的。

---

① 教育学名词审定委员会. 教育学名词：2013[M]. 北京：高等教育出版社，2013：151.
② 杜作润，高煜峰. 大学论[M]. 成都：四川教育出版社，2000：35-38.

　　我国的大学发展主要是改革开放以来的事情，改革开放为我国高等教育的发展奠定了经济基础。经济社会发展与高等教育发展之间具有双向互动的关系，高等学校的外部环境就体现为国家经济社会发展的环境变化。大学只有根据发展、变化的经济社会环境改造组织结构与管理模式，制定发展战略，才能达到与社会环境的和谐及协调发展，才能适应经济社会环境变化的需要，并从环境中获得资源与生存、发展的空间，从而提升其核心竞争力。

　　近年来，随着我国经济社会的发展，大学理念也出现了许多新的发展、变化与创新。在高等学校与科学技术发展方面，借鉴国外经验出现了大学科技园、技术孵化器等理念与实践。大学科技园就是以研究型大学为依托形成的高新技术企业和研发机构密集区域，像美国的"斯坦福-硅谷科技园""波士顿128号公路科技园"、英国的"剑桥工业园"，我国以"中关村科技园"为代表的各类研究型大学兴办的科技园比比皆是。发源于美国的技术孵化器，类似于20世纪50年代美国斯坦福-硅谷的一种新型的社会经济技术研发组织，通过提供研究、开发、生产和经营的场地、通信、网络等共享设施，为企业技术开发和新产品研制提供支持。在大学选址方面，我国近年来各地的"大学城"遍地开花，这种大学城就是以若干所大学为主体建立的社区，旨在为学生提供良好的学习环境和便利的食宿、交通等条件，同时借助大学的优势进行技术孵化和产业开发。在大学联合体方面，各类大学战略联盟纷纷成立，这些大学联合体是两个或两个以上的高校为了共同的目标，通过一定方式组成的优势互补、风险共担、要素双向或多向流动的大学联合组织。这些大学之间通过资源共享和项目合作建立起来合作组织，提高大学办学水平、降低管理成本、共同应对挑战，成为大学联盟。

　　第三，现代大学理念推动着大学治理现代化的进程。

　　社会在前进，科学技术在发展，大学的价值也在与日俱增。人类需要大学，国家民族需要大学，个人也需要大学。大学仍然并将一如既往地是学术中心，但是它也越来越明显地成为社会关注的中心。大学的价值在于它既具有推动经济和社会发展的基础性、全局性、先导性作用，又是一个国家和民族发展水平和文明程度的标志，它能为国家的强大和民族的伟大复兴做出比其他社会组织更多、更大的贡献。

　　现代大学有趋同性，组成人员趋同，功能和活动趋同，碰到的问题和求解问题的方法策略趋同；但更主要的还是大学的差异性，规模和效率有差异、水平和质量有差异、威望和地位有差异，甚至目标和外形也有差异。同一国家内如此，不同国家更是如此。"在这里可能没有最优结构，也可能没有最佳模式，有的只是满足特定社会、特定历史条件、特定需求环境和传统的、不断发展的结构和模式。不同的地区和国度，不同的大学，都有各自不同的创造。借鉴是可能的，创造则是发展的和必然的。因为大学集中地反映了它的国家、它的社会、它的民族的凝聚力、忍耐力、思想的容量、文化的追求、智慧的水准和精神的高度。大学的灵性（犹如生命有机体那样）就是它的国家、它的社会、它的民族灵性的最好、最集中的表达。"① 不过更为重要的是，大学也可以反过来改变这种灵性。

大学应该有自己的责任，大学外部的力量也应该理解这种责任。有关文献指出，大学有多种责任：一是对人格的责任。大学是人格塑造的场所，教师和各方面的工作人员都应在教学、科研和其他工作中致力于学生健全人格的培养，这是更为重要的人格责任；二是对知识的责任。大学是一个知识型组织，大学既保护和传承知识，又要创造和发明知识；三是对社会的责任。大学对社会具有基础性、全局性和先导性作用。大学必须凭借自身的人才和智力优势，从物质文明和精神文明两方面引导社会前进。

大学的权利是大学的内在逻辑所赋予的，与大学所处的历史时代、社会环境没有太大的联系。这种权利绝不是一种表示尊卑、贵贱的特权，也不是一种享受，而是大学能够尽其义务和职责的保障。就像农民为了尽责，必须有使用甚至占有耕地的权利，工人为了生产产品必须拥有使用和操作机器的权利一样，大学的权利是学术自由和工作环境的条件性自由。没有第一个自由，大学就难以成为一个真正的学术机构；没有第二个自由，学术自由就不能真正实现。因为权利的削弱，责任也将按比例卸去，大学就会流于怠惰和媚俗。

大学理念是大学历史意义与现代价值的结合。它表明：大学是传统的又是国家、民族的，大学有同一性但又必须追求个性发展，大学对社会、对人有应尽的义务但也不可失去自己应有的权利。而且现代大学把越来越多的社会责任放进了自己的背篓里：它不仅要满足社会对知识和人才的需要，而且要培养引导社会前进的人；不仅要为社会提供科技、文化成果，而且要使成果成为新经济的引擎；不仅要直接为经济发展服务，而且还要为社会精神文化发展提供动力。现代大学的"社会中心"地位意味着大学必须竞争，而现代大学的理念必须关注"大学核心竞争力"。

第四，现代大学的内部权力结构与大学理念的发展密不可分。

学术自由和高校自治是西方大学学术发展创新的内在保障。这一时期的大学自治完成了教育的世俗化（教育与宗教的分离）与教育的去政治化（教

---

① 杜作润，高煜峰. 大学论[M]. 成都：四川教育出版社，2000：35-38.

育与政治的分离；与我们说的"去行政化"是两码事，存在本质区别），奠定并发展了现代大学的基本传统。基于学术原则的核心地位，德国大学最初的内部权力结构体现为"教授治校"，就是教授是学术的化身，因而在高校这样以学术为主旨与使命的组织体中具有决定性的发言权，大学的内部权力结构就围绕"教授"与"学术"展开，这就成为学术自由与高校自治的"黄金时期"。

　　但是，随着高校不断的"巨型化"发展（巨型大学的出现及其发展）、大学内部不可避免的行政化（科层制）、高校与市场经济的密切联系、现代国家权力的重新结合、学生代表权力的正当化，高校内部权力结构同时出现了政治化、行政化、民主化的复杂趋势。为此，在大学内部权力结构中出现了一些新变化，一是具有职业经理人性质的校长出现，并在高校内部权力结构中获得了正当性的法律地位；二是作为学生民主参与形式的学生代表在高校内部权力结构中获得了规范性的地位；三是政治权力进入高校内部权力结构的尝试在西方发达国家一直受到学术自由和高校自治的规范性排斥（拨款制度的间接控制）。因此，在当代西方主要国家的大学内部权力结构中，其组织原则一般只有学术原则、行政原则和民主原则三项，是一种"三原则要素"的组织构建。

　　大学必须坚持社会主义办学方向，坚持党的领导是我国大学的根本特色。因此我国高校内部权力结构与西方国家高校有重要区别，必须充分认识到我国高校内部治理的特殊性。

　　在此背景下，基于大学的学术本质，中国大学的基本定位应该是：大学章程下的教育自治体，其根本目的在于人才培养和学术发展。但是由于法律本身的限制及"政治原则"的影响，各高校章程难以具备实质性的自治功能和制度创新特色。目前我国各大学章程的文本规定中简单模仿与具体化现象较多，大同小异，鲜有创新，这与大学章程本身的自治功能严重不符；在制度现代化的背景下，特别是在执政党大力推进治理体系与治理能力现代化的前提下，我国高校普遍重视以章程为龙头规章制度建设，这种"制度自信"是好事情；但是我们赋予了章程等规章制度过多的价值内涵与追求，以为有了章程、有了一系列的规章制度就能顺利实现"治理结构现代化"与"治理能力现代化"，而这却是章程等规章制度无法承受的。换言之，高等学校既要树立"制度自信"，更要避免"制度迷信"，而是要实现"制度创新"，这是我国高等学校内部治理的问题。从高校外部治理的角度看，立法是一个外部权力问题，也就是国家正式权力（政治权力、立法权力、行政权力）与高校自治权关系的问题，高校自治权不同于"高校办学自主权"，有学者将两者混同，这实际上弱化、淡化、模糊了"高校自治"的原则效力与规范内涵①。这也反映了高校章程制定者对"大学章程"自治功能的不自觉认识，或者只是为了应付"建设世界一流大学"的形式需求，在国家最高教育行政机关的统一规划下完成的一项普通政治任务（大学章程在我国的起因，一是依法治国背景下依法治校的形式需要，二是在全面追赶西方国家现代化的进程中建设世界一流大学的形式需要，典型地体现为 985、211 工程建设，因为世界一流大学都有章程，所以我们也要搞大学章程，这种带有"变法"性质的思维与行动多少带有一些盲目性和被迫性，表明大学章程制定者未必清晰理解大学章程的真正含义及其规范功能）。"政治原则"可以对中国高校内部权力结构发生规范性影响，但是必须符合高等教育的根本目的并与其他原则相平衡，在权力配置中以"目的—手段"模式实现权力理性化，也就是追求一种适合中国公立大学的"四原则要素"结构。

高校内部权力结构或"治理结构现代化"研究在于确定教育自治体的根本目的，其主要价值在于人才培养和学生发展，并提供大学内部权力主体、权力内容以及权力主体之间关系的规范结构，包括横向结构和纵向结构两个基本维度，这种研究正是以"高校自治"为核心理念的中国公立大学依法治校的规范性要求。

第三节 党委领导下校长负责制的制度安排

当前，"治理"已经成为一个热门词汇，治理理论不仅成为一种热门的学术理论，也正在成为一种社会改革理论。党的十八届三中全会将完善和发展中国特色社会主义制度，推进国家治理体系和治理能力现代化作为全面深化改革的总目标，并对教育治理明确提出了"深入推进管办评分离，扩大省级政府教育统筹权和学校办学自主权，完善学校内部治理结构"的任务。② 2014年全国教育工作会议提出，要把加快推进教育治理体系和治理能力现代化作为教育领域全面深化改革的总目标和总要求；2015 年全国教育工作会议明确提出要推动教育领域综合改革取得更大突破，确保中央全面深化改革的任务要求落实到位。总之，在加快教育治理体系和治理能力现代化的进程中，大

---

① 金国华. 教育行政法新论[M]. 北京：中国政法大学出版社，2008：83-86.
② 十八大以来重要文献选编（上）[M]. 北京：中央文献出版社，2014：536.

学治理是一个中心问题，而党委领导下的校长负责制在当代中国语境中又成为中国特色社会主义大学制度的核心问题。大学治理作为一种新的大学管理模式，主张通过合作、协商、伙伴关系，确立共同目标等方式，实施对大学事务的管理，① 这种理解就明显不同于政府治理、企业治理与社会治理等其他组织的治理，这主要源于大学这一特殊的组织特性和文化特性，也就是大学是社会的学术和文化组织。虽然要正确认识大学这一学术和文化组织的特性有着不少理论和现实上的困难②，但是在这一特殊组织中如何处理好政治原则、行政原则、学术原则与民主原则的关系问题则是一个需要进一步探索的理论与实践问题。

一、党委领导下校长负责制的运行状况

实践证明，党委领导下的校长负责制，是坚持社会主义办学方向的根本保证，是依法治校的生动体现，是科学决策与民主管理的有机统一，符合现代大学管理体制变革的客观要求，符合中国国情，具有鲜明的中国特色，是一个行之有效、科学管用的高校领导体制。

（一）成功的作法

近年来，很多高校积极探索，在健全党委领导下的校长负责制这一领导体制和工作机制上创造了很多成功做法。

（1）制定了党委领导下的校长负责制的相关制度。例如，不少高校根据《中国共产党章程》《高等教育法》和《中国共产党普通高校基层组织工作条例》等法规和制度性文件，建立了学校党委全委会、党委常委会、书记办公会、校长办公会、校务委员会、学术委员会、教职工代表大会、学生代表大会等会议制度及议事规则，界定了学校的领导、决策、执行、咨询、监督等机构的职责范围和工作规程，为学校各项工作的有序推进提供了有效的制度保证。

（2）建立了与党委领导下的校长负责制相适应的内部管理制度。各高校构建"学校党委—校内二级单位党委（党总支）—党支部"为形式的党组织机构体系，这为党的领导在学校发挥作用奠定了坚实的组织基础。同时，高校积极稳妥地推进管理重心下移，改变学校内部权力过分集中的现状，逐步

---

① 教育学名词审定委员会. 教育学名词：2013[M]. 北京：高等教育出版社，2013：140.

② 张应强. 追寻大学治理的源头[J]. 高教探索，2014（6）.

建立结构合理、层级清晰、责权分明的校、院、系三级管理体系，提高行政管理的高效化、专业化。在院系管理层面，各个高校切实贯彻相关规定，认真实施院（系）党政联席会议制度，创造了各具特色的实践模式。

（3）正确处理坚持党的领导、依法治校、民主管理之间的关系。坚持党的领导是高校发展的根本保证，而依法治校与民主管理是学校依法办学一个问题的两个方面。各个高校在坚持党的领导的基础上，努力推进民主管理和依法治校的进程，不断建立健全教职工代表大会制度，通过教代会这种民主管理、民主监督的基本形式和制度，确保教职工依法充分行使民主权利，参与学校民主管理，使学校领导广泛听取教职工意见，促进决策科学化和民主化。

（二）基本经验

经过多年实践，各高校在贯彻落实党委领导下的校长负责制中积累了一些基本经验。

（1）正确把握党委领导下校长负责制的科学内涵，这是实施好这一领导体制的基础。实施党委领导下的校长负责制，首先要求必须充分发挥党委领导的核心作用，始终总揽学校全局，把握正确方向，实施重大决策，协调各方利益；其次要充分尊重校长作为高校法定代表人的依法行政权，保障其切实履行好在教学、科研、社会服务等方面的行政管理职能。

（2）提高党政领导班子成员的素质，这是实施好党委领导下的校长负责制的条件。党政领导班子成员素质的高低是能否落实好党委领导下的校长负责制的条件，只有不断提高高校党委和行政领导班子成员的素质，尤其是政治素质，才能有效保证党委领导下的校长负责制的顺利实施，并取得良好效果。

（3）处理好"党委领导"和"校长负责"两者关系，这是实施好党委领导下的校长负责制的关键。党委要实施政治领导和担负重大事项决策，但也要避免对行政事务大包大揽；校长依法对高校行政行使指挥权，但必须服从党委统一领导。只有这样，才能有效地保证学校整体系统功能的高效发挥。

（4）坚持和完善民主集中制，这是实施好党委领导下的校长负责制的保障。高校党政领导班子成员来自五湖四海，各人经历、个性、风格、工作方法不尽相同，只有通过民主集中制协调好党委与行政、上级与下级、"一把手"与班子成员、领导班子与广大党员和群众的关系，才能保证高校决策的科学性和民主性。

（三）存在的问题

不少高校党的领导体制和工作机制在实践中存在着一些主要问题，具体表现为以下方面。

（1）高校党委与行政、行政与学术的权责界限不够清晰。其具体表现之一是各个高校"三重一大"事项界定差异较大。中央规定，"三重一大"事项必须由领导班子集体做出决定。但是，由于办学情况差别很大，不同高校对于"三重一大"的规定并不一致。比如有的学校规定"500 万元以上"属于"大额度资金"，而有的学校则规定"5 万元以上"就属于"大额度资金"。对于"三重一大"事项界定不清晰，往往成为高校党政之间出现矛盾的因素之一。表现之二是个别高校党政决策机构人员重叠过多。在一些高校，党委常委会和校长办公会人员构成重叠过多，甚至出现党委常委中只有党委书记一人不在校长办公会组成人员中的情况，使得学校党委"集体领导、民主集中、个别酝酿、会议决定"的原则实施有所弱化。表现之三是书记和校长的职权运作模式不够清晰。处理好党政关系的关键是处理好书记和校长的关系，而处理好二者关系的重点则是他们各自的职权运作模式必须清晰明确，但是在现行领导体制下，书记怎样抓好决策的落实和校长以何种方式全面负责行政工作的问题，在制度上没有明确的规定，从而导致在实践中出现了较大的随意性。表现之四是行政权力和学术权力相互交错较多。目前，高校行政、学术权力的重叠状况比较普遍，行政、学术职责分不清的现象客观存在。由于我国高校在内部管理体制上采用行政化的管理方式，这使得与学术事务相关的资源分配权由高校管理部门掌握，学术委员会中行政人员数量偏多，学术事务被间接行政化。行政权力和学术权力的相互交织，造成了分工不明和责任不清的问题。

（2）高校决策运行机制不够完善。表现之一是决策过程的民主参与渠道不畅。虽然《高等教育法》以及教育部《高等学校学术委员会规程》等部门规章规定了学术委员会对学术事项的"审议权"和教代会"参与民主管理和监督"的职能，但由于运行机制不够健全，广大干部、师生、基层院系民主参与渠道不够畅通，方式不够多样，这些权力在很多高校并没有得到很好的保障和落实。表现之二是决策程序的规范化程度不高。事实上，各个高校的决策程序设计存在较大差异。有的学校设置有若干个辅助决策机构，包括学生在内的校内各种利益群体都能够参与到与切身利益相关的重大事项的决策过程之中；而有的学校虽设有辅助决策机构，但缺乏决策前的充分沟通和决策后的信息反馈；还有一些学校没有设置相应的辅助决策机构，决策的咨询论证环节缺失，决策程序不够规范。表现之三是决策执行机构设置不尽合理。在现实中，一些高校机构设置重叠，职能相互交叉，决策执行过程中经常出现职责不清、相互扯皮的现象，导致执行效率低下，直接影响到党对高校决策机制的有效运行。

（3）不少高校监督问责机制不够有效。首先表现为监督机制不够健全。出于对办学自主权的尊重，上级主管机关往往会把工作重心放在选配好高校领导班子特别是两个"一把手"上，日常监督相对较少。对于高校党政领导干部的校内监督，主要依赖于高校纪检监察部门和党员群众。但是，高校纪检监察部门是在同级党委和行政领导下开展工作的，缺乏相对独立性，对高校党政领导干部，尤其是对党政"一把手"很难起到实质性的监督作用。其次表现为问责机制不够健全。在一些高校中，党政领导班子的目标责任制度不健全，缺乏清晰可行的高校党政领导班子问责制度的实施细则；对高校领导干部在工作中发生重大失误、造成严重损失的现象，缺乏严格的责任追究制度与纠错机制。

二、西方国家大学治理的模式构建

就国外的大学内部权力结构模式而言，学术权力与行政权力的关系是区分不同模式的主要标准。由于各国体制、政府与大学之间的关系、大学的传统等不同因素，各国大学内部的学术权力与行政权力之间的协调方式也不同，从而呈现出各国大学内部管理体制的多元化特征。根据学术权力与行政权力之间的关系，学术界通常把存在于各国大学内部的不同权力结构归结为三种模式，也就是以学术权力为主导的权力结构模式、以行政权力为主导的权力结构模式以及学术权力与行政权力平衡的二元权力结构模式，可以将其简称为欧陆模式、美国模式、英国模式。由于学术权力与行政权力本身的内涵有交叉重合，权力的边界也不是完全清晰，基于这种标准的分类只是一个大概的划分，无法清楚、全面地概括各个国家大学内部权力结构的全面性，因此这种划分仅仅具有典型性、代表性，只是为研究中的类型化与便利化所作的归结。

（一）欧陆模式是以学术权力为主导的复合型结构模式

欧洲大陆国家学术组织的基本结构是教授与国家官僚结构的结合，典型代表是俄国、法国及意大利等。这些国家的大学素有"国家大学"之称，政府在高等教育的发展规划、资源分配以及学历认定等方面都发挥着重要的控制作用。在法国和德国，高校的管理机构、学科设置、资源分配以及教师聘用等往往都受到国家官僚结构的严格控制，几乎每一所大学和学院都处于国家政府一个或数个机构的管理之下。这种管理方式一方面使得政府成为大学的监护人，另一方面由于政府的直接介入，大学学校层面的行政权力被大大削弱，大学内部的行政权力也在无形中被弱化、淡化，因此无论是在大学层次还是学院层次，以教授为代表的学术力量都主宰着大学的教学与科研事务。

（二）美国模式是以行政权力为主导的"董事会模式"

美国是一个多元化的社会，高度的分权和对个性化的追求使得美国大学的管理呈现出丰富多彩、充满活力的特征，这种非专业委员会管理模式就是教授行会与院校董事会及院校行政管理当局结合，但总体上教授的决策能力较弱，而董事会及院校行政当局的影响则比较大。美国大学管理的鲜明特点就是实行严格的等级管理，高校的行政权力得以大大加强，这种董事会模式加上大学内部发达的科层组织，使得行政的权力变得非常强大。美国公立高校的内部权力结构与欧陆不同，教师在大学治理上的作用微乎其微。无论是教授还是一般普通教学人员，与大学之间都是一种雇佣与被雇佣关系，并不享有学校成员的权力。无论是依据法律还是根据大学章程，董事会基本上掌握了学校所有的法定权力，董事会总的来说是行政人员和教师的代表，尤其体现在学术问题方面。董事会成员除了校长外，其他成员均以校外各界人士为主，具有相对的独立性，这种任职不是由州行政长官委派，而是能联系学校与社会的各界"社会贤达"。董事会成员的这种超脱地位，既能避免学校脱离社会，又能保持学校内部工作的稳定性、连续性，能够缓减社会与政治对大学的冲击，成为大学阻却外在不当势力或压力的"防火墙""保护伞"，使得大学能够与政治、经济、社会、文化等力量保持一定距离。随着大学民主管理进程的加快，在美国大学决策中学生也起到一定作用，就美国大学的管理与决策，学者提出了"共享决策"的概念并将其作为一种大学管理的民主模式，即专业技术人员、行政人员、校外人士和学生共同参与的管理模式[①]。

（三）英国模式是行政权力与学术权力均衡的内部权力结构模式

英国高等教育的学术组织模式，是把教授行会与院校董事会以及行政管理人员之间的影响结合起来。在学校层面，通常包括校务委员会、理事会、评议会与大学副校长四个权力机构。校务委员会在形式上是最高权力机构，

---

① 世界银行和联合国教科文组织特别工作组. 发展中国家的高等教育——危机与出路[M]. 北京：教育科学出版社，2001：202.

其职能在很大程度上是形式意义的，其主要作用在于确保大学与地方各界人士的联系。理事会是真正意义上的行政权力机构，成员多为校外人士，主要职责是筹集经费、制定发展规划、聘请和任免教师等，其主要工作是通过各种专门委员会进行的，最重要的就是规划委员会。评议会是直接与各学部、学院和系联系的管理机构，通常由全体教授、非教授的系主任和若干非教授的教学人员代表组成，实际上享有学术政策的制定权与决策权。理事会和评议会分别作为行政权力和学术权力的代表机构，彼此之间的协调通常由大学中的"首席学术代表和行政官员"的副校长组织实施。副校长一般从学者中聘请，往往扮演着"学术代表"与"行政首脑"的双重角色，是学术权力与行政权力的交汇点，并构成双方的均衡。英国的学校管理实行董事会领导下的校长负责制，从其公立大学发展看，无论是传统大学还是新设大学，学术权力在更大程度上实现民主化的趋势是共同存在的，可以说这代表着治校权由校外人士向校内学者转移的发展趋势或倾向。

（四）国外大学内部治理的经验借鉴

学术权力与行政权力是国外高等学校具有的共性，其内部治理就是在这种二元机制下运行的。目前，国外大学内部治理结构中各种权力的发展趋势可以概括为以下三个方面，可为我国相关实践工作提供资源借鉴。

（1）学生作为直接利益相关者参与大学内部治理。尽管学生群体在西方各国大学中越来越多地介入高校的决策事务，但是相对于大学的学术权力与行政权力，学生在高校权力结构中的地位和作用仍然显得微不足道。因为大学内部学术活动的发展逻辑决定着即使在高校管理日益民主化的未来发展中，其他利益相关者及其权力也难以真正与学术权力和行政权力相抗衡。

（2）董事会模式仍然是各国大学改革所坚持的方向。虽然美国的非专业委员会模式受到了一些现实的挑战，也受到学术界的批判，董事会经常以超越自身的决策角色参与到一些具体的管理细节中，从干涉学院之间的体育赛事这样明显的具体管理活动到干预学术过程，例如在美国明尼苏达大学对校长的聘任制提出了挑战，在纽约州立大学制定课程等①，但是，董事会模式仍然是各国大学改革坚持的方向。2002 年在北京举办的中外大学校长论坛上，纽约州立大学总校前校长布鲁斯·约翰斯通在演说中指出，"大学变革是一个全球性的话题，也是一种不可避免的趋势"。大学要加强自治，同时又要平衡各方面利益，因此许多国家都参照美国的董事会管理模式，由董事会来

---

① [美]詹姆斯·杜德斯达，等. 美国公立大学的未来[M]. 北京：北京大学出版社，2006：123-124.

任免校长并决定学校的大政方针，同时将大学的管理权赋予校长。^①2003 年日本国会通过《国立大学法人法》等六项法案，使日本公立大学法人化改革具备了法律基础。大学法人化是当今世界学术先进国家行之有效的大学治理主流模式。

（3）学术界结合非洲现行的家长式管理模式，提出了教师和学生共同参与、共同管理的大学治理模式。其转变包括扩大大学理事会的代表范围，合适的做法应该是代表名额大体上由政府、大学和私营部门之间平分；增加内部决策的参与，大学主要治理结构中要增加教师代表和学生代表；加强大学最高领导人选举和任免的自主权；鼓励建立教师与学生的团体；加强信息交流与沟通，建立大学行政部门、教师和学生之间正式或非正式的协商机制；突出学生事务管理机构的重要性等^②。

三、我国公立高校内部治理结构的核心问题

公立高校治理结构与治理能力现代化属于教育现代化中制度现代化的范畴。公立高校内部权力结构的关键在于谁在做决策，也就是决策者、执行者的合理界分。公立高校内部权力结构中行政权力与学术权力的二分法、权力二元结构不符合中国高校的现实。中国公立高校内部权力结构的"政治原则"典型地体现在大学章程之中。在各大学章程中，不仅明确规定了"党委领导下的校长负责制"，而且明确规定了党委对大学章程的审定权、解释权与修改权。这是中国特色社会主义现代大学制度的"特色"之一。从法学的视角看，问题不在于对"特色"的描述，而在于对"特色"的制度分析与规范评价。在此意义上，中国的教育行政法学研究将公立高校的内部权力结构仅仅理解为学术权力与行政权力的二重性^③，教育学界学者也有持类似观点的，例如厦门大学潘懋元先生、别敦荣教授等人^④。有一段时间这种观点与认识很普遍，近年来，学术界对此进行了反思，认为这种学术权力与行政权力二元划分显然是片面的和简单化的，行政法学者认为这样的理解不仅不符合实证状

① [美]布鲁斯·约翰斯通. 全球大学的变革方向[N]. 中国教育报，2002-08-10.
② [美]威廉·S.圣. 非洲的大学——稳定与复兴的策略[M]. 杭州：浙江大学出版社，2008：90.
③ 高家伟. 教育行政法[M]. 北京：北京大学出版社，2007：178-180.//湛中乐，韩春晖. 论大陆公立大学自治权的内在结构——结合北京大学的历史变迁分析，中国教育法制评论（第 4 辑）[M]. 北京：教育科学出版社，2006：49-72.//张弛，韩强. 公立学校权力机构分析[J]. 政治与法律，2003（5）.
④ 别敦荣. 我国高等教育行政权力结构及其改革[J]. 清华大学教育研究，1998（2）.

况，也不符合高校作为一个社会自治体的基本构成性，即"谁在做决断"这一核心问题；[①] 教育界也有学者认为，大学治理不宜用学术、行政二分法来概括，这种推导演绎的"二分法"难以反映大学治理的实践，认为突破大学治理的困境重在研究规则与实践。[②]

（一）"四原则要素"立论基础

近年来，有学者提出，中国公立高校内部权力结构应坚持"四原则要素"的分析框架。基于我国公立大学体制的特殊性及大学作为一种现代事物的普遍性，笔者赞同学术界提出的分析中国公立高等学校内部权力结构的"四原则要素"的理论框架。这个分析框架包括政治原则、行政原则、学术原则与民主原则，每一原则的理论依据不同，彰显的权力性质不同，相关组织结构也不相同。"四原则要素"分析框架如下：

（1）公立高校内部决策的利益相关者角度。高校内部决策的利益相关者可以分为三个层次，第一层次是核心利益相关者，包括教师、学生、行政管理人员；第二层次是重要利益相关者，包括学校的上级党委、作为出资者与管理者的不同角色的政府部门、校友；第三层次即间接利益相关者，主要是与学校有契约关系的当事人，主要是民事关系，例如企业、学生家长、媒体、其他社会组织与个人等。每一类利益相关者参与学校决策的依据、边界、限度、程序、方式都有区别，各个利益相关者参与学校内部事务决策就形成了现代大学的共同治理模式。

（2）高校内部权力主体不同。高校存在着政治权力、行政权力、学术权力和学习权力等不同权力，现代大学制度构建中要体现大学权力的多中心理念，平衡各方主体的利益，通过各权力主体之间的积极互动，主动识别和解决大学在发展过程中碰到的各类问题，建构适合我国国情与彰显我国特色的现代大学制度。

（3）各类权力的基础不同。政治权力建立在执政党先进性的基础上，是中国共产党高校党员代表大会的代表制，吸纳了党内精英；行政权力是高校提高行政效率的需要，是一种首长负责制，以校长为首长的高校行政管理系统采取科层制构建；学术权力是教师的代表制，是教育学术民主原则构建的学术系统，体现了高校作为社会组织不同于其他企事业组织、政府组织的基本特征；教职工代表大会、学生代表大会则是基于选举的民主制构建而成，

① 湛中乐. 公立高等学校法律问题研究[M]. 北京：法律出版社，2009：116.
② 李立国. 大学行政权力与学术权力是对立的吗[N]. 光明日报，2015-05-12（13）.

体现了竞争民主的实质。

（4）民主在高等学校的发展趋势。民主原则在高校应该得到充分体现，高校基于其性质应该在民主与法治方面成为社会的榜样。在政治原则中，党员的代表制涉及党内民主问题；在行政权力行使中也涉及民主问题；学术权力更是一种学术精英的民主；教职工代表大会、学生代表大会以及有关群团组织更是建立在民主基础之上。

（二）"四原则要素"框架构建

（1）政治原则是指执政党的基层组织（党委）在高校权力结构中的领导地位与作用。根据国家法律与党的法规的规定，校党委的权力不限于政治性事务，基本上涵盖了高校内部各种性质的重大事项、重要事项。

（2）行政原则是指校长及其附属机构（整个学校行政系统）在高校内部权力结构中的地位与作用，按照法律、党内法规规定以及各高校的章程规定，校长掌握的主要是教学、科研与行政工作日常管理权以及对校党委决策的执行权。

（3）学术原则是指以教师为代表的高校专业技术人员在高校内部权力结构中的地位与作用，从法律规定（特别是教育部的部门规章）、党内法规、高校章程规定来看，以学术委员会为代表的学术组织在高校中未能充分发挥作用。

（4）民主原则是指学校成员（主要是教师、其他专业技术人员、管理人员与职工、学生等）在高校内部权力结构中的地位和作用。在现行体制下，教职工代表大会远未成为高校内部决策的权力性"代议机构"，这种类似于人民代表大会的全能"代议结构"在制度设计与办学实践中均由校党委实际行使，其作用有待进一步扩大；学生在学校事务中的代表性与权力更加薄弱，校园管理的民主性有待进一步加强。

高校内部权力结构的"四原则要素"，存在着规范和事实两个层面的失衡。首先需要在规范层面尤其是教育法律和党内法规、大学章程的层面重新设计高校权力的横向结构和纵向结构，规范设计的首要任务是确定高校内部权力结构的根本原则以及该原则与其他基本原则的法理关系。基于大学的学术本质与中国大学国际化（政治化）的现实，建议将"学术原则"设定为高等学校内部权力结构的根本原则，其他三个原则必须在尊重与保障这一根本原则的基础上进行规范性配置并获得正当性。由于高等教育的特殊使命与特殊组织，体现"政治原则"的党的领导在高等教育领域应该弱于一般政治领域，尽管现实状况可能相反。党的领导的强度问题是一个严格的政治科学问题，而不是一个教条化的原则问题，政治原则的科学性的一个重要标准在于依据事务性质标准而非单纯的重要性标准进行领导权的规范配置。

目的决定手段，现时代中国大学建设显然属于常态建设，现代大学对于政治领导的需求强度显然弱于历史上的各类军政学堂或特训学校，也显然弱于现实中的各类党校、行政学院以及军事院校。高校既是一个特殊的教育领域，也是一个特殊的政治领域，存在着政治目的、主体、行为等基本要素。高校治理的内外部权力结构也因此成为教育政治学的研究范畴，而非一般管理学、（高等）教育管理学的研究内容。教育政治学以权力为研究对象，教育法学以权利为研究对象。

我国公立大学内部权力结构受到《高等教育法》、教育部相关部门规章以及党内法规的规范性构造，形成了"党委领导下的校长负责制"的体制。按照这些规定的法治化要求，确立了我国公立高校内部权力结构的"政治性原则"的主导性，明确了高校党组织的重要职责与权力范围。目前，各类高校制定的大学章程也主要是对这一模式的具体化。这一体制模式的简化表述就是"党委领导下的校长负责制"，不同位阶的法律法规与党内法规分别确定了"四原则要素"框架中的四个基本原则：政治原则、行政原则、学术原则、民主管理原则。

在高校内部权力结构中，要处理好"依法治校"原则和"高校自治"原则的关系。立法和法律要给高校自治留出足够的空间，使大学章程在大学治理中发挥作用。

出资人主权问题。公立高校已经表明了出资来源，而无论是国有企业、私营企业还是公益事业，出资人或者捐助人总会具有一些特别的权力。就公立高校而言，谁是中国公立高校的出资人？按照法律法规与党内法规的理解就是"国家举办的高等学校"，具体而言就是我国的"三级办学"体制中的中央政府、省级政府、市级政府（当然还包括这些不同层级政府的部门与组成单位）。按照"出资人主权"的原则，公立大学的管理体制应该是"（某一级）人民政府领导下的校长负责制"。但是，高校毕竟不同于普通的公司、企业，而是一种公益事业单位，所以"出资人主权"必须受到高校自治原则的限制，或者出资人基于理性而主动隐身。主权者隐身也是一种主权者理论，从理性的角度讲，主权者适合"做出决断"，但并不适合日常决策与管理，例如公司最初就是作为出资人的股东主权，但随着现代企业制度的建立，公司往往采取"董事会主权"或"总经理"主权的形式；国家政治领域中也是各种代议制取得了成果，作为全民的代表机关，这种人类组织的演变规律值得重视。实际上，世界历史上的大学发展，无论是公立还是私立，都是基于理性的要求朝着大学自治的方向发展，所以"领导"改为"指导"似乎更为妥当（这两个词语的差别，在我国宪法学上反映为人民法院与人民检察院领导体制的差异，人民法院系统内上下级之间的关系是"指导"，而上下级人民检察院之间的关系则是"领导"）。至于"党的领导"原则，可以根据我国政治体制下高校思想政治工作与德育等相关工作的实际情况在法律、党内法规和大学章程中做出规定，不宜直接置于"待议机构"的地位，直接成为高校的"立法者"与决策者。按照十八大以来中央的要求，"党的领导"主要是"统揽全局，协调各方"，在国家政治生活领域具体体现为十八届四中全会决议所阐发的"四个善于"。统一我国各类高校，无论是公立还是私立大学，均实行董事会领导下的校长负责制。就公立高校而言，出资人或者管理者的不同层级政府及其部门，通过控制董事会的决策权实现对学校重大事务的决策权（在章程规定的董事会人员中，出资人可以任免其中的多数董事，实现董事会内部的控制）。这样可以为高校自治和学校的制度创新预留足够的法律空间。

通过以上修改，可以将"四原则要素"中的核心原则从"政治原则"转变为"行政原则"，给高校自治特别是高校通过大学章程的内部权力结构的制度创新预留巨大的制度空间，使后续的"学术原则"与"民主原则"能够真正地有制度支持和实践空间，从而在体制意义上促进中国公立高校的现代化、治理结构的现代化、治理能力的现代化，并与"创建世界一流大学"之类的具体的"高等教育强国梦"目标相对接。在社会主义中国，高校不是最需要政治的地方，而是最需要学术和规范管理的地方。

（三）"四原则要素"在大学章程主体上的体现

可以结合大学章程的制定权问题就"四原则要求"展开分析。笔者多年前曾撰文分析大学章程制定的合法性危机，在现行《高等学校章程制定办法》尚未出台之际，各高校章程制定主体存在着合法性危机。考察当时我国高等学校章程制定的程序可以发现，章程制定主体及其权力行使存在混乱的迹象。比如就章程的审议而言，在某些学校章程由党委会审议，在其他学校审议权却归属教职工代表大会。国有高等学校作为约束其自身的章程的创制主体，我们认为这是不符合《高等教育法》的规定的。但是，实践的发展已经突破了现行法律的规定，对此我们应该怎么看待？笔者认为，在没有相关法律及行政法规明确规定的前提下，可将实践中的做法视为最高教育行政机关（教育部）通过行政规章进行的"委托"，即以最高国家教育行政机关的名义代表"国家"（各种类型的高等学校的设立者）将高等学校章程的部分制定权委托给高等学校行使，同时保留对章程合法性与合理性的形式审查或实质审查（也就是教育法律规章中规定的备案程序或核准程序），以此解决现实中已经出现的高等学校章程"合法性"的问题。①

无论是国家各级教育行政机关，还是高等学校，或者学术界，都认为章程是"大学宪法"，因此"制宪权"就成为其中最核心的问题。按照现行教育部规章，大学章程的制定权分解为四个层面：一是教职工代表大会的讨论权（决议通过）；二是校长办公会的审议权（讨论通过）；三是党委会的讨论审定权；四是教育部和省级教育行政部门的"核准备案"。这既是程序也是权力，党委的审定程序对应着党委的审定权，教职工代表大会的审议通过程序对应着审议通过权，备案程序体现的是一般的行政监督权。（核准程序应该是一种行政许可？）这种民主权力、行政权力、政治权力在大学章程制定权中的行使模式，与我国一般性政治生活中"党领导人民制定宪法和法律"的模式相反。在人大立法中，党集中人民的意志，通过人民代表大会的形式，将党的主张变为国家意志；在章程制定中，学校成员的意志通过转换最终成为"党委的意志"。虽然如此，但这些程序确实隐含着对"教职工主权"某种程度的肯定。这种制度设计既显示了制定过程的审慎性（党委审定），也符合国家法律对高校内部权力结构的规定，同时又纳入了教职工的代表权力，还暗含着"党的领导、依法治国与人民当家做主的有机统一"这一社会主义法治的基本原则。但是，党委的审定权与教职工代表大会的审议通过权之间确实可能产生矛盾与冲突，而任何形式的冲突如果按照"党的领导"原则进行简单化解决又是非理性的。章程的制定权、解释权都在学校党委，这些权力在党委、校长、教职工代表大会之间呈现某种"分权"形态，但如果不能明确确定高校自治原则下的教职工代表大会的主导地位，这种分权也就是不稳定的，甚至与宪法体制不相符。简单地说，大学章程制定是先由教职工代表大会这种形式上的"代议机构"、实质上的民主管理与监督机构先行讨论后决议通过，再由行政权力系统的校长办公室审议后讨论通过，最终才由公立大学实质上的决策者、代议机关讨论审定；这在程序上既没有体现大学自治原则下的教职工代表大会的主导地位，也没有遵从现行体制下各级人民代表大会最终的或曰程序上、形式上的通过权、表决权。

大学章程制定权、解释权与司法适用问题至关重要。按照《高等学校章程制定暂行办法》的规定："章程草案经校长办公会议讨论通过后，由校党委会讨论审定。章程草案经讨论审定后，应当形成章程核准稿和说明，由学校法定代表人签发，报核准机关。"（第二十二条）据此，学校党委会应当就是

---

① 储著斌. 论高等学校章程制定的合法性危机[J]. 煤炭高等教育，2010（4）.

该教育部规章规定的章程的制定机关。同时，"高等学校应当指定专门机构监督章程的执行情况，依据章程审核学校内部规章制度、规范性文件，受理对违反章程的管理行为、办学活动的举报和投诉"。（第三十条）现实中，很多大学章程未规定其实施中的监督问题，或者将监督与章程的解释权都归结到校党委。这样的安排与高校自治的基本精神明显是相悖的。为什么会出现这样的制度安排呢？显然是制度设计者对《高等教育法》第三十九条以及相关党内法规机械适用。任何法律的适用都需要一个解释的环节，无论是人民法院的司法适用还是其他主体的适用，高校在适用《高等教育法》第三十九条的规定时，首先需要结合"高校自治"原则进行解释，而不是机械理解与简单复制。大学章程既然作为高校自治的"基本法"，其制定主体就应该具有确定性、权威性，但是纵观《高等学校章程制定暂行办法》的制定设计，我们明显看出学校党委常委是大学章程的制定者。基于民主代表性的考虑，校党委其实不宜成为章程的直接制定者，也不能成为章程的解释者，至多可作为参与者和建设者发挥作用。教职工代表大会倒是可以成为明确的制定者，但是由于章程不仅涉及民主管理（因为按照现行《学校教职工代表大会规定》，教职工代表大会就是教职工依法参与学校民主管理和监督的基本形式，参见该《规定》第二条），还涉及学术事务（教职工代表大会并不能作为学术组织的代表性机构，学术组织的咨询、审议、决策作用，参见《高等学校章程制定暂行办法》第十一条）、教学事务和一般管理实务，学生也应该有确定的代表。遗憾的是，《高等学校章程制定暂行办法》以及相关大学章程制定实践中并没有审慎地确定章程制定主体的问题，没有考虑到学术组织、学生的代表权问题。

　　大学章程的制定主体问题之所以重要，从理论上讲，因为它是高校内部权力结构的基础。不在基本原理与制度设计上审慎而明确地解决这一问题，就不可能科学合理地设计高校内部权力结构；即使按照现行实践设计出来，也会由于章程制定主体问题的模糊化处理而导致实际权力运行过程的失衡。这个问题无疑涉及对《高等教育法》第三十九条规定的"党的领导"条款的法律解释，只进行一般的文义解释或者简单地依据一般政治过程的经验进行历史解释都是不够全面的，必须联系"高校自治"原则进行法律的体系解释和目的解释，否则很可能因为政治理解的非理性而简单地导向法条主义。大学章程制定主体问题以及相关联的内部权力结构问题都需要一种法理学的探讨，对中国公立高校权力结构的政治原则、行政院则、学术原则和民主管理进行充分的法理化和体系化。

　　大学章程的制定主体问题之所以重要，从实践中讲，因为它涉及章程的效力与司法适用问题。按照马克思主义基本原理，要实现法律从"纸面的法律"到"现实的法律"的转变（列宁论述宪法时的一种宪法分类方法）。大学章程也是如此，按照目前的架构，大学章程制定并核准后在实践中有束之高阁的可能性与危险。相比较，对照公司企业的章程，就有一个实践中的效力问题，公司运营中产生的矛盾、纠纷要寻求解决依据时，首先想到的也是公司章程，法院在相关案件审判时就本着"公司自治"原则直接适用合法有效的公司章程来裁判。但是，如果我们通读现行已经发布或核准的大学章程，我们会为将来的司法实践如何适用大学章程犯愁。这里的"愁"来自两个方面，一是大学章程能不能直接适用，换句话说，在目前千篇一律的学校章程中，哪些内容可以直接适用？二是大学章程的制定主体是学校党委，虽然按照教育部的部门规章规定，"高等学校应当以学校名义发布章程的正式文本，并向本校和社会公开"（第二十七条），但发布权不等同于制定权，在司法实践中，不论是民事纠纷还是行政纠纷，执政党基层组织制定的事业单位章程，法院能否进行合法性审查，能否直接适用，这也成为司法实践中的疑难问题。

总之，大学章程制定主体的问题是高校自治的核心问题，也是高校内部权力结构的民主性问题。这又是一个领导体制和制度安排的问题，其规范解决取决于如何科学认识和评估"党的领导"原则在专业性、学术性的高等教育领域的必要强度问题和辐射范围问题，不是有无的问题，而是程度与方式的问题。

四、我国公立高校权力配置的实然状态

（一）关于学校党委的权力问题

现行教育法律与党内法规以及大学章程，均通过对校党委的充分授权以满足"党的领导"的法治要求，通过设置复合程序同时满足法治与高校自治的形式要求，但这仍然不能为高校自治提供真正的法治框架。当然，由于大学外部政治、法律与行政环境的限制，这一问题确实无法通过高校自身在内部予以解决。不过，理论上的分析、阐明在一定程度上对于推进高等教育体制改革或者称之为教育治理体系、治理能力现代化具有重要的理论与实践意义。

作为对《高等教育法》第三十九条、《中国共产党普通高等学校基层组织工作条例》第十条规定的党委领导下的校长负责制这一体制模式的具体展开，各大学章程设计了同时具有集权与分权的内部权力的横向结构：集权主要体现在党的领导与行政主导两个方面，也就是政治原则与行政原则；

分权主要体现在依据事务性质的分类，在学术事务、教学事务和民主管理监督事务上引入了教授、教职工和学生的代表性机制，也就是所谓的学术原则与民主管理原则。与学术原则相联系的就是以学术委员会为核心的学术组织，与民主管理原则相联系的就是教职工代表大会、学生代表大会组织体系。也就是"党委领导、校长行政、教授治学、民主管理"的体系架构与"政治原则、行政原则、学术原则、民主原则"的理论框架基本一致。值得注意的是，把"领导"与"决策"相等同，使得校党委基本成为学校的唯一决策机构，这是对"党的领导"原则的误读，党的领导原则在公立高等学校远远超过国家领域内党的领导的强度和方式，党委本身直接成为了权力性的"代议机构"（见下表）。

权力的类型化	工作条例	实施意见
思想政治教育权	第十条（一）（四）（五）（六）	（1）（5）（6）
重大事项决定权	（二）	（2）（4）（10）
人事组织权	（三）	（3）
统战工作领导权	（八）	（9）
对学院党组织、群众组织、教职工代表大会的领导权	（七）	（7）（8）（9）

按照《高等教育法》第三十九条的规定看，校党委最主要的权力来源于该条规定的两项"讨论决定"的事项，即"讨论决定学校内部组织机构和内部组织机构的负责人的人选""讨论决定学校的改革、发展和基本管理制度等重大事项"；按照《工作条例》第十条的规定，校党委最主要的权力也是来源于该条规定的两项"讨论决定"的事项，即"审议确定学校基本管理制度，讨论决定学校改革发展稳定以及教学、科研、行政管理中的重大事项""讨论决定学校内部组织机构的设置及其负责人的人选"；按照《实施意见》第一条的规定，将国家法律与党内法规的规定进一步细化，"决定学校重大问题""监督学校重大决议执行""讨论决定事关学校改革发展稳定及教学、科研、行政管理的重大事项和基本管理制度""讨论决定学校内部组织机构的设置及其负责人的人选"等。各高校的章程中照抄照搬了此类规定。从这些规定可以看出，对校党委的授权是依据事务重要性的标准（重要、重大），而不是依据事务性质的标准。重要性标准可以超越"政治

性原则"的性质限制，将所有事务包括非政治性事务中的重要、重大部分都纳入校党委的权力清单，这样一种制度思维显然不利于建立科学合理的高校内部权力结构。对"党的领导"这一政治原则在高等教育领域中应该具备怎样的强度和方式缺乏科学的认知，只是一味地照搬一般政治领域"党的领导"的制度经验，甚至有过之而无不及，却忽视了高等教育领域因其专业性、学术性等特殊性相当于一般政治领域存在的更为强烈的自治需求。所以，我们看到党内法规中的权力清单上有许多权力不适合党委来行使，而应当授予高校内部其他主体。例如，现实中有的大学章程规定的预算决定权、重大事项决定权、章程审定权。

高校内部权力配置的标准应该是依据事务性质标准进行，并且应该凸显学校的学术因素而非政治或行政因素。校党委的权力应该真正按照"政治原则"的理性要求进行配置，也就是限于高校范围内与党的建设有关的政治性事务。党委对其他事务的领导应该通过其他途径，例如董事会中的控制权等。总之，校党委的授权超出了"政治原则"的要求，不利于高校自治和高校制度创新、治理能力现代化的要求，不利于高校内部权力结构中学术因素和民主因素的彰显。

最后值得一提的是，《实施意见》以及大学章程中还有一个"兜底条款"，也就是校党委"讨论决定其他事关师生员工切身利益的重要事项""集体讨论决定学校重大问题和重要事项""主要对事关学校改革发展稳定和师生员工切身利益及党的建设等全局性重大问题做出决策""主要对学校改革发展稳定和教学、科研、行政管理及党的建设等方面的重要事项做出决定"，大学章程中也有类似条款。而章程的解释权、修订权均归校党委，这就使得校党委的权力可能没有任何制约，只要它愿意，它可以通过党内法规以及大学章程将自己的权力通过各类"兜底条款"扩大到学校内部的任何一个角落。其实即使不运用该"兜底条款"，校党委也可以通过对所列的各项权力的充分行使或者扩大解释而进一步享有权力。这样的制度设计缺乏最基本的权力制衡思维，存在着严重的科学性、民主性缺陷。

（二）关于校长及其科层的权力问题

校长及其行政科层或称之为附属、辅助机构是高校内部权力结构的"校长主导""行政原则"的体现。在权力分工上，校长只是执行机构，需要"组织实施学校党委有关决议"，校长的权力主要体现在《高等教育法》

第四十一条。

校长权力的最主要特征就是"（组织）拟订"和"实施（执行）"，这在《高等教育法》第四十一条中规定了三项，在《实施意见》第四条中规定了四项，自主决定的事项非常少。在校党委成为唯一的决策机构的前提下，校长只是执行机构。此外，校长的执行依据仅仅是"组织实施学校党委有关决议"，隐含着对其他权力主体决策权的排斥与执行，这可能进一步表明了其他主体只是咨询性、协商性的机构，即使规定了某种形式上的决策权，也只能是在党委完成了实质意义上的决策程序后，进行形式上的追认。例如，《实施办法》规定，校长"向教职工代表大会报告工作，组织处理教职工代表大会、学生代表大会、工会会员代表大会和团员代表大会有关行政工作的提案"，校长"支持学校各级党组织、民主党派基层组织、群众组织和学术组织开展工作"。即便如此，在实践与理论上依然为人所诟病。行政科层去行政化的问题，在其与学术权力的矛盾冲突中成为矛头的指向。

（三）关于以学术委员会为核心的学术组织的权力问题

学术组织在高校中包括很多相关机构，主要是学术委员会、学位委员会、教学委员会、教师与其他各类专业技术人员专业技术职务聘任委员会，分别对学术事务、学位事务、教学事务、职称聘任事务行使形式意义上的"决策权"，体现的是"教授治学"与"学术原则"。需要注意的是，这里的决策权只是形式意义上的，或者不自足的，其与校党委决策权力存在一定程度的交叉，因而往往受到"政治原则"的制约。学术组织一般都是由学术精英组成，在一定程度上体现了"民主管理原则"。

按照《高等学校学术委员会规程》的规定，高等学校以学术委员会为核心的学术管理体系和组织架构作为校内最高学术机构，统筹行使学术事务的决策、审议、评定和咨询等职权（第二条）。具体来说，是学校决策前的审议，或者审议并直接做出决定，审议（决策）、评定、咨询及裁定处理学术纠纷等 4 类职权。

第四章
地方高校现代大学制度建设的章程统领

　　高等学校章程建设是实施依法治校、在高等教育领域落实依法治国基本方略的必然要求。1997 年 9 月，党的十五大报告提出了依法治国的基本方略，就是广大人民群众在党的领导下，依照宪法和法律规定，逐步实现社会主义民主的制度化、规范化、程序化，使这种制度和法律不因领导人的改变而改变，不因领导人看法和注意力的改变而改变。为在教育领域落实依法治国的基本方略，国家教育行政主管部门早在 1999 年就提出了依法治校的要求，2003 年印发了《教育部关于加强依法治校工作的若干意见》。2012 年 11 月 22 日，为贯彻落实党的十八大精神，教育部以 "教政法〔2012〕9 号" 印发了《全面推进依法治校实施纲要》，成为建立依法办学、自主管理、民主监督、社会参与的现代学校制度，构建政府、学校、社会之间新型关系的政策依据。同时，与此相配合，1995 年国家颁布实施的《教育法》明确要求，设立各类学校和其他教育机构必须具备章程这一基本条件；1999 年开始实施的《中华人民共和国高等教育法》明确规定了申请设立高等学校应当向审批机关提交章程，并以概括列举的方式规定了高等学校章程必备记载事项。为此，近年来，各级教育行政部门为贯彻落实《教育法》《高等教育法》，自上而下开展各类依法治校示范校活动，有效地推动了我国高等学校章程建设的新一轮高潮。2010 年颁布实施的《国家中长期教育改革和发展规划纲要（2010—2020 年）》再次强调要 "完善中国特色现代大学制度" "加强章程建设"。

　　但是在现实中，已经制定的高等学校章程存在着一系列问题，突出表现在：一是基本内容都是按照《高等教育法》的要求来设计，形式和内容雷同的情况非常普遍，章程制定过程中走形式、不注重内容中制度设计的情况也比比皆是；二是高等学校的重要问题，特别是决策机制、领导体制缺乏具体的制度规定，尤其是涉及校长与党委书记协调的问题就很模糊，基本上是照搬《高等教育法》以及中央组织部与教育部的相关文件精神，对党委和校长的分工权限缺乏程序性的规范与制度性的设计；三是内部治理结构的规范不清晰，缺乏自身特色，师生权益保障与机制等内容明显缺乏，只有少数高校在章程中明确规定了学术权力的地位与运行、民主监督的内容和形式[①]。基于实践中的这一情况，教育部于 2011 年以"第 31 号教育部令"的形式发布了《高等学校章程制定暂行办法》，以国家教育部行政规章的形式详细规定了高等学校章程的基本内容、制定程序、核准监督等主要事项，以此规范各级各类高等学校的章程制定。

第一节　地方高校章程建设的政府角色

《国家中长期教育改革和发展规划纲要（2010—2020 年）》在"体制改革"部分提出要"推进教育管理体制改革，转变政府教育管理职能，健全统筹有利于权责明确的教育管理体制"，与之相联系的是要"推进政校分开管办分离""落实和扩大学校办学自主权""完善中国特色的现代大学制度"。在高等教育管理体制改革以及建设现代大学制度的征程中，高等学校章程建设发挥着极其重要的作用。高等学校章程是高等学校自主管理、自我约束，保证学校正常运行的基本规范和保障，也是政府管理和监督高等学校的重要依据，其效力主要体现在两个方面：一是通过对高等学校举办者、投资者、管理者等角色的权力、义务的确定，对政府具有约束力；二是通过对办学者权力、义务的确定，对高等学校内部机构和成员具有约束力。高等学校章程作为现代大学制度的载体，在高等学校权力配置中具有举足轻重的作用。本书试图以我国公立高等学校为分析对象，基于高等学校章程的视域，分析中国特色现代大学制度完善中政府角色的转变。

一、教育利益调整：高等学校章程的价值选择

近些年来，高等教育成了我国社会关注的热点问题之一，其热度甚至超过了人们对衣食住行等问题的关注，且有愈来愈热之势。造成这种现象的原因，从表面看来是由高等学校内频繁出现学术造假、经济腐败、违规办学等招致的，究其根源，在于高等学校作为现代社会中有着独特运行规律的组织

[①] 孙宵兵. 高等学校章程建设的制度保障和体制创新，2012 年章程制定第一期培训班上的讲话.

体与高等教育的载体，缺乏科学的现代大学制度的保障和约束。

通过对人的权利和义务的设定实现利益的调整，是法律制度调整社会关系的基本机制，而这种机制取决于权利和义务独特的导向功能。有法学家指出："法律权利是规定或隐含在法律规范中，实现于法律关系中的，主体以相对自由的作为或不作为的方式获得利益的一种手段。法律义务是设定或隐含在法律规范中、实现于法律关系中的，主体以相对抑制的作为或不作为的方式保障权利主体获得利益的一种约束手段。"① 也就是说，权利以其特有的利益导向和激励机制作用于人的行为，而义务机制则以其特有的利益约束和强制功能作用于人的行为。高等学校章程的本质是对高等学校内部以及与高等学校有关的教育利益的调整和分配②。制定者往往把要表达的价值选择明确地规定或隐含在合法的章程文本中，通过人们对章程的遵守而实现其目的，这种价值选择就是利益分配。高等学校章程通过行为准则或规范体现这种价值选择，而行为准则或规范又是以文本作为载体来表示的，通过对人的权利和义务的设定来实现利益分配。

高等学校章程的核心内容是对高等学校及其他教育关系主体权利和义务的规定③。它所规定的根本问题和重大事项都是对学校和其他主体权利和义务的明确。例如，《高等教育法》要求高等学校章程要明确学校内部管理体制，就是要通过对学校决策机构、执行机构、监督机构的权力和职责的科学配置，使其既相互合作又互相制约，以实现学校管理的科学化、规范化和民主化。高等学校章程就是以权利和义务为机制，调整学校办学行为和教育法律关系，实现高等教育中的自由与秩序的统一，公平与效率的统一，最终实现培养人才、科学研究、服务社会、传承和发展文明的功能。高等学校章程就是如此通过对学校及其他教育关系主体权利和义务的规定来实现对利益和利益关系的调整。

高等学校章程在应然层面能实现利益分配，那么其分配和调整的是什么利益呢？章程作为高等学校的"宪法"，作为现代大学制度的载体④，其本质是对学校内部及其与学校外部有关的教育利益的调整和分配。人们奋斗所争取的一切，都同他们的利益有关。人们从事教育活动也与其教育利益有关，这种教育利益是在特定的社会关系中形成的教育主体对客体的教育需求关系，"显然，教育利益属于以物质利益为基础的精神利益，从另外的角度看，

① 张文显. 法哲学范畴研究（修订版）[M]. 北京：中国政法大学出版社，2001：309.
② 米俊魁. 大学章程价值研究[M]. 青岛：青岛海洋大学出版社，2006：18.
③ 参见《中华人民共和国高等教育法》第二十七至二十九、四十一等条的规定.
④ 张文显，周其凤. 大学章程：现代大学制度的载体[J]. 中国高等教育，2006（20）.

它又是以经济利益为基础、政治利益为主导的文化利益"。①

　　高等学校章程研究在我国学术研究的进路中是以"大学章程——大学管理——大学制度"的面目出现的。就现代大学制度而言，就是要处理好校内外的关系，即大学、政府及社会的外部关系，校内的政治权力、行政权力、学术权力以及民主权力之间的内部关系②。由此可见，教育利益的调整、现代大学制度的建立、高等教育体制的改革、高等学校章程的构建四者具有内在的统一性。并且高等学校内外两种关系的处理即权力的配置是教育利益的调整和分配的具体体现，教育利益的合理配置是高等学校章程建设和构建的出发点和落脚点。

二、教育权力配置：高等学校章程的核心内容

　　高等学校章程建设不可避免地要涉及两个管理体制，要处理以下两个关系。

　　第一，高等教育行政管理体制，即通常所说的政校关系问题。长期以来，受计划经济体制的影响，我国政府对高等学校集举办者、投资者、管理者等多重角色于一身的情况，实行大统一的管理体制，高等学校只能服从于政府部门的意志和利益，实际上是政府部门的附庸，高度行政化特征明显。这种状况，一方面，容易违背高等学校办学规律，限制高等学校人才培养的多样性，阻碍学术的发展和办学特色的形成；另一方面，容易形成高等学校对政府的依赖习惯，挫伤高等学校办学的创造性。

　　第二，高等学校内部管理体制，即高等学校内部各组织、机构及成员的关系问题。在高等学校内部，真正科学的民主决策机制、迅捷的执行机制、有效的监督机制尚未形成，学校内部的政治权力、行政权力、学术权力、民主权利之间的力量对比失衡，也具有明显的行政化特征。这是在加强高等学校章程建设过程中需要完善和明确的核心问题，也是"增强教育活力与体制机制约束的矛盾"的具体体现之一。就政校关系而言，"公开征求意见稿"提出，在建立现代学校制度的过程中，要"推进政校分开管办分离"，在"完善中国特色现代大学制度"中，要"加强章程建设。各类高校应依法制定章程，依照章程规定管理学校"。

　　无论是政府与高等学校的关系问题，还是高等学校内部的关系问题，说到底都是高等教育权力配置问题，即如何将高等教育权力在政府和高校之间、

---

①　成有信. 教育政治学[M]. 南京：江苏教育出版社，2000：307.

②　方明，谷成久. 现代大学制度论[M]. 合肥：安徽大学出版社，2006：1-2.

在高等学校内部组织机构之间进行分散、分享与制衡。政校关系的核心是政府和高等学校之间职权、职责如何界定，政府职能的缺位、越位和错位都会制约高等学校作用的发挥，影响高等学校的发展。高校内部关系问题的核心也是高等学校内部的政治组织、行政组织、学术组织、民主组织的职权、职责界定问题，这些权力分配的不合理也会影响学校的正常运转。合理分配权力是改变我国当代高等教育权力过分集中的现状和当前高等教育权力分配改革的需要。现代大学制度的建立和高等学校章程的建设，不仅在于政府的简政放权，给予高等学校更多的办学自主权，更在于高等学校内部如何"掌好权""用好权"。

新中国建立以来，我国高等教育权力的配置经历了一个漫长的探索与演变过程。改革开放前，我国高等教育虽历经几次大的改革，但较少涉及高等学校办学自主权。随着我国改革开放进程的推进，1985年5月，中共中央发布了《关于教育体制改革的决定》，明确提出"在国家统一的教育方针和计划的指导下，扩大高等学校的办学自主权，加强高等学校同生产、科研和社会其他各方面的联系，使高等学校具有主动适应经济和社会发展需要的积极性和能力"。1986年3月，国务院颁发了《高等教育管理职责暂行规定》，进一步明确了高等学校管理权限扩大的具体内容，涉及招生、经费、基建、人事、师资、专业、科研、对外交流等8个方面。1995年，《教育法》颁布后，正式确立了学校依法自主办学的法律地位，明确了学校的权利和义务，并将"有组织机构和章程"作为设立学校必须具备的基本条件之一。1998年，《高等教育法》规定了高等学校的法人性质，进一步明确了章程是高等学校设立的基本条件，并列举了高等学校章程应规定的基本事项。1999年，国家教育部在《关于加强教育法制建设的意见》中要求："各级各类学校特别是高等学校要提高依法管理学校的意识，依据法律、法规的规定，尽快制定、完善学校章程，经主管教育行政部门审核后，按正常依法自主办学。"这些法律法规和政策，为高等学校教育权力的分配提供了准则。2003年，教育部开始在全国范围内全面开展依法治校示范校创建活动，并将章程建设作为依法治校的考核目标之一。在实践强有力的推动下，高等学校朝着在政府宏观管理下，面向社会自主办学的法人实体发展。高等学校办学自主权的扩大为高等学校的深化改革创造了一定条件，在一定程度上调动了广大教职工的积极性，促进了高等学校教育教学质量、科研水平和办学效益的提高。但是，由于法律法规本身主要是从国家的角度出发规定高等学校的基本制度，高等学校的主体地位并不明确，高等学校与政府的权力界限并不清晰，这使得我国在落实高等学校办学自主权方面仍然存在诸多方面的问题，尤其在招生自主权、专业设置权、文凭发放权、国际学术交流自主权等方面仍然受制于政府，影响着学校的发展。同时，法律法规对高等学校内部机构和不同成员之间的关系及其权益保障的规定也不明确。法律法规虽然设置了学校章程制度，也对章程应规定的事项做出规范，但是，理论界没有对高等教育各主体的权力义务做深入的研究，实务界也未能在具体制度内容的设计上予以及时跟进，存在诸多问题。因此，高等学校章程的核心与关键问题是要合理配置政府与高校、高等学校内部各组织机构间的教育权利，以章程的形式界分政府、高校和高校内部组织机构在办学中的权力，以利于政府以章程为准则，对高校日常工作进行管理和监督，以章程约束政府干预高等学校办学活动的权力，同时，也有利于高等学校依据章程进行办学，运用章程切实维护高等学校自身的办学自主权。

三、政府角色定位：高等学校章程的关键所在

在我国高等教育领域，政府的角色至少有两种：一是政府作为各类公办高校的设立者、举办者。改革开放与来，我国高校的设立为"三级办学"，即中央、省、市三级人民政府及其组成部门作为高校的"主管部门"，现实中体现为教育部等国家部委（中央）、教育厅局（省级）、市级人民政府（主要为副省级城市、省会城市、一般地级市与省管市）作为公办高校的设立者与举办者；当然，实践中还包含一些省级政府部门（如体育局、国土局等）、国有大中型企业作为公办高校的设立者与举办者。二是政府作为各类高校的管理者。主要是我国高等教育领域的"两级管理"体制，即中央与省级的教育行政部门，其管理对象既包括公办高校也包括民办高校；目前中央正在向省级人民政府放权，即扩大省级政府对高等教育的统筹权。"三级办学、两级管理"构建了我国高等教育领域中的政府角色。

（一）现行法律法规的局限

近代以前，我国教育基本属于家庭私事，国家对教育很少干预。随着现代意义上的学校的出现，学校作为国家公共教育制度的载体才趋于制度化。从新中国建立到"文革"以前，我国整个教育法律体系都是以学校为核心形成的。十一届三中全会以后，我国经过 30 余年的发展，改变了以前以学校为核心的教育法律体系，有关学校的法律规范散见于各单行法之中，形成了现行的教育法律体系。我国目前的教育立法主要是依据《中华人民共和国宪法》，以《中华人民共和国教育法》为基本法，按照教育的不同类别和层次进行教

育立法；以教育法律为核心，有关教育的行政法规、地方性法规、自治条例和单行条例、部门规章、地方政府规章等共同构成了我国现行教育法律体系。按照我国现行法律法规，高等学校的法律地位和政府的角色定位存在着一些相悖的问题，给高等学校章程的制定和实施造成诸多理论上的困惑和实践中的混乱。

1. 高等学校的法律地位模糊

《高等教育法》规定，"高等学校自批准之日起取得法人资格""高等学校在民事活动中依法享有民事权利，承担民事责任"。似乎可以推导出高等学校是从事民事活动的私法法人。但是从私法法人的角度，又无法解释高等学校有权对学生授予学位、进行处分，甚至以开除学籍的方式剥夺学生的受教育权。学校的公法地位与私法地位混同，直接导致学校与行政主管机关之间、学校与内部成员之间的公法关系与私法关系无法界定，进而导致学校可以寻找借口逃避法律责任，致使学校成员的合法权益无法得到保障。高等学校法律地位的模糊给现实造成很多困扰，一方面在组织形态上将从事公共服务的事业单位作为一类特殊的行政主体；另一方面，又没有在公法上给予事业单位明确的公法地位，进一步导致高等院校与其成员之间的法律性质不明。基于此，司法机关也无法判断高等学校与教师、学生之间的法律关系，究竟何者属于行政法律关系，何者属于民事法律关系？司法对于涉及学校法律纠纷的介入以及裁判规则也存在很大的不确定性和随意性。

2. 政府对于高等学校的角色混同

政府既是公办高等学校的举办者、设立者（类似于各类企业的投资者），又是高等学校的管理者，多重身份集于一体，不可避免地会造成对高等学校办学自主权的限制。

就高等学校的举办者而言，按照我国现行宪法第十九条第四款以及《教育法》第二十五条的规定，高等学校的举办者包括"国家、企事业组织、社会团体、其他社会组织及公民个人"。以公立高等学校的举办者"国家"为例，"国家"是一抽象的政治实体，其各种具体政治行为的做出有赖于相关的各级各类国家机构。

就高等学校的设立者而言，公立高等学校的设立者正是代表国家的各级国家机构（主要是各级人民政府及其组成部门等）。按照法律规定，设立高等学校时所要具备的章程是由高等学校的设立者组织制定的，进而成为高等学校设立之后运行的依据。设立者就是高等学校的"投资者"，实践中高等学校设立者也就是该高等学校的上级行政主管部门。

就高等学校设立的批准者而言，其批准或审批者就是各级政府的教育行政部门。设立高等学校时向审批机关报送的材料中也包括章程，这里的审批机关是国家教育行政机关，是以管理者的身份出现的。

（二）政府在大学章程中的角色

政府作为公办高等学校的举办者、投资者，按照《高等教育法》的制度设计，首先直接体现在高等学校章程的制定之中。第一，政府是高等学校章程的法定制定者。根据《高等教育法》第二十七条的规定，高等学校章程由高等学校的设立者组织制定，并作为设立者设立时的申报材料之一，是高等学校设置的基本条件之一。第二，高等学校章程的修改和废止是高等学校设立之后由高等学校这一组织机构来完成的。其修改程序按照《高等教育法》第二十八条的规定，在高等学校章程制定的时候就成为该章程的必备内容。据此理解，高等学校章程的修改程序也是由设立者规定的。至于高等学校章程的废止，法律没有规定，按照法理，也应该由高等学校章程的制定者来行使该权力。总之，法律规定的高等学校章程制定主体应该是高等学校的设立者，制定程序是"设立者制定、审批机关审批（批准）"。然而，实践中已经突破了现行法律的规定，国家最高教育行政主管机关通过一系列文件对高等学校章程制定提出要求，简单地说就是"学校制定、主管教育行政部门核准"的模式。把高等学校作为高等学校章程制定、修改的主体，与《高等教育法》的规定存在相悖之处，这种"良性违法"，不管其出发点如何，法律的规定没有被遵守执行，法律赋予高等学校设立者（举办者）通过制定章程解决高等学校与政府之间权力配置制度设计的初衷未能实现，不能不说是一大遗憾。《高等学校章程制定暂行办法》虽也提出"各类高校应依法制定章程""学校要建立完善符合法律规定的学校章程制度"，似乎是对此问题有所警觉并试图规范，但该规定仍然过于抽象、笼统，最为关键的是，直接违反了《高等教育法》的规定及其精神实质，有待进一步理顺。

《高等教育法》第二十八条的制度设计，规定了高等学校设立者组织制定的高等学校章程应包括十项内容，其中"内部管理体制；经费来源、财产和财务制度；举办者与学校之间的权利、义务；章程修改程序"等至少四项内容直接涉及政府作为公办高等学校的举办者的角色，需要举办者在高等学校章程中予以明确。这样的制度设计也足以解决高等学校与政府之间权力配置的问题。

作为公办高等学校管理者角色的政府，主要是指中央与省两级教育行政主管部门。这种管理者的角色是关于高等教育业务方面的行政管理，在解决高等学校与政府之间权力配置问题上主要体现为对高等学校章程制定、修改的备案以及核准方面。

（三）政府与高校的职能厘清

近年来，我国高等教育体制改革逐渐深入，改革朝着两个方向前进，一是改革高等教育管理的集权体制，扩大高等教育的分权范围；二是建立现代大学制度。改革的主要措施是放权与还权，亦即明确政府与高等学校的职权和责任分担。我国高等教育行政化的一个具体表现，就是政府作为高等学校的举办者和管理者的角色混同。因此，改革的目标之一就是应当明晰政府在高等教育中的角色，确立政府应当行使的职能，构建政府与学校之间的新型关系。《国家中长期教育改革和发展规划纲要（2010—2020年）》提出要推进管理体制改革，转变政府教育管理职能。政府的职责被定位为"统筹规划、政策引导、监督管理和提供公共教育服务"等四项，同时，要"改变政府直接管理学校的单一方式，综合应用立法、拨款、规划、信息服务、政策指导和必要的行政措施，减少不必要的行政干预"。

政府与高等学校是两种性质不同的社会组织，具有不同的组织目标和社会任务。调整政府和高等学校的关系，应当分别明确政府和高等学校各自应当干什么，界分政府和高等学校的权限，厘清政府行为和高等学校行为。首先，要明确政府管理的权限和职责，确立政府作为教育体系的构建者、教育公平的维护者、教育投入的保障者以及高等学校运行和教育质量的监督者的角色定位。为此，政府及其部门要树立服务意识，改进管理方式，完善管理制度，减少和规范对学校的行政审批事项，依法保障学校充分行使办学自主权。其次，要明确各级各类学校办学的权利和责任，使高等学校作为高等教育行为的具体实施者，能够有更多的办学自主权，按照章程规定管理学校，落实和扩大学校办学自主权，为此，高等学校要按照国家法律法规和宏观政策，自主开展教学活动、科学研究、技术开发和社会服务，自主制定学校规划并组织实施，自主设置教学、科研、行政管理机构，自主确定内部收入分配，自主管理和使用人才，自主管理和使用学校财产和经费。

令人欣喜的是，《国家中长期教育改革和发展规划纲要（2010—2020年）》在其保障措施部分要求"组织开展改革试点"，并且明确将"学校要建立完善符合法律规定的学校章程和制度，依法履行教育教学和管理职责""各级政府要按照建设法治政府的要求，依法履行教育职责"等内容纳入其中。我们深信，通过从高等学校章程视角的切入，准确界分各级政府的教育管理职能，落实和扩大高等学校办学自主权，可以全面提高国民素质，促进教育事业科学发展，加快社会主义现代化进程。

第二节 地方高校章程建设的法治原则

近年来，各级教育行政部门为贯彻落实《教育法》《高等教育法》，自上而下开展依法治校示范校活动，有效地推动了我国高等学校章程建设的新一轮高潮。高等学校章程是保证高等学校依法治校和自主管理的规章性文件，从一定意义上讲，高等学校章程是我国教育法律体系的延伸和组成部分，它无论是对高等学校设立者、管理者，还是对高等学校内部组织机构及其成员，都具有确定的规范性和约束力。目前，从我国高等学校章程建设的实践来看，在章程创设制定、制度设计、实施执行等方面都存在一些值得研究的问题。加强高等学校章程建设必须坚持和体现依法依规、保障权益、法律监督的原则。

一、依法依规：高等学校章程创设制定的原则

现行教育法律法规是高等学校章程创制的基本依据。高等学校是否需要创制章程、由谁创制章程、章程规定什么内容、体现哪些基本的思想等，都应当遵照法律法规的规定，不能与法律法规相抵触。

（一）高等学校章程是设置高等学校法定提交的材料之一，不可或缺

我国《高等教育法》第二十七条明确规定，申请设立高等学校应当向审批机关提交章程。教育部在《关于实施〈中华人民共和国高等教育法〉若干问题的意见》中进一步明确指出："今后申请设立高等学校者，必须向审批机关提交章程。在《高等教育法》施行前设立的高等学校，未制定章程的，其章程补报备案工作由其教育主管部门制定规定逐步进行。"1999年，教育部又在《关于加强教育法制建设的意见》中指出："各级各类学校特别是高等学校要提高依法管理学校的意识，依据法律、法规的规定，尽快制定、完善学校章程，经主管教育行政部门审核后，按章程依法自主办学。"2003年开始，教育部在全国范围内大力加强依法治校工作，全面开展依法治校示范校创建活动，并将章程建设作为依法治校的考核目标之一。因此，高等学校设立之

时，必须依法制定章程。但从实际情况来看，我国2 000多所高校中，除少数创建有章程外，大多高校还没有创建章程。

（二）设立者是高等学校章程法定的制订者，不可错位

创制章程，首先应该回答由谁制订的问题。法律对此做出了何种应然性规定？让我们立足于国家的实在法来考察国家法律和行政规章的相关规定：《教育法》第二十六条规定，"设立学校及其他教育机构，必须具备下列基本条件：（一）有组织机构和章程……"《高等教育法》第二十七条规定："申请设立高等学校的，应当向审批机关提交下列材料……（三）章程……"第二十九条规定："设立高等学校由国务院教育行政部门审批，其中设立实施专科教育的高等学校，经国务院授权，也可以由省、自治区、直辖市人民政府审批。"教育部《关于实施〈中华人民共和国高等教育法〉若干问题的意见》进一步明确规定："今后申请设立高等学校者，必须向审批机关提交章程。在《高等教育法》施行前设立的高等学校，未制定章程的，其章程补报备案工作由其教育主管部门制定规定逐步进行。"由此可知，申请设立高等学校者必须制订该学校章程，高等学校章程按"设立者制订、教育行政机关审批、批准或备案"的程序创制。按此推理，高等学校设立者应该是该学校章程的法定制订者。对公立高等学校而言，举办该高等学校的政府机关或国有企事业单位应该是其章程法定的制订主体。然而，在高等学校章程建设的实践中，往往是采取"学校制订、教育行政部门核准、批准"的程序，高等学校成了章程的制订主体，甚至有的高等学校是自己制订、自己审批，这种情况显然是与现行法律法规的规定相悖的。

（三）高等学校章程的内容必须符合法律的规定，不可遗漏

高等学校章程是我国教育法制体系的延伸和组成部分，是保证高等学校运行的基本规范。高等学校章程应规定哪些内容，法律也做了明确的规定，《高等教育法》第二十八条指出："高等学校的章程应当规定以下事项：（一）学校名称、校址；（二）办学宗旨；（三）办学规模；（四）学科门类的设置；（五）教育形式；（六）内部管理体制；（七）经费来源、财产和财务制度；（八）举办者与学校之间的权利、义务；（九）章程修改程序；（十）其他必须由章程规定的事项。"然而，在可见的高等学校章程中，对上述法定内容规定依然不够明了、完备的情况比较普遍，缺项的情况也并不少见，特别是举办者与学校之间的权力、义务，由于多种原因，往往被忽略。

（四）高等学校章程必须符合法律的基本思想，不可偏离

高等学校章程既是教育法律的具体化，又是学校内部规章制度的总纲领。建立和完善高等学校章程是建设依法办学、自主管理、民主监督、社会参与的现代大学制度的客观要求。高等学校章程的价值追求在于要厘清学校与政府、学校与社会的关系，以及学校内部各组织、成员之间的关系，推进政校分开、管办分离，落实和扩大高等学校办学自主权，完善学校内部治理结构，实行依法治校。因此，在起草章程时，首先要做的基础工作是根据章程的框架搜集有关教育法律，分门别类加以把握，了解国家对有关问题的规定，为章程各项条款寻找相应依据。高等学校章程在明晰各种法律关系，界定管办职能，体现权利义务等方面必须遵循和体现法律的基本思想，符合法律的基本精神，不得偏离、更不得违背。

二、权益保障：高等学校章程制度设计的原则

高等学校章程的重要内容是规定学校内部组织机关及其成员的职权，是对国家法律中规定的学校组织机关及其成员权利和义务的再分配、具体化、补充。因此，高等学校章程既要厘清学校内部组织与组织之间的权利义务关系，也是明晰高等学校成员的权利义务关系，保障其成员基本权益。一般来说，高等学校成员由学生、教育人员（教师）、行政人员和工勤人员等构成[①]，其主体是教师和学生。按照法治原则的要求，高等学校章程在制度设计中必须突出保障学校成员特别是教师和学生的合法权益。

（一）要授予教授在学术问题上的决定权

高等学校是教育学术机构，是一个特殊的社会组织。高等学校履行培养人才、科学研究和服务社会的职能主要靠教师，而教师群体的关键在于教授。因此，在制定高等学校章程、进行制度设计时，应该科学确定高校内部政治权力、行政权力和学术权力的边界，赋予教授在学术领域的决策权。通过设立以教授为主体成员的学术委员会、学位委员会、教学指导委员会、校务委员会等组织，对学科建设和教师队伍建设规划的制定，人才培养方案和教学计划的制定，教学与科研组织形式的确定，学术标准的确定和评定，学术人员晋级与聘任，教学科研资源的配置及事关学术发展的激励政策制定等方面行使决策权，真正实现"教授治学"，尊重学术自由，营造宽松的学术环境。

---

① 马怀德.学校法律制度研究[M].北京：北京大学出版社，2007：113.

（二）要授予师生员工在学校管理上的参与权、监督权

《高等教育法》明确规定"保障成员的民主权力"，在强调学校自主权扩大的同时，必须同步完善学校内部的民主管理体制、扩大成员参与决策的制度。完善高等学校的管理体制和决策机制，需要充分依靠和发挥师生员工在高等学校民主管理中的作用，实现高等教育管理决策的民主化、科学化。通过加强教职工代表大会、学生代表大会等组织渠道，采取校务公开、院务公开等形式，依法保证师生员工特别是教师和学生参与学校民主管理与监督，保障师生员工在高等学校改革、建设、发展重大问题决策中的知情权、参与权、监督权和关系师生切身利益问题的决定权，提高高等学校决策的民主化、科学化水平，维护教师的合法权益。因此，建立和健全师生员工民主决策、民主管理和民主监督的机制，是完善高校管理体制的内在要求。

（三）要授予师生员工切身利益的保障权

目前，在我国可见的高等学校章程中，普遍缺乏教师和学生权益保障方面的制度设计，导致在具体制度的规定上存在一些有损师生员工权益的问题。第一，缺乏对师生法律救济的渠道和相应的学校责任的规定，对师生错误的认定、处理和处分，缺乏听取当事人意见的程序规定，更没有对受处分者申诉渠道的设计；第二，违背法律规定擅自增设教师学生的义务，甚至有的学校将献血行为也列入了学生的强制性义务；第三，类推原则在学校规章中普遍运用；第四，违法行使行政处罚权，有的学校做出了"对违法违纪的教职工、学生予以处罚"的错误表达。正因为此，在实践中，高等学校近年来出现了一系列涉及师生权益的案件（见 42 页），从这些案件中我们发现，目前我国各级各地人民法院对教师或学生状告学校案件的受理态度不一，还没有形成一个定型的权利救济体系，权益受到损害的教师和学生能否从司法中得到救济还不确定。作为学校主要成员的教师和学生是学校这个教育机构的主要组成者，他们的工作、学习和活动与学校这个特定的环境存在不可分割的紧密联系。相对于其他的组织而言，高等学校对教师或学生做出不利处分的机会更多，教师和学生的合法权益更容易受到来自学校的损害。因此，高等学校尤其应该承担起保障教师和学生合法权益的重任，特别是在对教师和学生的处分问题上，高等学校章程及其内部规定的制度设计应贯彻权益保障的原则，要明确作出"非经法定事由，非经法定程序，学校不得作出对教师、学生的不利处分"的规定，通过正当程序的保障和法定事由的约束，从源头上控制教师和学生合法权益损害事件的发生。

三、法律监督：高等学校章程贯彻执行的原则

高等学校章程是高等学校自主管理和自我约束的行为准则，也是接受政府教育行政部门管理和监督的重要依据，同时，也是国家司法机关进行监督的重要依据，具有较强的原则性、规范性、制约性。它关系到党的教育方针的贯彻落实，关系到高等学校正常的办学秩序，关系到教职工和学生权益的保护，对于保证高等学校独立自主的依法办学，对较好地发挥人才培养、科学研究、服务社会职能作用具有重要意义。随着学校自主权的扩展，高等学校章程的权威性愈来愈凸显。因此，高等学校不仅要将章程建设纳入法治轨道，建立健全章程，更重要的是要将高等学校章程的贯彻执行纳入政府行政主管部门和国家司法机关的监督之下，加强对高等学校章程贯彻执行的法律监督。

（一）教育行政机关对高等学校章程的法律监督

高等学校章程按照《高等教育法》的规定，必须由教育行政主管机关审批。同时，第二十九条规定："对不符合规定条件审批设立的高等学校和其他高等教育机构，国务院教育行政部门有权予以撤销""高等学校和其他高等教育机构分立、合并、终止，变更名称、类别和其他重要事项，由原审批机关审批；章程的修改，应当报原审批机关核准。"可见，法律授予了教育行政主管部门对高等学校法律监督的权利和责任。首先，应该是对高等学校章程的合法性进行监督。高等学校章程及规章制度违反法律规定的，由教育行政主管机关责令学校修改；学校拒绝修改的，教育行政主管机关可以宣布学校章程或者规章制度中违反法律的条款无效。其次，是对高等学校办学过程中章程的执行情况进行监督。教育行政部门可依据法律和高等学校章程的规定内容，通过教育教学评估、法制检查等形式对学校教育教学过程、学校办学目标、师生管理、财务管理等具体办学环节和内容进行适时地监督，以保证学校办学的整个过程符合法律和学校章程规定的内容。一旦发现高等学校在组织管理过程中有违反法律和学校章程规定的行为，教育行政主管机关有权力也有责任予以必要的处罚，责令其改正。

（二）国家司法机关对高等学校章程的法律监督

我国法院对涉及高等学校公共法人地位的诉讼案件（亦即行政诉讼案件）还没有形成定型的权利救济体系，但不可否认的是，高等学校作为公法法人，应为行政诉讼的适格主体。当然这类法律审查具有其特殊性。例如，因教师职称评定引发的行政诉讼中，教师职称评定委员会的组成和评

审程序是依据学校章程确定的，评定的主要依据是学术和教学成绩，人民法院可以对职称评定的合法性审查进行监督。但教师对于职称评定的决定不服，目前我国法律法规没有规定救济的途径，应该给予教师申诉的机会。再如，关于学生处分问题的司法审查。教育部《普通高等学校学生管理规定》设定了五种学生处分方式，对于处分的种类、开除学籍的适用范围做了原则性规定。从制定法上说，该规定在立法层级上属于部门规章，但并没有对学校是否具有处分的设定权进行明确规定。而从法治的精神出发，学校章程不应当具有处分的设定权，因为公民的受教育权是宪法性权利（基本权利），与之相对应，并非任何机关都有权决定剥夺公民的受教育权，从最严格意义上来说，只有拥有立法创制权的立法机关才能决定在何种情况下剥夺公民的受教育权。因此，司法权的介入对于受教育者的基本人权具有保障作用。

《国家中长期教育改革和发展规划纲要（2012—2020年）》提出，"学校要建立完善符合法律规定的学校章程和制度"，并且将制定、完善学校章程作为现代大学制度改革试点的重要内容之一。这标志着国家对高等学校章程建设的重要地位和积极价值有了更进一步的、更深层次的认识。同时，我们在实践中要贯彻落实《纲要》对高等学校章程建设的"依法制定""符合法律规定"等要求。

第三节　地方高校章程制定的主体探讨

《国家中长期教育改革和发展规划纲要（2010—2020年）》提出，在完善中国特色现代大学制度的过程中，要"加强章程建设。各类高校应依法制定章程，依照章程规定管理学校"，这对高等学校章程的建设进一步明确提出了"依法制定"的基本要求。高等学校作为公法法人，尤其要注意遵照权力运行的公法规则行事，章程的制定必须依法进行，章程的制定主体不能与法律规定相抵触。我国现行的各高等学校章程主要是依据《教育法》和《高等教育法》创制，很多条款是法律条文的重复，有的则更加具体化。尽管高等学校建章立制已经取得一定成果，但在制定主体等事项方面存在诸多问题。从现行法律的规定出发，紧密结合高等学校章程制定的实践，从实证的视角来研究如何规范高等学校章程的制定，具有重大理论价值和实践意义，有助于廓清高等学校章程制定主体问题在理论上存在的困惑、在实践中存在的混乱。

一、对高校章程制定主体法律规范的解读

高等学校章程的制定作为一个科学的范畴或概念，是指一定的主体依据一定的职权或者有权主体的授权，按一定原则、程序和要求，以对拟定的章程草案加以审议、抉择和认可为基本内容的一种规范性活动。

我国现行教育法律法规只是规定了章程在学校管理中的地位，以及教育行政部门要求学校尽快制定章程，但是对于章程的其他情况鲜于规定，特别是章程的制定主体问题。制定章程首先应该回答的问题是：谁来制定章程？法律对此做出了何种应然性规定？实践中是谁在制定章程？这些问题的模糊将影响章程的合法性及其作用的发挥。考察目前我国高等学校章程制定的程序，存在制定主体及其权力行使混乱的迹象，比如就章程的审议而言，在某些学校，章程由党委会审议；在其他学校，审议权却归属于教职工代表大会。因此，有必要对我国高校章程制定主体进行探讨。让我们立足于国家的实在法来考察国家法律的相关规定：

根据《高等教育法》的规定：

第二十七条　申请设立高等学校的，应当向审批机关提交下列材料……（三）章程……

第二十八条　高等学校的章程应当规定以下事项……

（九）章程修改程序。

（十）其他必须由章程规定的事项。

第二十九条　……高等学校和其他高等教育机构分立、合并、终止，变更名称、类别和其他重要事项，由原审批机关审批；章程的修改，应当报原审批机关核准。

由上述法律规定可知：

第一，法律的本意是章程由高等学校的设立者组织制定，并将章程作为设立者设立时的申报材料之一，章程是高等学校设置的基本条件之一。

第二，高等学校章程的完善（修改和废止）是高等学校设立之后由高等学校的组织机构按照章程规定的程序来完成的。其修改程序，按照《高等教育法》第二十八条的规定，在章程制定的时候就是该章程的必备内容。据此理解，章程的修改程序也应是由设立者规定的。

第三，至于高等学校章程的废止，法律没有规定，按照法理，也应该由章程的制定者行使该权力。总之，法律规定的高等学校章程制定主体应该是高等学校的设立者，择取"设立者制定、审批机关审批或批准"的程序。

就我国的高等学校而言，其设立者按照宪法第十九条第四款以及《教

育法》第二十五条的规定，包括"国家、企事业组织、社会团体、其他社会组织及公民个人"。现实中一般分为两类，第一类是公办高等学校，即"国家"举办的公立高等学校。"国家"是抽象的政治实体，其各种具体政治行为的做出有赖于相关各级各类国家机构，所以在我国这类高等学校的设立者或举办者包括中央人民政府及其组成部门、地方政府及其组成部门（现实中主要是省、市两级政府及其组成部门），当然历史上还包括国有企事业组织；第二类就是非国有的社会组织或者个人举办的高等学校，也就是通常所说的民办或私立高等学校。高等学校的这些形形色色的设立者或举办者在法律上的角色就是投资者。法律规定由投资者制定高等学校章程是与市场经济理念相一致的，也与我国公司法等企业立法精神相吻合。

二、对高校章程制定主体实践做法的分析

在高等学校章程制定的实践中，我们通过考察发现，高等学校章程无一例外的都是由各高等学校自行制定的。当然，这些高等学校自行制定章程据称也是有相关依据的。我们来考查一下这些规定：

在我国教育法律体系中，行政法规鲜有关于高等学校章程的规范，我们先考查教育部关于章程制定的一些主要规定，这些规范我们可以视之为具有部门规章性质的规范性文件：

1. 原国家教委《关于实施〈中华人民共和国教育法〉若干问题的意见》（1995年）第十五条："各级各类学校及其他教育机构，原则上应实行'一校一章'。《教育法》施行前依法设立的学校及其他教育机构，凡未制定章程的，应当逐步制定和完善学校的章程，报主管教育行政部门核准。"

2.《教育部关于加强依法治校工作的若干意见》（教政法〔2003〕3号）的规定："学校要依据法律法规制定和完善学校章程，经主管教育行政部门审核后，作为学校办学活动的重要依据。"

3.《教育部办公厅关于开展依法治校示范校创建活动的通知》（教政法厅〔2003〕4号）中"基本标准"部分对高等学校章程提出的要求："依法制定章程，经教育行政部门审定并遵照章程实施办学活动。"

4.《教育部关于全面推进依法行政工作的实施意见》（教政法〔2005〕3号）："进一步明确推进依法行政的主要任务和措施"之四"依法治校，建设和谐校园"要求，依法加强学校管理，"指导学校完善章程，健全学校内部管理体制，依法履行公办学校出资人的责任"。

5.《高等学校章程制定暂行办法》（教育部〔2014〕31号）：第三章"章

程制定程序"中明确，章程由高等学校起草，草案经校长办公会议讨论通过后，由学校党委会讨论审定；章程草案经讨论审定后，应当形成章程核准稿和说明，由学校法定代表人签发，报核准机关。第四章"章程核准与监督"中规定，经核准机关核准的章程文本为正式文本。高等学校应当以学校名义发布章程的正式文本，并向本校和社会公开。

从上述引证来看，作为国家最高教育行政主管机关的教育部对高等学校章程制定的要求是："学校制定、主管教育行政部门核准。"

再来考查省级人民政府教育行政部门的有关规定，这些规定虽不属于狭义上的国家教育法律体系的内容，但对现实工作却有重要的指导意义。这里以湖北省的相关规定为例：

《湖北省教育厅关于推进依法治校工作的意见》（鄂教办〔2006〕23号）："加强制度建设、依法规范管理"的第一项工作就是"建立学校章程"。具体论述为："建立学校章程，是《教育法》的规定。学校应根据自身的办学类型和特点，制定和完善学校章程，经主管教育行政部门审核后，作为学校办学活动的重要依据。"（湖北省教育厅政报，2008年第2期，第26页）

《湖北省教育厅关于对首批创建"湖北省依法治校示范校"的试点学校进行检查评估的通知》（鄂教办函〔2007〕33号）：在"湖北省高等学校创建依法治校示范校检查评估标准"中，"建立章程"部分占3%的考核要求。具体包括三项要求："学校章程程序制定、审核、修改和备案；学校章程内容完备合理，并向全体教职工、学生、家长公开；学校章程得到有效实施"。（湖北省教育厅政报，2007年第3期，第30-31页）

由此可知，地方教育行政主管部门对高等学校章程制定主体、制定程序的要求，同教育部的认识基本一致。

对此，我们可以总结现实中高等学校章程的做法：第一，实践中的高等学校章程的创制主体就是高等学校；第二，高等学校章程需要教育行政主管部门审核（与设立过程中的报送审批一致）；第三，高等学校章程的创制属于依法治校的重要内容之一。

三、对高校章程制定实践作法的反思

设立高等学校必须依法创制大学章程。首先，从高等学校设立条件的层面来看，高等学校作为法人，应当制定章程，依据章程运行，这要求高等学校在设立之初即具有章程。其次，从章程需要依法制定的层面来看，高等学校作为公法法人，尤其要注意遵照权力运行的公法规则行事，章程的制定必

须依法进行。章程的制定主体、制定程序、章程内容及其修改、变更等都应当遵照法律规定进行，高等学校章程不能与法律规定相抵触。

在高等学校章程建设中，必须坚持社会主义法治原则。法治通常的理解就是法律之治，即通过法律治理国家；同时，法治又是指通过法律使权力和权利得到合理配置的社会状态①。法治原则实质上应该是一个普遍性原则，法治的基本理念是强调平等，反对特权，注重权利的保障，反对滥用权力，任何公民、法人、其他组织的活动都必须遵守法律、法规。

高等学校自主权的获得是基于学校教育和管理活动的特殊性，但这种办学自主权是否能够成为一种豁免，使教育事务的管理脱离法治社会的运行轨道呢？事实上，法治精神要求学校管理不能像非法治状态下那么自由和随意，为此就要对学校管理行为进行必要的限制，将学校管理权力的运行纳入秩序化、规范化的轨道。这是学校适应法治社会发展的必然要求。

高等学校章程建设必须坚持和体现法治原则，这也是应对现实中出现的问题的需要。目前我国很多高等学校还没有出台学校章程，但是令人欣喜的是部分公办高等学校的章程正在制定或者审议中。这些章程主要依据我国《教育法》和《高等教育法》制定，很多条款是法律条文的重复，有的则更加具体化。尽管高等学校建章立制已经取得一定的成果，但是高等学校章程作为高等学校的内部"宪章"，是高等学校运行的基本依据，其制定、修改和废止都必须遵循严格的程序，由法定主体来完成。非公办高等学校（即民办高等学校）章程的制定不存在问题，但是就公办高等学校的章程而言，法律规定的设立者制定主体与工作实践中的高等学校制定主体两者之间存在着矛盾。

公办高等学校作为约束其自身的章程的创制主体，这肯定是不符合《高等教育法》的规定的。但是，实践的发展已经突破了现行法律的规定，对此我们应该怎么看待？笔者认为，在没有相关法律及行政法规明确规定的前提下，可将实践中的作法视为最高教育行政机关（国家教育部，其角色应该定位为公办高等学校的设立者、举办者国家代表，所有高等学校的最高行政管理者）通过行政规章进行的"委托"，即以最高国家教育行政机关的名义代表"国家"（公办高等学校的设立者）将高等学校章程的制定权委托给高等学校行使，同时保留对章程合法性与合理性的形式审查或实质审查（也就是教育规章中规定的备案程序或核准程序），以此解决现实中已经出现的高等学校章程的"合法性"问题。

令人欣喜的是,《国家中长期教育改革和发展规划纲要（2010—2020 年）》

---

① 中共中央政法委员会. 社会主义法治理念读本[M]. 北京：中国长安出版社，2009：3.

第一次以国家级教育事业"规划"的形式将高等学校章程建设作为"建设现代学校制度""完善中国特色现代大学制度"的重要内容，并且在其"保障措施"中要求积极推进依法治教，"大力推进依法治校。学校要建立完善符合法律规定的学校章程和制度，依法履行教育教学和管理职责"，要求组织开展相关的改革试点工作，其试点之一就是"制定、完善学校章程"。这表明国家对高等学校章程建设的重要地位和积极价值有了更进一步的、更深层次的认识，这也必然带动理论界对高等学校章程建设的深入探讨和实务界对高等学校章程制定主体等问题的深切关注，教育改革与发展中的这些鲜活实践都势必解决高等学校章程制定主体的"合法性"危机的难题。

第四节　地方高校章程建设的个案探索

2001 年 10 月 17 日，教育部正式批准合并原江汉大学、华中理工大学汉口分校、武汉教育学院和武汉市职工医学院，异地新建江汉大学。江汉大学前身的四所院校各自都没有章程。基于此，江汉大学在合并组建之后就将学校章程制定事宜提上议事日程，并以章程为统领推进依法治校，加强现代大学制度建设。

一、以江汉大学章程为基础推进依法治校

在合并组建的初期，各级教育行政部门虽然没有明确提出制定高等学校章程的要求，但在申请设立新的江汉大学同时，学校就深刻认识到高等学校章程对学校内部治理结构的重大意义，制定了学校章程，并报送湖北省教育厅。当时的省级教育行政主管部门对此没有太多的实践经验，只是将其作为学校设立中的一个必备的报送文件，也在实践中逐步探索关于大学章程的核准形式，只能采取"留中不发"的形式默认该校章程的制定与存在。江汉大学以此章程为龙头，加强学校规章制度建设，贯彻依法治国基本方略，把依法治校方针放在教育改革发展的基础性地位来认识，积极推进依法治校。

在这一时期，江汉认真贯彻实施依法治国基本方略，始终把依法治校作为保障和促进教育改革与发展的一项基础性工作来抓，采取一系列措施，积极探索法制教育的途径与方法，认真开展依法治校示范校创建活动，都有效地提高了广大教育管理干部、教师的法律素质和学生的法制意识，促进了依

法治校工作的落实，提高了依法治校的水平，有力地保障了学校教育事业的快速、健康发展。通过近年来依法治校示范校的创建和建设，目前江汉基本形成了管理制度完善健全，校内管理体制完善，办学活动依法规范，民主管理机制健全，教师权益受到保障，学生权益得到尊重和维护，法制宣传教育成效明显，依法治校工作机制健全的依法治校新格局。

（一）依法治校的领导体制和工作机制初步建立

在统一思想认识以后，学校初步探索建立了依法治校的领导体制和工作机制。这个领导体制就是校党委统一领导，校行政统筹规划，发展规划与政策法规部门综合协调，教育行政、工会、共青团等组织齐抓共管，全社会共同参与的领导体制。经过坚持不懈的努力，现已基本形成了领导有力、职责明晰、分工协作、规范有序、协调运行、整体推进的工作格局。基于此领导体制，校党政领导班子成员法制观念和法律意识明显提高，更加重视依法治校的工作。学校成立了由党委书记和校长共同担任组长的江汉大学依法治校工作领导小组，将依法治校工作列入学校工作的重要议事日程，定期研究、及时解决学校依法治校的重要问题。

2001年9月新江汉大学组建后，在应对若干诉讼案件的同时，学校深切感到规范管理、加强法制的重要，于是在2002年7月设立发展规划与政策法规处，作为学校单设的校部行政机关，由校长直接主管。其主要职能包括两大方面：其一，围绕关系学校发展的重大政策及有关宏观问题，组织开展调研、论证，为决策提供咨询、参考，并组织协调学校中长期发展规划的制定和实施；其二，组织制定依法治校的中长期规划和年度工作计划，制定依法治校实施方案，组织实施依法治校的有关具体工作，组织对学校规章制度、合同及有关法律文书的合法性审查、管理，代表学校处理各类诉讼与非诉讼法律事务等。现有编制4人。在部门职能配置上，新江汉大学独具特色，将法制工作与发展规划工作相结合，两种职能统筹行使，相互促进，体现了学校决策层的良苦用心。这种职能配置既增强了发展规划和决策研究的权威性和严肃性，使决策建立在法治的基础上，又拓宽了法制工作的思想视野，使法治获得了更加深刻的内涵，能更好地为学校大政方针的决策服务，二者相得益彰。学校党委的高度重视，"一把手"的亲自负责，切实可行的实施方案，专门的工作部门和队伍，这些都为依法治校工作的顺利开展打下了坚实的组织基础。

（二）注重建章立制，依法治校的规范化、制度化格局基本形成

依法治校要以建章立制为基础和前提，积极推进教育教学改革，全面提升

教育质量。依法治校是依法治国方略对学校内部管理的直接要求，积极稳妥地推进依法治校工作，有利于使江汉大学的行政水平和教学管理水平跃上一个新的台阶。

2004年，江汉大学依法治校规章制度体系的基本框架已初步构成。近年来，校党委和行政高度重视规章制度建设，先后颁布了《江汉大学管理体制条例》等上百件具有普遍性、长期性、规范性和强制性的教育规章制度。这些规章制度涉及学校办学和管理的方方面面，初步构成了江汉大学教育规章制度体系的基本框架。

（1）管理制度完善健全。江汉大学结合学校实际，依据《教育法》《高等教育法》《教师法》等国家教育法律制定和实施了《江汉大学管理体制条例》，集中、系统地规定了学校办学活动的目标、宗旨、主要任务、管理体制，以及学校的办学自主权等，成为学校工作的总章程。依法制定和实施了综合管理、党务与群团管理、人事与外事管理、教学与学生管理、科研与学术管理、设备与实验室管理、图书与档案管理、财务与后勤管理、校园与安全管理等九个方面的子系统管理制度，涵括了学校管理工作的方方面面。

（2）校内管理体制完善。为保障党委领导下校长负责制的落实，江汉大学制定了《中共江汉大学委员会议事规则》《江汉大学校长办公会议事规则》《江汉大学领导人员聘任制实施办法》《江汉大学领导人员委任制和选任制实施办法》《江汉大学领导人员任前公示制实施办法》《江汉大学领导人员任期制实施办法》等规章制度，保证了校长、学校党组织能依法发挥相应的作用，落实了学校办学自主权。以《江汉大学学术委员会章程》统领的一系列关于各级各类学术组织的规章制度，发扬学术民主，保证了教师在学科建设与科技工作中的主导与骨干作用，促进了学校教育事业的健康发展。

（3）办学活动依法规范。江汉大学自觉遵守国家法律法规，依法开展办学活动，建立健全了行政管理程序和奖惩机制，制定了以"爱生情怀，渊博学识，精湛教艺，高尚人品"为核心的教师职业行为规范、以《江汉大学机关服务公约》为龙头的管理人员职业行为规范、以"爱国诚信，笃学业精，体强心健，善勇奋进"为主题的学生行为准则。以《江汉大学关于加强教学工作提高人才培养质量的实施意见》统领的一系列关于教学和学生管理的规章制度，全面贯彻落实国家教育方针，实施素质教育，依法保障教育教学管理秩序，保证良好的教学质量，维护良好的校风。

（4）民主管理机制健全。江汉大学依法建立了校、学院（机关）两级教职工工会和教职工代表大会，制定了《江汉大学工会工作条例》《江汉大学教职工代表大会实施细则》等一批规章制度，能够保证了工会、教职工代表大会发挥积极作用。通过《关于实行校务公开制度的暂行意见》等一批校务公开的规章制度，建立并实施了校务公开制度，对学校重大事务和涉及教职工、学生切身利益的事项，公开办事制度，公开办事程序，公开办事结果，增强了学校各项工作的透明度。

（5）建立和实行校内教师和学生的权益保护机制。除了按照上级机关要求的建立正常的教师申诉制度和学生申诉制度以外，江汉大学还出台了《江汉大学信访工作暂行办法》《江汉大学校领导接待日制度》等规章制度。特别是校领导接待日制度的建立和长期坚持，对充分发扬民主，广泛听取群众意见，加强和规范管理，提高工作效率，起到了意想不到的作用。

（6）建立和实行师生安全和伤害事故的应急处理程序。通过《江汉大学特大安全事故应急救援预案》等规章制度建立的学生安全和伤害事故的应急处理程序和报告制度，设定了食物中毒急救预案、基建工程事故急救预案、旅游事故急救预案、特种设备安全事故急救预案、危险化学品与职业中毒急救预案、特大安全事故保卫组应急救援预案等，这为江汉大学及时有效地做好特大安全事故的应急救援工作、最大限度地减少损失提供了工作指南和处理依据。

地方教育法规和行政规章的出台与实施，进一步促进了教育法制建设，使教育改革和发展的环境、氛围进一步优化，有力地保障了江汉大学教育事业的健康、有序发展。

（三）注重依法管理，大力推进依法治校

建立健全规章制度，只是使学校法制工作"有法可依"。在依法治校工作中，更重要的是要加强国家和省市的教育法律法规以及学校规章制度的执行和贯彻落实，切实实现依法治校的"有法必依"。

（1）根据学校各项议事规则和民主集中制原则，研究决定学校重大事项，实行民主集中制、检查考核制、责任追究制等制度。学校重大事项的决策，严格按照《中共江汉大学委员会议事规则》《江汉大学校长办公会议事规则》规定的程序依据民主集中制的原则进行讨论、决策，决策后的计划制定、落实与执行、检查与监督，以及责任的追究都必须按照学校规章制度确定的程序进行。

（2）建立健全学校各级管理岗位责任制，明确各部门、各岗位的工作职责，使学校的各项管理制度得到有效实施。江汉大学在 2002 年 6 月实现整体搬迁、集中办学后，为实现学校的跨越式发展，学校重新设置、组建了校部各行政机关与办公机构，明确了各部门职责；结合人事制度改革，各岗位职责明确，不因人设岗。通过各学院、单位、部门责任制的落实，实现了全校的管理岗位目标责任制。此外，还实行了江汉大学机关工作人员挂牌上岗和首问负责制的制度，提高了机关办事效率，方便了师生。

（3）学校根据社会需求、办学条件和国家核定的办学规模拟订招生计划，制定招生方案；严格按照上级教育行政部门的学籍管理规定和招生办法进行招生和学籍管理；根据培养计划和教学大纲确定教材，组织实施教学；认真贯彻落实各级教育行政部门关于素质教育的各项规定，措施到位，执行有力，效果明显；积极开展教育教学研究和对外合作交流。

（4）依法进行人事管理和劳动工资管理。依法对教师和职员、教辅人员进行聘任、职称评聘、年终考核、评选先进，在此过程中做到公开、公平、公正；对向教育行政部门提出教育行政申诉的教职工，没有压制、打击、报复等不当情形。

（5）教师权益受到保障。学校依法聘任教师，依法提供相应的工作条件，保障教师实施教育教学活动和开展教学、科学研究、参加进修培训等权利；依法保障教职工工资的及时足额发放和相关的福利待遇；保障教师通过校内民主管理体制参与学校管理；建立和实施了校内教师申诉制度，依法使教师权益得到保障。

（6）学生权益得到尊重和维护。依法维护学生的受教育权，尊重学生人格及其他人身权利和财产权利；保障学生参加教育教学计划安排的各项活动，无体罚或者变相体罚以及侮辱、歧视学生的现象；严格按照国家和省市的规定向学生收取费用，杜绝乱收费现象；建立了学生安全和伤害事故的应急处理程序和报告制度，依法妥善处理学生事故；建立和实行了校内学生申诉制度，尊重和维护学生的合法权益。

（7）依法进行学校财务管理。严格执行上级教育行政部门关于招生、收费的各项政策规定，做到收费项目和收费标准公开，收费程序公开，在学校财务工作中杜绝了违规收费和乱收费等现象。

（8）依法做好校园治安综合治理工作。江汉大学安全、保卫、保密等组织健全，并定期对各类校舍、教育教学设施设备进行安全检查，消除隐患；定期对学生进行安全教育和自我保护的教育，确保校园稳定和师生安全；通过重大突发事件预警、紧急处理程序，依法妥善处理学生以及教职员工的伤害事故；积极配合武汉经济开放区的公安、工商、文化等部门加强校园周边地区的综合治理，促进学校形成文明、健康、安全的周边环境；严格执行各级教育行政部门规定的突发事件和重大事故的上报制度。

二、以江汉大学章程为龙头清理学校规章制度

2003年开始，为了努力提高江汉大学依法治校水平，扎实推进普法宣传教育，学校决定一方面重新修订《江汉大学规章制度汇编》，另一方面在清理了规章制度之后，将历年新印发的规章制度进行汇编，并将此作为一项基础性、日常性工作来抓好。

（一）规章制度清理

清理工作是在原发展规划处组织编订的《规章制度汇编》的基础上进行的。2003年汇编的内容，截至该年11月，其中有的文件已经废止，有的已经修改，并且此后学校制定的大量的规章制度没有被收录，因此有必要对各个时期全校范围的具有普遍约束力的规章制度进行清理。为此，学校制定了《江汉大学制定规章制度的程序规定》，规定了各类规章制度的程序、起草、审查、决定、公布等事项，要求将涉及本部门、单位的规章制度进行分类。首先要弄清楚哪些文件属于规章制度，规章制度是指学校在管理工作中针对具有全局性、普遍性或当前一段时期的突出问题制定的在全校范围内具有普遍约束力的行为规范。然后要查清楚哪些是已经废止的，哪些是已经修改的，哪些是需要修改的，哪些文件必须纳入此次汇编但还没有制定发布的。最后将这些意见反馈到学校指定的工作机构，按照统一部署分门别类地进行清理。

（二）规章制度的制定

按照《教育法》《高等教育法》及各级教育行政主管部门的有关规定，江汉大学还有许多规章制度没有制定出来。2005年，新的《江汉大学章程》还没有制定出来，这是当务之急的一项工作。《章程》制定出来后还要按照有关程序报请有关部门批准，这一套程序可能要花费一段时间，所以有关部门要抓紧进行《江汉大学章程》的调研、起草、论证等项工作。各部门、单位也要对清理工作中发现的需要制定的规章制度抓紧进行，新的规章制度一定要按照《江汉大学制定规章制度的程序规定》中规定的程序起草、审查、决定、公布。学校在制定规章制度时，都事先征求上级教育行政部门、校内工作部门、学院、师生代表等各方面的意见，再慎重地出台文件并在校内公示。

（三）规章制度修改

在学校已经下发的各类文件中，实事求是地讲，部分文件在文种、格式、

内容以及语言等方面存在着不规范的问题。学校发布的《江汉大学制定规章制度的程序规定》，要求对规章制度的计划、起草、审查、决定、公布、解释等环节进行全面、系统的规范。规章制度的修订工作要按照这个文件的具体要求进行，必要的时候学校将结合这个文件对各部门、单位文件起草人员进行一次系统的"规范性文件起草"工作的理论培训，提高相关工作人员的理论水平。另外，这次修订工作有文件编纂的性质，也就是说本次文件汇编中修订了内容的文件不另行发文，以本汇编编纂的内容为准。

（四）规章制度汇编

目前江汉大学基本形成了管理制度完善健全、校内管理体制完善、办学活动依法规范、民主管理机制健全、教师权益受到保障、学生权益得到尊重和维护、法制宣传教育成效明显、依法治校工作机制健全的新格局。新校组建以来，学校高度重视依法治校、依法治教工作，先后制定了教师、学生申诉、校务公开等一系列的规章制度。2003 年学校编印了《江汉大学规章制度汇编（2003 卷）》；2005 年，在对各方面规章制度修订、补充、完善的基础上，学校又编印了《江汉大学规章制度汇编（2005）》。从 2006 年起，每年对学校规章制度按年度编撰增补本。学校各项规章制度进一步集中、规范、统一，初步形成了由综合管理、党建与思想政治工作、教学管理、人事与外事管理、学生管理、科研与学位管理、设备与实验室管理、图书与档案管理、财务与审计工作管理、后勤与校园管理等 10 个部分组成的，共计 300 余条的依法治校规章制度体系。

三、按照新的要求，2009 版江汉大学章程出炉

2002 年四校合并组建新江汉大学时，江汉大学即按照《高等教育法》的规定制定了《江汉大学章程》。后来，根据学校改革发展实际需要，2005 年开始着手章程修订工作，并于 2009 年 2 月请示省教育厅批准实施。由于教育部规范高校章程的专门法规尚未通过，所以该章程迟迟未获核准。

2002 年新校组建以来，江汉大学就组织了学校章程起草工作专班，负责章程的起草、制定工作。2007 年，学校章程已经起草完毕，学校的办学方向、培养目标、发展规划等均按照科学发展观的要求，纳入了章程的内容。该草案已经向全体教职工、学生公开征求意见，学校也进行了专题研究，只待学校按照法律法规规定的程序通过、审核与备案。2007 年的《江汉大学章程》，全文约 6 000 余字，除了序言以外，包括总则、学校功能与教育形式、组织

与机构、教师与其他教育工作者、学生、经费资产与后勤、校训校徽校旗校歌校庆日以及附则等八章内容，共计 70 余条。2008 年 4 月，《江汉大学章程》经学校教职工代表大会、校长办公会、学校党委会讨论通过后，已于 2008 年 12 月向省教育厅申请核准。

新江汉大学合并组建以来，学校两届党委和行政都非常重视学校章程的起草工作，对章程起草工作提出明确要求，即在章程起草过程中要遵循民主求实、开拓创新、依法办事的原则和精神，章程既要对合校以来学校探索形成并经实践检验行之有效的做法加以确认，又要着眼长远，为未来发展留下充足的制度空间；既要遵循国内外章程制定的普遍规律，又要充分认识和反映学校的校情基础。为此，从 2005 年下半年开始，起草小组开展了大量细致的调查研究和分析论证工作，并在学习研究的过程中，逐渐形成了章程起草的基本思路。2007 年初，章程起草纳入校长办公室的工作目标，形成了章程草案征求意见稿，向学校党政领导、主要职能部门、工会、离退休老同志、民主党派以及学校法律顾问等广泛征求意见，多次修改后形成章程草案，并提交给了校长办公会讨论，会后按照校长办公会的讨论精神继续进行多次修改。2008 年 4 月校长办公会再次讨论并在原则上通过该草案。

（一）关于章程审议通过的机构

关于章程的通过程序，起草过程中有一些不同的看法，国内兄弟高校的做法也不尽一致，部分同志认为应由教代会通过，部分同志主张应该由党委会通过。从法理上讲，章程应当在大学建立初始时由创办它的机构、个人或其委托的人（即"举办者"）来制定，像章程这样体现法人组织意志的根本规定，理应由法人的权力机构来通过，而教代会的法律定位是教职工参与民主管理与监督的组织，并非学校权力机构，所以当前情况下由教代会通过章程并不妥当。在《高等教育法》规定的现行领导体制下，学校党委是学校的领导核心，是学校的最高决策机构。并且《高等教育法》第三十九条明确规定，党委讨论决定学校的"基本管理制度等重大事项"。因此，由党委通过章程是合法的。

（二）关于章程的修改

章程的修改按理应当是谁通过谁修改，考虑到是当国家法律、法规、规章、政策有了新的规定，学校章程与这些新的规定出现不一致，就需要将对章程进行部分修改权委诸具体机构，而根据党章规定，学校党委担当此任顺理成章。当然，在程序上，这种修改由校长通过校长办公会提出，党委通过，然后按照《高等教育法》规定的程序履行报请原审批机关的核准手续。学校正是在综合各种因素后对章程的修改程序作了现在这种实事求是的规定。

（三）关于党委领导下的校长负责制

党委领导下的校长负责制是学校最根本的领导体制，已由国家法律、党的法规所确认。草案第四条规定，学校实行党委领导下的校长负责制，校长是学校的法定代表人。草案第十九条根据《高等教育法》《中国共产党章程》和《中国共产党普通高等学校基层组织工作条例》，具体规定了党委的主要职权和职责，从中可以看出党委主要是讨论决定学校改革和发展、教学、科研、行政管理等工作中的重大问题，支持校长独立自主地行使职权。草案的第二十一至二十三条，按照《高等教育法》，对校长的职权和管理机制都做了具体规定。这充分体现出学校既坚持党委统一领导，又支持和保障校长依法行使职权的"高等学校的组织和活动"的基本原则。

（四）关于依法治校和民主管理

江汉大学章程总则部分的第五条规定：学校坚持依法治校和校务公开，实施民主管理。这是学校作为高水平地方综合性大学所应遵循的基本原则，草案设计中也贯穿了这一思想。关于依法治校，在涉及诸如管理机构配置和编制控制、设置和调整学科专业、对教职员工和学生实施奖励或者处分、自主管理和使用法人财产等涉及学校办学自主权事项上，草案规定要依法实施和开展这些活动。民主管理主要体现在关于组织机构及其权责配置和师生员工权利的规定中。教职工代表大会是学校民主管理的主渠道，校内各民主党派及工会、共青团等群众组织在党委领导下参与民主管理，草案对此做了相应规定。草案第二十五条关于学校实行校务公开和校长向教职工代表大会报告工作的规定，第三十七条关于院长定期向学院全体教职员工或教职工代表大会报告工作的规定，突出反映了学校对教职工参与民主管理的重视和支持。

（五）关于以校、院两级管理为主的体制

第三十六条至四十条，根据《中共教育部党组关于加强普通高等学校基层党组织建设的意见》（教党〔2007〕11 号）的精神对学院的管理体制做了明确规定。学校逐步扩大学院办学自主权，发挥学院办学的主体作用；第三十六条具体规定了学院根据学校的规划、规定或授权，在发展规划制订、学科建设、教学、科研以及人财物管等方面所行使的职权。这些都体现出学校管理重心逐渐下移的特点。

（六）关于教职工、学生的权利义务

教职工、学生作为公民享有或履行宪法所规定的公民权利或义务，作为民事主体在民事活动中享有或履行法律规定的相应民事权利或义务，另外作为教育者和受教育者，教师和学生还分别享有或履行《教师法》和《普通高等学校学生管理规定》所规定的权利或义务。与此同时，教职工、学生与学校之间在宪法、法律、法规、规章规定之下，发生着更加具体的权利和义务关系。作为学校的章程，必然要对教职工、学生相对于学校的这些具体权利和义务做出相应规定，这一方面是对法律明文规定的师生员工权利与义务的丰富，同时也彰显了教职工、学生的主体地位，更进一步明晰了教职工、学生与学校之间的法律关系。

（七）关于校训、校旗、校庆日

关于校训、校旗、校庆日三个方面在章程起草中有不同意见。第六十七条规定了学校的校训。现在江汉大学的校训"厚德富才，人文化成"是 2002年组建新校后提出的，有的同志认为概括得不够全面、不够体现江汉大学的办学宗旨、欠缺鼓舞激励作用。起草过程中考虑到该校训已提出多年、在师生中深入人心、广为人知，故暂时不做调整，予以保留。草案第六十九条规定了学校的校旗。起草过程中对江汉大学中文名称使用哪种字体有分歧。草案决定使用胡耀邦同志给江汉大学的题名字体，胡耀邦同志是党和国家的主要领导人，在党内外、国内外有着重大的影响。草案第七十一条规定了学校的校庆日。校庆日即指学校的建校日。考虑诸多因素，经过反复权衡，学校研究决定把教育部批准成立新江汉大学的日期作为校庆日，即每年的 10 月17 日。既避免了节假日、寒暑假，又错开了开学、考试等时间，方便学校举行各类庆祝活动。

章程的制定是江汉大学建立现代大学制度的一个里程碑性的事件，引起了各方的广泛关注。章程彰显了学校的志向、胸怀、理念和追求，把学校正在做、应当做和能够做的事情以学校基本法的形式规定下来，表达了全校上下的共同心声和愿望，为学校前进指明了方向，能够满足学校的现实和长远需要。章程还将被译成英文，从而也将向全世界展现江汉大学作为一所中国有影响的高水平地方综合性大学的良好形象。章程经教职工代表大会审议通过之后，还将随着高等教育体制改革、学校事业发展以及依法治校的深入，进行修订和完善。

四、根据统一部署，修订 2013 版江汉大学章程

2012 年 5 月，湖北省教育厅下发《关于印发高等学校章程制定工作实施方案的通知》，要求各高校认真贯彻执行《高等学校章程制定暂行办法》（以下简称《暂行办法》），2013 年底前完成全省高校的章程制定和核准、备案工作。经过学习，江汉大学认为 2009 年报批的《江汉大学章程》，坚持了社会主义办学方向，遵循了高等教育规律，符合章程制定的指导思想和基本原则，内容也基本覆盖到位，具有一定的科学性和可操作性。但《暂行办法》要求的部分必要性条款规定缺位，加之学校经过近年的快速发展，原有的一些规定与现在实际情况也不相符合，因此根据《高等教育法》《暂行办法》以及《全面推进依法治校实施纲要》等法律法规和政策文件，学校启动了新一轮章程的修订工作。2012 年 5 月 29 日，江汉大学以江校〔2012〕22 号文件向湖北省教育厅报告了修订江汉大学章程的情况。2013 年该章程修订严格按照有关程序进行修改，并向学校举办方武汉市人民政府征求意见。

（一）提出了章程修订的方向

原《江汉大学章程》制定程序和基本内容大体上符合《高等学校章程制定暂行办法》的规定，具有一定的前瞻性，对照该规定，江汉大学认为尚有部分内容需要进一步完善：一是举办者对学校进行管理或考核的方式、标准等，学校负责人的产生与任命机制，举办者的投入与保障义务；二是开展社会服务，获得社会支持，接受社会监督的原则与办法；三是制订招生方案，调节系科招生比例，确定选拔学生的条件、标准、办法和程序；四是确定内部收入分配原则；五是教职工代表大会、学生代表大会的地位作用、职责权限、组成与负责人产生规则，以及议事程序等。

（二）明确了章程修订计划

① 2012 年 6 月，成立章程修订工作专班。工作专班全面负责章程的

修订工作，由学校党政一把手任组长，分管校领导任副组长。工作专班成员由学校办公室、教务处、学生处、研究生处、服务社会与发展规划处、科研处、人事处、工会、学校学术委员会、法律事务室等机构主要负责人和教师代表、学生代表等组成。工作专班办公室设在学校办公室，负责章程修订的具体工作；② 2012 年 7 月至 2013 年 1 月，广泛听取校内外意见。以原《江汉大学章程》为基础，根据《高等学校章程制定暂行办法》规定的内容，形成新的《江汉大学章程》草案征求意见稿，广泛听取政府有关部门、学校内部组织、师生员工的意见。在此基础上不断完善，形成《江汉大学章程》草案初稿；③ 2013 年 2—5 月，提交教职工代表大会讨论。将《江汉大学章程》草案初稿，提交教职工代表大会讨论。针对讨论意见和建议，形成《江汉大学章程》草案修订稿及其说明；④ 2013 年 6—7 月，提交校长办公会、党委会审议，形成《江汉大学章程》核准稿。将《江汉大学章程》草案修订稿及其说明，征求意见的情况、主要问题的不同意见等，提交校长办公会议审议，形成《江汉大学章程》草案审议稿及相关说明，并提交学校党委会讨论审定，最终形成《江汉大学章程》核准稿及其说明；⑤ 2013 年 9 月学校法定代表人签发《江汉大学章程》核准稿及其说明，报省教育厅核准。

（三）新版《江汉大学章程》注重落实《暂行办法》的相关规定

该《暂行办法》第五条、第十七条以及第十九条规定，在学校章程的制定、修订过程中，应广泛听取政府有关部门、学校内部组织、师生员工的意见，尤其是涉及与举办者权利关系的内容，学校应当与举办者、主管教育行政部门及其他相关部门充分沟通、协商；学校的举办者、主管教育行政部门应当按照政校分开、管办分离的原则，以章程明确界定与学校的关系，明确学校的办学方向与发展原则，落实举办者权利义务，保障学校的办学自主权。在主要内容上，仍然是除去序言之外的八章，基本结构与 2009 年报送湖北省教育厅大致相当，共计 86 条，7 200 多字。

2013 年版的江汉大学章程由江汉大学党委会 2014 年 11 月 28 日审议通过，并按程序报送湖北省教育厅核准。经湖北省教育厅高等学校章程核准委员会第二次会议评议，2016 年 2 月 4 日厅长办公会审议通过，于 2016 年 3 月 18 日以"湖北省教育厅高等学校章程核准书（第 9 号）"予以核准。按照《高等学校章程制定暂行办法》规定，该核准书所附章程为最终文本，自即日起生效，未经法定程序不得修改。该核准书要求江汉大学应以章程作为依法自主办学、实施管理和履行公共职能的基本准则和依据，按照建设中国特色现代大学制度的要求，完善法人治理结构，健全内部管理体制，依法治校、科学发展。2016 年 3 月 18 日，该校以中共江汉大学委员会、江汉大学的名义（江党〔2016〕6 号），发布实施《江汉大学章程》的通知。值得商榷的是，该校的章程发布实施，在程序上还是未与《高等学校章程制定暂行办法》规定相一致，即应该以学校名义发布章程的正式文本，而不是以党委与行政的共同名义发布；章程正式文本应该同时向本校和社会公开，而不是仅仅以学校党委文件名义在校内公开。

第五章
地方高校现代大学制度建设的内部治理

　　党的十八届三中全会在部署全面深化改革中要求"深化教育领域综合改革"，其中对于构建政府学校社会的新型关系提出了明确要求，也就是"深入推进管评办分离，扩大省级政府教育统筹权和学校办学自主权，完善学校内部治理结构"。① 这明确了教育改革的攻坚方向和重点举措，对于促进教育事业科学发展、努力办好人们满意的教育，具有极为重要的指导意义，集中反映了今后教育领域以改革推动发展、提高质量、促进公平、增强活力的总体思路，就是要加强和改善党对教育的领导，主动适应经济社会发展需要，自觉遵循教育规律和人才成长规律，明确攻坚方向，凝聚社会共识，加强举措配套。深化教育领域综合改革的重要性与紧迫性主要体现在：改革是新时期教育事业发展的强大动力，教育改革是历史新起点上全面深化改革的重要组成部分，深化教育领域综合改革是满足人民群众对多样化、高质量教育需求的可靠保障。深化教育领域综合改革的攻坚方向和重点举措主要包括：必须坚持立德树人基本导向，必须有利于促进公平，提高质量，必须构建政府学校与社会的新型关系。②

　　按照党的十八大精神，十八届四中全会专门就加快转变政府职能进行了具体部署，深化行政体制改革，创新行政管理方式，进一步简政放权，最大限度减少了政府对微观事务的管理，特别是加快事业单位分类改革，推动公办事业单位与主管部门理顺关系和去行政化，建立事业单位法人治理结构等，都成为亮点，更为深化教育体制改革创造了良好的外部环境。十八届三中全会的决定提炼出教育管理和办学体制的改革要点，提出新的更高要求，深化教育领域综合改革，大的方向是构建政府、学校、社会之间的新型关系，落实和扩大学校办学自主权，建设依法办学、自主管理、民主监督、社会参与的现代学校制度。

---

① 《中共中央关于全面深化改革若干重大问题的决定》辅导读本[M]. 北京：人民出版社，2013：44.
② 《中共中央关于全面深化改革若干重大问题的决定》辅导读本[M]. 北京：人民出版社，2013：275-283.

就高等教育领域而言，"深入推进管评办分离，扩大省级政府教育统筹权和学校办学自主权"，主要是教育体制改革或者大学外部治理的内容；"完善学校内部治理结构"则主要是办学体制改革或者大学内部治理的内容。高等教育领域的改革举措关键在于推进中央向地方放权、政府向学校放权，通过建立"管评办分离"的制度，明确各级政府职责，形成学校分类管理，规范学校办学行为，发挥社会参与作用，形成政事分开、责权明确、规范有序的教育管理体制，政府将更多地运用法规、规划、标准、政策、公共财政、信息服务等手段引导和支持学校发展。在这方面，国家教育体制改革领导小组办公室出台了《关于进一步扩大省级政府教育统筹权的意见》（教改办〔2014〕1号）《关于进一步落实和扩大高校办学自主权完善高校内部治理结构的意见》（教改办〔2014〕2号）、教育部《关于深入推进教育管评办分离促进政府职能转变的若干意见》（教政法〔2015〕5号）等政策性文件。其中，扩大省级政府教育统筹权是理顺中央和地方政府事权关系的集中体现，中央政府统一领导和管理国家教育事业，制定发展规划、方针政策和基本标准，优化学科专业、类型、层次结构和区域布局；整体部署教育改革试验，统筹区域教育协调发展。地方政府负责落实国家大政方针，开展教育改革试验，根据职责分工负责区域内教育改革、发展和稳定。在适应行政体制改革要求的前提下，落实和扩大学校办学自主权，关键是完善学校内部治理结构。要让每所学校都能依法行使办学自主权和承担相应责任，核心是加强章程建设。

第一节 地方高校现代大学制度建设的利益博弈

为实现教育资源合理配置，在地方高等教育的利益博弈中，存在着中央政府、地方政府与地方高校三个利益主体。这些主体围绕着教育资源分配进行的利益博弈影响着教育政策的现实走向，在博弈过程中不同主体有各自利益的诉求，并在不同程度上得到了实现。作为博弈利益主体的一方，城市大学不能成为教育政策的设计者和供给者，这就决定着其要实现错位发展、开放发展、内涵发展、"抱团"发展，以提升服务地方的能力，在服务区域经济社会发展过程中表达利益诉求，实现科学发展。

"教育利益"是一个特定的概念，我们国内所谓的"教育利益"通常指一种过程性资源，所谓过程性资源是指教育利益本身既是教育体系中人们追逐的目标，同时它也具有资源价值，是为分配其他资源而设置的规则和手段。

通常教育利益是从社会成员受教育机会、教育资源获得的角度而言的。

按照马克思主义理论的解释，人们奋斗所争取的一切，都同他们的利益有关。人们从事教育活动，也毫不例外地与教育利益有关，这种教育利益就是在特定的社会关系中形成的教育主体对客体的教育需求关系。一般而言，教育利益属于以物质利益为基础的精神利益；究其性质，则为以经济利益为基础、政治利益为主导的文化利益。在教育学研究中，教育利益既指向教育体系中各利益主体追逐的目标，又作为一种过程性资源，自身就具有资源价值，是利益主体为分配其他教育资源而设置的制度规则和手段。教育政策作为分配教育资源的工具和手段之一，在教育事业发展中发挥着关键的作用。在研究地方高等教育政策时，离不开中央政府、地方政府（省级政府、副省级市及地级市的市政府）以及地方高校三个利益主体。这些不同的利益主体围绕着教育资源的配置进行博弈，其最终结果自然就成为约束地方高校改革发展的行为规范与政策选择。地方高校就是在这种利益博弈中实现其服务区域经济社会发展的基本职能，在服务中表达利益诉求，实现自身的内涵式发展。

一、地方高等教育利益博弈影响教育政策的现实走向

20 世纪 90 年代中后期以来，发生在我国高等教育领域，并且与地方高校改革发展息息相关的最重大制度变迁之一就是从中央集权到地方分权高教管理体制的转型。管理体制的变迁及在此过程中形成的不同利益主体的博弈，内在地决定着地方高等教育的政策走向。

改革开放以来，高等教育管理体制改革始终是我国高等教育改革发展的核心主题，管理体制改革一直被看作我国高等教育体制改革的难点与重点，其主线就是简政放权的过程，结果就是地方政府对高校的办学与管理权力逐步扩大，[1]"三级办学，两级管理，以省为主"的办学与管理体制最终确立，这在教育理论中被称为"高等教育地方化"。[2]高等教育地方化的本意及其主要价值是指其作为一种世界性趋势与我国高等教育的实际相结合，就是指高等教育要适应地方经济社会发展，为区域发展服务，使之成为地方文化科学的中心，[3]这体现了教育的外部关系；高等教育地方化的政策含义是指改革

---

① 潘懋元. 潘懋元高等教育文集[M]. 北京：新华出版社，1991：233.

② 别敦荣，郝进仕. 论我国高等教育地方化和地方高等教育发展战略[J]. 高等工程教育研究，2008（1）.

③ 杨润勇. 影响地方高校发展的教育管理体制改革政策[J]. 大学：学术版，2012（12）.

开放以来，我国省级以下地方政府特别是中心城市政府投资办学，这是从未来与发展的角度揭示地方政府投资举办高等学校这一基本趋势，体现了教育的内部关系。高等教育地方化改革的政策导向就是扩大和加强地方政府尤其是省级政府对本地区高等教育的统筹权、管理权和决策权，在现实中这一政策是沿着两个维度推进，其一就是高校办学权、管理权的下放，其二就是寻找高校与地方经济社会发展的结合点。在此过程中，城市大学的存在与发展确立了合法性，并得到了教育政策支持的发展空间和发展环境。

　　按照制度主义解释，制度是在多次博弈中形成的，人们遵循制度，说明人们只是根据多次博弈的结果测算成本和收益，而不是根据一次性或偶然性的博弈结果计算。[①]一般认为，教育政策是负有教育法律或行政责任的组织或团体为了实现一定时期的教育目标和任务而规定的行为准则。从教育政治学角度看，教育政策作为一种分配和调整教育利益的政治措施，只是在一定时期内人们为了调节教育利益所采取的个别行动方案，具有临时性、不稳定性等特征；与此相比，教育制度则是一种稳定的教育规范体系，例如，各种教育法律所规定的教育制度并不是某些学者所说的教育政策与教育法律并无本质区别。[②]在理论研究和具体实践中，政策还不能称为一种法律意义上的制度，但是在地方高等教育领域中政策发挥着比正式制度还要重要的作用。当然，这种基于教育利益关系引发的各利益主体的博弈，并不仅仅存在于地方高校改革发展之中，应该说地方高校的改革发展均牵涉到这些利益主体，只不过地方高校特别是其中的城市大学因其举办者是城市，这种基于政策与制度上的博弈更为典型、集中而已。今后地方高等教育的发展政策不应仅仅局限于对各种现实问题与发展困境进行细枝末节的修补，更重要的是要通过教育政策的调整推动地方高校的制度建设，实现地方高校内涵式发展。

二、地方高等教育利益博弈制约主体利益的实现程度

　　在地方高等教育政策的制定与执行中，不同利益主体都有自己的利益，并由此形成不同的政策意图和政策导向。这些利益主体都是政策内生的参与人，政策都是由这些利益主体策略互动、多次博弈决定的。这些利益主体围绕着教育资源配置开展的反复博弈就形成了影响和制约地方高校改革与发展的行为规范和具体政策。

①　成有信等. 教育政治学[M]. 南京：江苏教育出版社，2000：242.
②　盛洪. 为什么制度重要[M]. 郑州：郑州大学出版社，2004：55.

（一）在地方高等教育中，中央政府关注重点地区、重点项目与
重点高校

（1）从政治上讲，改革开放以来的政府机构改革要求简政放权，以改变历史上形成的中央高度集权的行政管理体制。中央各部门经费紧张，无法也无力实现对所属高校的投资与管理，为此将大量部委及央企所属高校通过共建等方式移交地方政府管理。在此情况下，中央政府及其部门主动下放权力，形成了中央和地方政府两级管理，以地方政府管理为主的新的高等教育管理体制。

（2）从经济上讲，通过高校扩招政策的实行，扩大内需，刺激经济发展。1998 年以前的我国高等教育发展速度缓慢，处于精英型高等教育阶段，1999 年 6 月改革开放以来的第三次全国教育工作会议提出并通过了高校扩招的政策。扩招方案从提出到通过再到实施只有短短半年的时间，方案首次提出是在该年 2 月，时任亚洲开发银行经济学家的汤敏与亚洲管理学院的左小蕾教授提出了一个应对亚洲金融危机、刺激经济疲软的方案：高校招生人数以每年 25%～30% 的速度递增，三年使国家所有高校招生数量扩大一倍，从 200 万人增加到 400 万人；新增大学生全部实行自费，学费每人每年 10 000 元。[①] 按照第三次全国教育工作会议的安排，1999 年普通高校招生规模扩大到 159.68 万人，比 1997 年增长 60%，比 1998 年增长 47%。[②]

（3）从文化上讲，是实现教育现代化、推进高等教育大众化的需要。教育是实现现代化的重要指标之一，中华民族几千年来都有崇学的传统，这种传统在社会稳定、经济繁荣的现时期体现得更为典型，人们的求学愿望更为迫切，这种传统的释放影响着千千万万个家庭、影响着社会各个阶层。

中央政府在其利益主导下，希望通过理顺中央政府及其组成部门和高校的关系，形成一个合理的高等教育结构，促进高等教育地方化，实现地方高校为地方经济社会发展服务，保持高等教育与国家整体经济社会的协调发展。这种高教管理体制改革是以中央政府为主导、凭借其政治力量和资源配置权的优势自上而下、有步骤地强制推行的，中央政府可称为地方高等教育制度的设计者与提供者，其政策意图通过具体教育政策来体现。但其政策导向未能调动其他利益主体的积极性。其一，难以调动地方政府的积极性与主动性。按照我国高教改革发展"重点论"政策，也就是国家对高教发展主要是关注

① 袁振国. 中国教育政策评论（2000）[Z]. //汤敏. 教育启动消费呼之欲出. 北京：教育科学出版社，2000：97.

② 郝维谦，龙正中. 高等教育史[M]. 海口：海南出版社，2002：602.

重点地区、重点项目、重点高校，这样在中央下放高校遭遇经费紧张、投入不足等困境时，省级政府配合解决问题的内在动力就很难生成，这可能导致政策意图与政策实施导向的背离。其二，地方高校在办学过程中热衷于"攀升""升格"。在高校扩招限度内，地方高校自身获取资源能力相对有限，办学经费的最大来源就是政府财政。中央政府掌握的高教资源在分配时坚持"重点论"，也就是优先考虑列入"211 工程""985 工程"的重点大学。地方高校由于先天不足，与重点大学或部属高校差距越来越大，处于竞争中的弱势地位。因此，能够挤进中央政府认可的"重点"行列，就能获得比其他非"重点"更多的教育资源、试点政策等教育利益。其三，政策导向最终还是指向中央政府。为提高地方高校办学质量和人才培养质量，中央政府教育主管部门推行"本科教育质量评估"制度，地方高校对此积极性不高。在地方高等教育发展过程中，从中央政府主观愿望出发，是想通过教育政策的引导规范地方高校的办学行为，调整价值取向，促使地方高校面向地方经济建设，但其很多决策却又在强烈地引导或暗示地方高校向中央政府要教育资源，最典型的就是教育经费投入问题。

（二）地方政府关注地方高等教育的服务职能

对地方政府而言，其关注的焦点和利益主要在于央地分权体制在高教事项上的确立，以及通过发展区域内高教为本地区提供人才资源和智力支持，促进本地区经济社会发展，形成地方高校与区域经济社会发展的良性互动。但中央政府推行的高教地方化政策是一种自上而下的强制性的制度变迁，并不是在地方政府和地方高校一致同意的前提下推进的，当它某些方面违背地方政府利益时，地方政府的积极性就会受到影响。

（1）地方政府要在教育利益博弈中进行成本与收益的衡量。例如，在对待中央部门下放给地方管理的高校态度上，因为地方政府支持地方高教发展的目的之一就在于为本区域经济社会发展提供人力资源，而这些学校行业性较强、面向全国招生，在毕业生自主择业制度下，这些高校培养的人才在开放的劳动力市场上未必就能成为本地区的人力资源。这样中央政府投入的多少就影响甚至决定着地方政府的态度。这导致后来中央专门出台"中央与地方共建高等学校专项资金"，以支持原为中央所属后转归地方领导的部分地方高校的发展。

（2）是地方政府高教政策的计划色彩与教育法律制度设计的矛盾。我国高等教育体制在计划经济时代长期处于国家权力的高度集中和严格控制之下，从学校设置、专业调整、招生分配、师资队伍到经费投入等，都是由中央政府安排的，地方政府根据中央政策进行工作，这种管理模式已成为一种思维定势和行为范式。如今，地方政府掌握着许多地方高教资源的配置权、计划权和管理权，然而这种直接管理方式仍然发挥着作用，许多具体做法与政策仍然带有浓厚的计划色彩。地方政府做出的教育计划、指标和规划，都是在缺乏与另一利益主体——地方高校充分协商的前提下做出的，带有很强的行政指令和强制命令色彩，而由于地方高校的许多教育资源、教育利益掌握在地方政府手中，地方高校听命于地方政府也就不足为奇了。虽然高等教育法赋予了高校诸多办学自主权，但这些自主权作为制度规范却无法抵御地方政府的教育政策。

（3）地方政府某些教育政策的执行加剧了地方高校的困境与危机。在高等教育大众化的进程中，为了提高地方高校积极性，地方政府采取了按照招生规模拨款的教育政策。这对于办学经费紧张的地方高校而言无疑是"兴奋剂"。地方高校为了扩大招生规模，获得地方政府更多的财政投入，极力实现规模扩张，对已有专业进行极限扩张，新设很多热门专业，增设不用太多投入就能招生的低成本专业，至于这些专业是否符合区域经济社会发展的需要、是否符合劳动力就业市场的人才需求规律，都不在地方高校考虑的范围内。地方高校更多考虑的是自身的发展，期盼更多的财政投入与经费增长，这在一定程度上对多年来高校毕业生就业难的状况起到了推波助澜作用。

（三）城市大学关注的目标

城市大学作为教育政策博弈中的一个利益主体，其关注的目标既有通过获取政府和社会各方面提供的教育资源，赢得最有利的发展空间，为地方经济社会发展实现高等教育的四项职能，体现办学效益的最大化；也有在现行单位制度下，为其单位成员（教职工）提供更好的经济利益及更高的社会地位；在某些情况下，也不排除还有地方高校领导者在现行选拔任用机制下对个人合理利益的考虑。按照地方政府的教育管理体制，在教育政策实施过程中，作为一个利益主体，地方高校的改革发展存在的一个突出问题就是身份认同。作为地方高校，应该更多地面向地方，服务地方经济社会发展，以高校的地方性求得自身的生存发展；然而，由于我国教育资源配置的政府垄断性控制，城市大学一直处于定位标准的"夹缝"中。一方面，他们既期待获得城市政府、社会、市场、市民的认同；另一方面，又期望在教育部、省级政府教育行政主管部门主办的各类评估中得到认同，希望在本科教育资源分配、硕士博士学位授予权增设、学科建设资源配置中分得一杯羹。这样，就出现了城市大学"身份认同"的危机：是按照地方政府要求和社会市场需求办出真正令地方满意和欢迎、具有本土特色的地方高校以获得地方政府的认同，还是力图通过模仿乃至赶超重点大学以获得教育主管部门和同行的认可？在高度集中统一的管理体制尚未根本改变的环境下，大多数城市大学出于发展利益的考虑往往选择了后者，于是就出现了城市大学在办学过程中办学模式趋同和攀升的现象。这表现在：在办学层次上，追求将学校由中专变成大专，大专升为本科，学院变成大学；在办学类型上，高等职业院校想升格为普通高等院校，教学型和教学研究型院校想提升成研究型大学；在办学规模上，追求学校规模大，学科专业门类齐全；在办学目标上，追求高水平、研究型、综合性，国际化、世界知名、国际领先等定位。体现在具体的人才培养和科学研究方面，不同类别、层次的地方高校专业和课程体系差别小，教学大多是统一的"规划教材"，学生知识结构几乎都是"宽口径、厚基础"。①这样，地方高校的发展就出现了"趋同化"的现实问题。

三、地方高等教育利益博弈决定地方高校的发展方式

国家提出高等教育服务国家战略的基本思路，要推进区域高等教育发展与国家区域发展、城镇化战略的紧密结合。在此过程中，作为区域高等教育的生力军，地方高校担负着共同使命，也面临着适应形势发展、科学谋划未来的一系列问题。如何在地方高教利益主体的博弈中着力推进地方高教的内涵式发展，进一步提高办学质量，提升为地方经济社会发展的能力，在推进服务地方与城市发展中推动地方高校的科学发展，是摆在众多地方高校面前的一个现实课题。

（一）在地方高教利益博弈中实现错位发展与开放发展

面对高等教育改革发展的现实要求和经济社会发展转型呈现的历史机遇，地方高校从发展思路和策略看，关键是要坚持错位发展与开放发展。错位发展就是根据区域经济社会发展的要求，地方高校要适时调整发展规划，千方百计与区域经济社会发展保持良性互动，瞄准区域产业结构转型、设置学科专业，努力为区域经济社会发展培养适应社会需求的高端应用型人才，紧密围绕经济社会发展呈现出的重大研究方向开展科研攻关，大力提升高校科学研究对经济社会发展的现实推动力。开放发展就是要求地方高校要以更加广阔的视野去思考大学的未来发展，拓展自身的国际化办学空间。

---

① 张应强，彭红玉. 地方高校发展与高等教育政策调整[J]. 高等教育研究，2008（9）.

（二）在地方高教利益博弈中实现内涵发展

内涵发展就是要实现地方高校的合理定位，潜下心来围绕学科建设主线去凝练方向、建设队伍、搭建平台，最终形成自己鲜明的特色。

（1）要抓准定位。地方高校要脚踏实地，准确把握办学定位，要善于发现和抢抓区域经济产业布局所释放出的机遇，有针对性地设置学科专业，大胆改革人才培养模式，努力在服务地方经济社会发展的进程中有所作为，充分展现地方高校的实力和价值。

（2）要形成特色。如何围绕区域经济社会发展的需求整合地方高校的办学资源，增强服务社会的能力，凝练鲜明的办学特色，成为地方大学共同关心的话题。与重点大学相比，城市大学要扬长避短，视办学特色为生命，努力在某个学科或某个领域争创一流，形成自己的品牌。其中最现实紧迫的问题就是调整人才培养与供给结构，加快培养经济社会发展重点领域急需与紧缺的人才，包括国家战略性新兴产业与新兴学科建设，重点产业发展与急需人才培养，社会发展重点领域与急需人才培养。扩大应用型、复合型、技能型人才培养规模。为此，国家要求高等学校积极主动调整学科专业结构。高等学校要从学校的实际出发，以特色优势学科建设为引领，制定学科专业建设规划；调整结构性过剩的学科专业，整合专业面过窄的学科专业，改造落伍陈旧的学科专业；加强新设专业的师资队伍及办学条件建设；对不适应学科调整的教师进行转岗培训。

（3）要争取资源。在现有的体制框架内，地方高校必须全力争取地方政府的支持，把地方高校的建设与城市品牌的经营结合起来，形成城市与大学的良好互动，在社会服务的实践中争取社会的支持，激发办学的动力和活力。以大胆有效的改革争取国家政策的支持，不断拓展地方高校的发展空间；努力统一诉求表达，本着推动中国高等教育健康发展和高校自身建设的精神，要在重大改革与发展问题上协调立场，大力争取地方政府和国家政策的支持。

（三）在地方高教利益博弈中实现"抱团发展"

"抱团发展"这是地方高校增强整体实力和话语权的现实要求。虽然地方高校都不约而同地在各种场合表达了快速发展的强烈渴望，但鉴于地方高校相似的历史特点和发展中所面临的共同困境，必须建立地方高校发展战略联盟等类似机构以交流发展信息与经验，通过相互借鉴和共同发展，不断彰显特色，提升实力，扩大影响，加强各高校间的实质性联系。其中统一诉求表达是其最主要的功能。本着推动中国高等教育健康发展和地方高校自身建设的精神，发展战略联盟要在重大改革与发展问题上协调立场，大力争取地方政府和国家政策的支持，通过建立、完善并启用相关地方高校的发展战略联盟官方网站，展示地方高校合作与交流信息，发出共同的声音。这方面的成功实践有福建省为地方高校办学"松绑放权"，2012 年 9 月出台《关于进一步支持高校加快发展的若干意见》，在职称评聘、人员招聘、内设机构、对外合作、协同创新等 12 个方面提出 24 条具体措施，旨在进一步落实高校办学自主权，推动福建省属地方高校科学发展、跨越发展、内涵发展的实现。①

胡锦涛在清华大学建校 100 周年庆典大会上的讲话指出，要把高校服务地方经济社会发展的工作提高到一个重要高度。为地方经济社会发展服务，是地方高校履行基本职能的必然要求。在地方高等教育利益博弈中，地方高校要切实彰显其"地方性"，将服务区域经济社会发展作为办学的根本宗旨，将提升服务能力作为提高学校综合竞争能力、拓展生存发展空间的必由之路。从这个意义上看，地方高校只要充分发挥自身的人才优势、学科优势和区位优势，通过为社会服务做贡献，以服务求发展，以贡献求支持，就一定能够推动学科专业建设、人才培养模式改革，师资队伍建设和科研水平也能实现全新的跨越，这一切都将为其在激烈的高教竞争中赢得发展先机。

第二节　地方高校现代大学制度建设与信息公开

教育部《高等学校信息公开办法》的及时出台与顺利实施意义重大。自此，高等学校信息公开被纳入了法治轨道，依法公开信息成为高等学校的法定义务，公民请求高等学校信息公开的权利获得了制度性保障。但高等学校信息公开在制度内容上还存在尚待完善的方面，需要进一步具体明确。信息公开有利于高等学校进一步加强制度文明建设、培养公开的文化。

近年来，随着改革的不断深入，我国高等教育已由精英教育逐步向大众化教育转变，与之相伴的是高等学校在民主建设、廉政建设和质量管理等方面产生了许多亟待解决的新情况和新问题。为了保障高等学校师生员工与公

① 陈晓风，龙超凡. 福建为高校办学"松绑放权"[N]. 中国教育报，2012-09-24（1）.

民、法人和其他组织依法获取高校信息，促进高校依法治校，充分发挥高校信息的服务作用，教育部依据 2008 年 5 月 1 日施行的《中华人民共和国政府信息公开条例》的具体要求（以下简称《条例》），[①] 在《高等学校信息公开实施办法（征求意见稿）》（以下简称《征求意见稿》）的基础上，审议通过了教育部行政规章《高等学校信息公开办法》[②]（以下简称《办法》），并在 2010 年 9 月 1 日开始施行。

一、高校信息公开的制度设计

《高等学校信息公开办法》的出台与开始实施仅仅是我国高等学校信息公开制度确立迈出的第一步，未来的关键是如何推动该制度的顺利实施，要实现这一点，首先需要不断检验各条款是否真正符合中国的国情和高等学校的实际，是否具备严密的法律逻辑。其次，要同步修改和完善各类高等教育法律法规及其他规范性文件，实现制度设计上的内容体系完整、衔接协调，为实现高等教育事业的开放性、服务性扫除制度障碍。在此，应当尽快厘清《办法》中各类不明确的规定，同时应当加强规范性文件的审查，对有关部门出台的与《条例》的规定和精神相违背的规定予以清理和撤销，以维护法治的严肃性和统一性。最后，应当大力加强《办法》的培训和宣传，为各高等学校依据《办法》制定实施细则提供理论支持，总结实践经验，在高等学校中进一步加强制度文明建设，培养公开的文化。

（一）《办法》的及时出台意义重大，是我国高等教育事业改革和发展中的一件大事

第一，《办法》率先出台值得肯定。《条例》实施后，各级人民政府及其工作部门纷纷出台了本部门的实施办法。但是，按照《条例》规定，在医疗、计划生育、供水、供电、供气、供热、公共交通等需要信息公开的行业均未及时出台相关办法的情况下，《办法》作为目前唯一出台的行业信息公开的规范性文件，其意义是深远的。

第二，《办法》的出台正好契合了《国家中长期教育改革和发展规划纲要（2010—2020 年）》的要求。《规划纲要》非常重视包括高等学校在内的学校信息公开的制度建设，要求在全面推进依法行政的过程中"完善教育信息公

---

① 中华人民共和国政府信息公开条例[J]. 司法业务文选，2007（20）：3-9.
② 高等学校信息公开办法[J]. 司法业务文选，2010（25）：43-48.

开制度，保障公众对教育的知情权、参与权和监督权"，并且《规划纲要》还具体地就考试招生制度改革及民办教育发展中的信息公开提出要求，"完善考试招生信息发布制度，实现信息公开透明"，"建立民办学校办学风险防范机制和信息公开制度"。

第三，《办法》实现了高等学校信息公开工作的有法可依。《办法》自2007年底启动起草工作，经过立法调研、形成草案、广泛征求意见以及法定机构审核修改等阶段，然后审议通过、正式发布，整个过程历时2年有余，程序规范，工作细致，在制度设计上体现了公开的内容、公开的途径和要求、监督和保障的内容，建立了一系列高等学校信息公开的制度。《办法》将高等学校信息公开纳入了法治轨道，依法公开信息成为高等学校的法定义务，公民请求高等学校信息公开的权利获得了制度性保障。但《办法》在制度内容上还是不可避免地存在一些尚待完善的问题。在此，笔者试图结合《办法》的制度设置对这些问题进行剖析，以期能够为完善教育信息公开制度尽绵薄之力。

（二）《办法》与之前的规范性文件衔接问题

我国高等学校改革与发展所处的宏观环境决定着高校要处理好三个方面的关系，即：第一，高校与政府（各级人民政府教育行政主管部门或者高校的上级主管部门）的关系。第二，高校与社会的关系，这两者构成了高校与外部的关系。第三，高校内部的关系，即高等学校与其内部各组织、机构及学校成员如学生、教师、职工等的关系。

高校内部的关系有《高等教育法》等法律进行规范。高校内部事务的公开，在应然层面上已通过校务公开进行了规范（2002年2月6日教育部、中华全国总工会发布的《关于全面推进校务公开工作的意见》（教监〔2002〕1号①，以下简称《意见》）。其中第三条规定："除按规定必须保密的事项外，学校的发展规划、改革方案、教职工聘任办法、教职工奖惩办法、经费预决算、教职工购（建）房方案、住房公积金、养老金、医疗保险和其他社会保障基金等涉及教职工切身利益的重大问题，都应通过多种形式让教职工参与和知道。该向社会公开的要向社会公开。"由此可知，该《意见》主要就涉及教职工切身利益的重大问题向学校成员中的"教职工"公开，亦即高等学校内部的信息公开。在此基础上，《办法》的制定原则侧重于按《条例》要求向社会公开高等学校

① 教育部政务公开办公室负责人就发布《高等学校信息公开办法》答记者问[J].司法业务文选，2010（25）：1.

信息，即教育部政务公开办公室负责人就发布《高等学校信息公开办法》答记者问时所称的，"信息公开是处理高校和社会关系的重要组成部分"①。这样就导致一些问题的存在：

第一，《意见》中校务公开在八年多的实际执行中效果如何？虽然如该发言人所指出的，"各级教育行政部门加大对校务公开工作的指导力度，各级各类学校努力探索校务公开的新形式、新做法，在规范管理、加强监督、促进党风廉政和民主政治方面积累了经验"，但是校务公开的实际效果并不是很理想，这从近年来高校腐败案件频发就可知一二。

第二，《办法》如何实现与《意见》的衔接？《意见》就其法律性质而言只是一份指导工作实践的文件，连部门规章都算不上，同时《意见》简明扼要，也不具有操作性。为此，高等学校对校内校务公开的规范性、相关规定的法律位阶均存在提升的必要性。

第三，同样是信息公开工作的不同组成部分，为何不纳入同一个具有法律效力的规范性文件（部门行政规章性质的《办法》属于法律的范畴）中一起规范？就高校内部关系而言，虽然《办法》对师生权益保障进行了规定，即"学生奖学金、助学金、学费减免、助学贷款与勤工俭学的申请与管理规定""教师和其他专业技术人员数量、专业技术职务等级，岗位设置管理与聘用办法，教师争议解决办法"等，都属于高等学校应当主动公开的信息，但是高等学校管理活动中涉及学生、教师等学校成员利益的内容肯定不仅限于此。此外，《办法》与《意见》分别规定了信息公开的工作机构，《意见》规定校务公开的实施机构为工会、教职工代表大会，《办法》规定信息公开的实施机构为校长办公室或学校办公室，在《意见》还仍在实施的情况下，这可能导致高等学校信息公开的工作政出多门，多头管理，最终可能会削弱校务公开与信息公开的实际效果。

（三）《办法》扩大了公共利益保留的范围，实践中可能成为变相的不公开

《条例》规定，政府信息的公开不得危及国家安全、公共安全、经济安全、社会稳定。作为对此规定的贯彻落实，《办法》第4条再次肯定了这些原则，但是增加了不得危及"学校安全稳定"的内容。同时，《办法》设置了不利于"校园稳定"的信息澄清机制，即"高等学校发现不利于校园和社会稳定的虚

---

① 教育部、中华全国总工会关于全面推进校务公开工作的意见（2002年2月6日）[J]. 教育部政报，2002（4）：147.

假信息或者不完整信息的，应当在其职责范围内及时发布准确信息予以澄清"。这些规定实质上涉及到两个方面的事项，即"学校安全"与"学校稳定"，那么在实际工作中如何界定两者的范围？就此，《办法》公布后，其发言人答记者问时说的很明确："随着教育事业的快速发展，高校办学模式和办学体制机制日益多元化，学校与社会经济活动的关系进一步密切，其办学行为、办学目的和职业操守将面临更加严峻的考验，确保校园和谐稳定的任务变得更加重要。"这样的解释能否成为扩大公共利益保留范围的依据，还有待理论探讨和实践检验。但是，此类规定在实践中极有可能成为变相地不予公开。《办法》的制定者是觉得"社会稳定"的范围太小还是模糊不清？笔者认为应该将其明确为学校或校园的"安全稳定"。

二、高校信息公开的制度缺失

（一）主动公开的信息未涵盖高校所有活动，遗漏了重大事项

《办法》公开的是"高等学校在开展办学活动和提供社会公共服务过程中产生、制作、获取的"信息。就高校的办学活动而言，大体上可以分为三类：第一类是高等学校行使法律法规规章授权的公法行为（行政行为），如学位授予等行为；第二类是高等学校落实《教育法》《高等教育法》等规定的办学自主权的行为；第三类是高等学校作为民事主体即民事法人的活动行为，如基建、招标、采购及近年来高校债务危机中体现的举债行为等，实践中的高校腐败案件、重大法律纠纷案件基本上发生在这个领域。高等学校主动公开的信息内容主要集中于前两类活动，对于第三类活动虽也有涉及，即对"财务、资产与财务管理制度，学校经费来源、年度经费预算决算方案，财政性资金、受捐赠财产的使用和管理情况，仪器设备、图书、药品等物资设备采购和重大基建工程的招投标"等内容主动公开，但这些规定还是太原则、太简单，不够具体、明确。《办法》第七条规定的"涉及学校的重大事件的调查与处理情况"的规定太宽泛，且是放在"自然灾害等突发事件的应急处理预案、处置情况"之后的同一款之中，不好界定其具体范围。笔者认为对此应该借鉴国家对上市公司的做法，对涉及学校重大纠纷和案件的公开制度做出相关规定。

（二）不予公开的范围扩大化，且与主动公开的内容相矛盾

《办法》中，高等学校主动公开的内容非常广泛。第七条规定的是应当

主动公开的信息，前十一项基本上囊括了"高等学校在开展办学活动和提供社会公共服务过程中所产生、制作、获取的"信息；《办法》在第十二项上还加了一个所谓"兜底条款"，即"法律、法规和规章规定需要公开的其他事项"。第八条继续规定，"除第七条规定需要公开的信息外，高等学校应当明确其他需要主动公开的信息内容与公开范围"。《办法》中不予公开的信息一共有四项，除了前三项落实《条例》第十四条第四款的要求，即涉及国家秘密、商业秘密、个人隐私的信息不予公开之外，增加了第四项即"法律、法规和规章以及学校规定的不予公开的其他信息"。这样，行政规章就赋予了学校确定不予公开的信息内容的权力（此内容在《征求意见稿中》并不存在）。这一条是学术理论界诟病最多的①。其实，对于不予公开的信息范围，《办法》还通过其他条款和方式变相扩大。例如，《办法》第十六条规定对于"难以确定是否公开的"信息，"应当及时报请高等学校所在省级教育行政部门或者上级主管部门审定"。《教育部办公厅关于施行〈高等学校信息公开办法〉的通知》（教办厅函〔2010〕44号）中要求，省级教育行政部门"要在信息保密审查、重要信息发布前的批准、虚假或不完整信息的澄清等方面，加大对高校的指导力度"。一方面，《办法》规定的高等学校主动公开的信息内容非常广泛；另一方面，又通过其他条款赋予或者变相赋予高等学校、省级教育行政部门不予公开的信息的范围，这两者显然自相矛盾。

（三）申请公开的事由规定不详，答复方式和时限没有规定

《办法》确立了申请公开的方式。对于申请公开的事由的规定，"公民、法人和其他组织还可以根据自身学习、科研、工作等特殊需要"，沿袭了《条例》第十三条的规定。

第一，《条例》中的此规定在公布与实施前后均引起了很大反响，学者对此种制度设计提出了批评。《办法》移植这样的制度设计，自然免不了同样的批评，但把《办法》做此规定的责任归结为制定者，即教育部②，这有失偏颇。教育部按照《体例》的要求，将《条例》具体化为《办法》以实现高等学校的信息公开，《办法》自然就不能违反上位法《条例》的规定，《办法》的制度设计更不能超越上位法的内容。所以教育部受到批评有点"冤"。

---

① 周芬棉. 高校信息公开办法违反上位法[N]. 法制日报，2010-05-25（6）.
② 同①.

第二，科学研究是宪法上规定的中华人民共和国公民的权利，也就是基本权利，这就导致实践中任何公民、法人和其他组织都有可能以科研的"特殊需要"要求高等学校实现信息公开，从而规避《条例》《办法》的规定①。对此情况应如何应对？《国务院办公厅关于做好政府信息依申请公开工作的意见》（国办发〔2010〕5号）对此做了回答，"对于要求行政机关为其大范围提供课题研究所需资料、数据的申请，因其不同于《条例》规定一般意义上的申请，且在一定程度上超出了设置依申请公开的立法本意，行政机关可要求申请人对其申请方式做出调整。""通过主动公开渠道确实难以获取的政府信息，申请人可按照'一事一申请'的方式，向相关行政机关分别提出申请"。但《办法》没有类似的细化规定。公民申请信息公开的提出方式在《办法》第九条中已经明确，即采用"书面形式（包括数据电文形式）"。但高等学校对于公民申请信息公开的答复方式，《办法》也承继了《条例》的做法，没有进行明确具体的规定。作为《条例》的具体化，《办法》其实可以在不违背上位法《条例》的前提下，实现制度创新，例如可以大胆尝试答复方式与申请形式的一致，即都采用书面形式。对于申请信息公开的答复期限，《条例》已有明确具体的规定，即行政机关收到政府信息公开申请能够当场答复的，应当场予以答复。行政机关不能当场答复的，应当自收到申请之日起15个工作日内予以答复；如需延长答复期限的，应当经政府信息公开工作机构负责人同意，并告知申请人，延长答复的期限最长不得超过15个工作日。《办法》在制度设计上对此没有直接进行规定，可能是认为此类事项在上位法已有规定，但若依此就损害了《办法》内容的完整性、逻辑的自足性。

三、高校信息公开的制度适用

（一）信息公开的监督检查侧重内部监督，相关保障制度没有确立

《条例》第30条规定，"政府信息公开工作主管部门和监察机关负责对行政机关政府信息公开的实施情况进行监督检查。"对此，《办法》贯彻落实，但是没有细化，没有探索出符合高校特点的监督方式。问题的关键是高校的监察部门与政府监察机关的法律地位不一样，政府监察机关既可以监督检查同级人民政府组成部门的工作，也可以监督检查同级人民政府的

---

① 李林. 中国法治发展报告 No. 7（2009）[M]. 北京：社会科学文献出版社，2009：152.

工作，这是有法律保障的；众所周知，高校监察部门在高校内部的地位并不是很高，高校监察部门作为学校的内设机构仅能监督学校其他内设机构的工作，根本无法也不能监督学校的相关工作。《办法》规定，高等学校有责任对虚假信息或者不完整信息进行更正、澄清，其目的是督促高等学校加强与公众、社会的沟通，进一步保障公众的知情权、参与权与监督权，这种制度设计的初衷是值得肯定的。但是，如果高等学校及其有关责任人没有依法、及时、有效地进行信息的更正、澄清，特别是在这种行为造成不良后果的情况下，《办法》没有作出追究法律责任的规定，这样，信息的更正机制就失去了法律责任追究的制度保障。另外，《办法》对高等学校没有依法编制、上报信息公开年度报告的情形，也未规定具体的法律责任，实践中也只能直接适用《条例》中的相关规定。

（二）相对人权利救济渠道变窄，高校信息公开进入诉讼程序存在法律障碍

公民、法人或者其他组织认为高等学校不依法履行信息公开义务的，《办法》第二十六条规定了举报的救济途径，这也是唯一的救济途径。与此相关的是，《条例》第三十三条除了规定举报的途径以外，还规定了行政复议、行政诉讼两条途径。其实，在《征求意见稿》第三十六条中已作出了此类规定，即"申请人认为高校在信息公开工作中的具体行为侵犯其合法权益的，可以依法提起诉讼。高校师生员工也可以提出申诉"。《国务院办公厅关于做好政府信息依申请公开工作的意见》（国办发〔2010〕5号）对此还进行了明确的说明："行政机关向申请人提供的政府信息，应当是正式、准确、完整的，申请人可以在生产、生活和科研中正式使用，也可以在诉讼或行政程序中作为书证使用。"为什么上位法《条例》的规定在下位法《办法》这里会出现"缩水"现象呢？理论上的原因不外乎是教育部从部门利益出发，试图排除高等学校接受司法审查的义务。实践上，近年来，高等学校因为学生、教师权利保障等引发的司法纠纷逐年攀升，人民法院在审查高等学校规章制度的合法性与合理性时遇到很多法律障碍和现实干扰。目前的行政法学理论对高等学校行为的性质已经有了很明确、一致的看法，也就是高等学校的部分行为属于行政行为的性质，这时的高等学校属于"法律法规授权组织"，具有公法人的职能，例如学位授予的权力最为典型，还有学生的学习权等宪法性权利也经常因为高校开除学生等处分行为而受到侵害。

（三）责任追究中排除了刑事责任的适用

《办法》第二十七条对高等学校违反法律法规或该《办法》规定的法定情形，规定了高等学校及其直接负责的主管领导和其他直接责任人的行政责任与民事责任。但是比照《征求意见稿》"构成犯罪的，依法追究刑事责任"的规定及《条例》第三十五条的规定，《办法》删除了有关刑事责任的条款。删除有关刑事责任的规定，只能理解为国家最高教育行政部门认为高等学校中的相关违法行为情节简单，社会危害性小，够不上刑事处罚的门槛。但是事实上，近年来"高校腐败案件仍时有发生"，正如"教育部政务公开办公室负责人"答记者问所说的，只有让高校在一些"重点领域切实做到信息公开，才能提高高校工作透明度，形成有效的内部监控和有力的社会监督，从源头上遏制腐败现象的发生"。同时，《办法》与《条例》相比较，普通公民认为高等学校没有依法履行信息公开的义务，仅提供了"向学校内设监察部门、省级教育行政部门举报"这唯一的权益救济途径，而没有依据《条例》的规定也设置相应的行政复议与行政诉讼程序，《办法》此种制度的设置可能还与其对高等学校行为性质的认识有关，即认为高等学校的行为不具有行政行为的性质。

第三节　地方高校现代大学制度建设的区域合作

作为推进地方高等教育发展的一项重大举措，区域高等教育联动合作平台建设的理论价值在于为区域经济社会发展提供支撑，现实基础在于地方高等教育要服务国家区域发展总体战略。副省级城市综合大学联席会议机制是区域高等教育联动合作平台建设的大胆尝试，要以联动合作平台建设为契机，提升服务地方经济社会发展的能力。

高等教育的内涵式发展，是地方高校服务区域经济社会发展基本职能的必然要求。国家教育事业发展规划提出，要加强区域高等教育中心建设，提升高等教育支撑区域经济社会发展的能力。在具体发展战略上，强调要支持环渤海、长三角、珠三角、哈长等区域建设高水平大学群，支持成渝、西安、武汉、长沙等地区建设中西部高等教育高地，并明确表示国家支持各经济区建立教育联动合作平台，更好地服务区域经济社会发展。为此，结合全国十五副省级城市综合大学联席会议机制建设实践，就区域高等教育联动合作平台建设进行探讨，有着重要的理论价值和实践意义。

一、区域高等教育联动合作平台建设的理论价值

面对高等教育改革与发展的要求和经济社会发展转型呈现给教育的重大历史机遇，如何规划和推动包括城市大学在内的地方高校的快速发展，是一个具有现实意义的重大课题。其中，某些具有大致相同的发展背景和办学特点的高校，通过区域高等教育联动合作平台，开展广泛深入的交流与合作，一定会具有强大的生命力，会发展成为我国高等教育类别中不可低估的力量。

（一）落实教育与经济社会结合的教育制度的现实需要

促进教育与经济社会各领域融合发展，对政府而言，要统筹区域发展和教育发展、产业发展和人才培养、科技创新和创新人才培养、公共服务体系和公共教育体检建设、城乡建设和城乡教育发展；对高等学校而言，要建立地方特色优势产业和特色优势学科对接机制，促进人才培养链、科技创新链和产业价值链紧密结合，推动教育与经济社会协调发展示范区建设。完善产学研合作机制，就要通过体制机制创新和政策项目引导，推动高等学校与企业、高等学校与科研院所、高等学校与地方政府、高等学校与高新区和开发区开展多种形式的产学研合作；充分发挥高等学校重点学科、重大科技创新平台的作用，办好大学科技园，探索高等学校科技成果的转化和产业化的有效机制，促进创新型中小企业的孵化和发展壮大；支持高等学校与企事业单位共建实习和科研基地，鼓励政府出台引导高等学校开展科技创新、社会服务和发展文化创意产业的优惠政策。再次，在高等职业教育中推进职业教育产教结合、工学结合制度化。

（二）地方高等教育服务国家区域发展总体战略的现实需要

在国家"十二五"教育事业发展规划中，明确提出教育服务国家区域发展的总体战略，并明确表示，国家支持各经济区建立教育联动合作平台，更好地服务区域经济社会发展。2010年在武汉成立的十五副省级城市综合大学联席会议制度，就是国家区域发展总体战略中各区域地方高等教育建立的一个联动合作平台。只不过这些高校的行动走在了相关的教育政策前头而已，亦即"行动先于政策"的具体实践，更是国内各经济区建立高等教育联动合

作平台建设的大胆尝试。这种尝试或曰行动已经被国家层面的教育政策认可，进一步增强了该联动机制的合法性。

（三）实现地方高等教育支撑区域经济社会发展的重要任务的现实需要

在国家"十二五"高等教育发展目标中，高等教育毛入学率将在 2015 年达到 36%，比"十一五"末的 2010 年提高将近 10 个百分点；教育支撑经济发展也成为主要目标，亦即人力资源开发对经济发展的促进作用明显增强，人才培养的结构调整取得重大进展，应用型、技能型、复合型人才的培养比重明显提高，初步建成与现代产业体系相适应的技术技能人才培养强国。高等学校要成为国家知识创新、技术创新、国防科技创新、区域创新的重要基地。比照这一发展目标，各副省级城市综合大学任重道远，仅以全国普通本科学校在校生的平均规模而言，2011 年为 13 564 人，但大部分城市综合大学都未达到，许多学校仅将其作为"十二五"的发展目标。

（四）推动高校转变办学方式，实现分类指导和科学定位的现实需要

随着我国高等教育的快速发展，公办高校比例不断下降，民办高校大举扩张，特别是以城市类大学为代表的地方高校异军突起，其发展势头在我国高等教育领域广受关注。作为高等教育的一大类别，地方高校中的城市大学发展迅猛，这对我国高等教育长远发展具有重要的探索意义和借鉴作用。根据我国高校当前的发展实际，加强高校的分类指导将是我国高等教育发展的必然要求，也是需要各高校共同研究的重要课题，特别要对落实分类指导时的资源配置、政策保障、信息平台建设等方面的问题进行深入思考，通过区域高等教育联动合作平台建设共同探索一条有特色的发展新路，为我国高等教育发展做出新的更大贡献。

二、区域高等教育联动合作平台建设的现实基础

教育服务国家区域发展是国家明确提出的总体战略。要提高高等教育对区域经济社会发展的支撑能力，推进新一轮西部大开发、振兴东北地区等老工业基地、促进中部崛起和支持沿海地区发展等区域发展总体战略，围绕区域发展的重点产业和特色优势产业，科学规划区域高等教育事业发展，调整

区域教育布局结构、层次结构和人才培养结构。在区域发展总体战略中对副省级城市综合大学进行合理定位。城市综合大学的科学发展要符合国家经济社会发展的总体思路与政策措施。

（一）我国经济社会新的发展阶段要求完善区域发展战略

我国经过 40 年的改革开放，经济社会进入了新的快速发展时期，不论是在技术基础、经济社会发展的目标和任务、制度背景、国际环境等，都有了不同程度的变化，对区域经济有着不同程度的影响。我国的总体区域经济发展战略，是对探索区域发展之路的科学总结，是我国经济社会发展战略思想的重大突破。促进、完善我国区域经济发展总体战略和协调发展，是实现经济社会全面发展、推进我国社会主义现代化建设、发挥社会主义制度优越性、加快建成小康社会、促进社会和谐稳定、实现我国各族人民共同富裕的重大举措。我国拟定的区域发展的战略构想，形成了一套相互促进、优势互补、共同发展的全国上下一盘棋的战略格局。

（二）区域协调发展，要加快体制机制创新，形成区域间协调互动
　　　　的发展机制

近年来，在各区域发展中，实现了体制机制的优化，建立了市场机制、合作机制、互助机制和扶助机制等。此外，在高等教育领域，地方高校特别是各区域发展战略中心的城市综合大学的合作与联系也得到进一步加强。该机制中涉及的 15 所副省级城市综合大学，占我国地方高校中公办普通本科院校的 2.36%。虽然在我国地方高校中占的比例不大，但其在我国经济社会发展的各区域战略中具有很强的代表性。这些城市综合大学所在城市均是区域经济社会发展战略的中心城市与核心区域，囊括了我国经济社会发展国家总体战略中的所有区域。特别是自 2009 年以来，国家密集出台了 11 个区域发展规划，旨在打造新增长极的区域经济发展规划，这些区域遍布东、中、西、东北四大板块，已成为我国经济社会中最具活力的领域。目前，各区域经济社会发展规划的国家战略相继实施，这对于城市综合大学而言，既凸显了其实现跨越式发展的空前机遇，又彰显了其实现科学发展的区位优势。

（三）地方高校之间的区域发展不均衡

地方高校之间的区域发展不均衡，副省级城市综合大学之间体现得更为

典型。地方经济社会发展水平为高等教育的内涵式发展提供了资金保障和物质基础，同时也在一定程度上制约着高等教育的发展。目前，我国高等教育的发展还存在着较大差异，其原因在于各地区的社会经济发展存在一定的差异，就大学的毛入学率而言，经济欠发达的中西部地区远低于经济较为发达的东部沿海各省；就财政拨款而言，西部地区高校也远不如东部地区高校，在这个意义上，中西部地区的地方高校与东部沿海各省相比，在发展中处于相对不利的境地，这也是目前很难改变的现状。

三、区域高等教育联动合作平台建设的初步尝试

地方高校是指由地方政府投资并主管的高等学校，作为其组成部分的城市大学则是我国改革开放的新生事物。1985 年中央出台了《关于教育体制改革的决定》，进一步明晰"三级办学"的体制，首次允许"中心城市举办高等教育"，为此引发了市属高校的大量兴办。其中，由十五个副省级城市作为举办者设立的城市综合性本科大学具有较强的代表性，这些大学建在城市，行政隶属于副省级城市，专业设置与人才培养贴近城市发展实际，主要为城市经济社会发展服务。副省级城市综合大学之间为加强交流合作，集中地方高校的集体智慧，共享办学过程中积累的宝贵经验，共同探讨发展中遇到的问题：2010 年 10 月，广州大学、沈阳大学、江汉大学发起，江汉大学承办的全国十五所副省级城市综合大学联席会议第一次会议召开，在武汉建立联席会议机制；2011 年 10 月，广州大学承办了全国十五所副省级城市综合大学联席会议第二次会议；2012 年 10 月，成都大学（学院）承办了全国十五所副省级城市综合大学联席会议第三次会议；2013 年 10 月，青岛大学承办了全国十五所副省级城市综合大学联席会议第四次会议；2014 年 7 月，沈阳大学承办了全国十五所副省级城市综合大学联席会议第五次会议；2015 年 9 月，西安文理学院承办了全国十五所副省级城市综合大学联席会议第六次会议；2016 年 10 月，厦门理工学院承办了全国十五所副省级城市综合大学联席会议第七次会议；2017 年 12 月，哈尔滨学院承办了全国十五所副省级城市综合大学联席会议第八次会议；联席会议第九次会议将于 2018 年由济南大学承办。历次会议前，均由江汉大学作为秘书长单位编辑《城市大学蓝皮书·全国十五副省级城市综合大学发展报告》，并公开出版，目前已正式出版了 7 册连续出版物。

（一）副省级城市综合大学在我国地方高校和市属高校中具有一定的代表性与示范性

我国要在 2020 年基本实现教育现代化，就必须重视包括城市大学在内的地方高校的发展。地方高校的办学质量直接影响到我国高等教育的整体质量，高等教育事业改革与发展不能忽视地方高校。其中，作为我国地方高校的重要组成部分，城市大学成为我国高等教育体制改革的重要成果和高等教育大众化的实现载体，尤其值得重视。副省级城市综合大学是当今中国地方高等教育最具活力和发展潜力的高校群体之一，在高等教育大众化不断推进、服务地方成为高等教育发展使命这个时代潮流的背景下，副省级城市综合大学作为地方高等教育的生力军，担负着共同使命，也面临着适应形势发展、科学谋划未来的一系列问题。如何进一步提高办学质量，提升为地方经济社会发展的能力，在推进服务地方与城市发展中推动学校的科学发展，是摆在众多地方高校面前的一个重要课题。

（二）在以改革破解发展难题的过程中，各类高校都积累了可供彼此借鉴的丰富经验

区域高等教育联动合作平台为平台内各类型大学相互交流与合作提供有效的平台，各相关高校应充分利用这个平台交流信息，共商发展，为增强同类型大学的整体实力和话语权创造有利条件，使平台内各高校不断彰显特色、提升实力和扩大影响。

我们认为，目前"全国十五副省级城市综合大学联席会议"机制与平台的发展遇到阻碍。这主要源于实践中各校的办学水平、办学质量参差不齐，在国家推进高等学校分类规划、分类管理中各高校的归属类型、办学定位与办学理念、服务面向等均有所不同。该联席会议机制只是一种松散的"联盟"，各校参与的态度与积极性不一，其进一步发展存在着风险。

其一，"全国十五副省级城市综合大学联席会议"机制离真正意义上的"大学战略联盟"还有一段距离。大学战略联盟是指大学之间通过资源共享和项目合作而建立起来的合作组织，旨在提高大学办学水平、降低管理成本、共同应对挑战。全国十五副省级城市综合大学联席会议机制成立的初衷具有"大学战略联盟"的性质，但是在工作实践中并没有大学战略联盟的路线图，也未按照战略联盟构想推进。

其二，"全国十五副省级城市综合大学联席会议"机制离实质意义上的"大学联合体"更有相当差距。大学联合体是指两个或两个以上的高校为了共同的

目标,通过一定方式组成的优势互补、风险共担、要素双向或多向流动的联合组织,其性质比大学战略联盟更为紧密。

其三,全国十五副省级城市综合大学,因各自办学水平、人才培养质量、国内外的地位不同,或许,存在着比较高等教育理论研究中"中心与边缘现象"。这是依附理论在比较高等教育研究中的重要观点之一,认为欧美发达国家在国际知识体系中处于"中心"地位,而发展中国家的高校处于"边缘",存在着依附关系。全国十五副省级城市综合大学或许在一定程度上存在着"中心"与"边缘"位置,这符合各校办学的实际,虽然类比不恰当,但是处于"中心"地位的高校有责任与义务支持"边缘"大学的发展。

第六章

地方高校现代大学制度建设的治理能力

党的十八届三中全会提出，要完善和发展中国特色社会主义制度，推进国家治理体系和治理能力现代化①。在中国特色社会主义现代化事业中，按照学界通说，一般包括器物技能的现代化、制度层次的现代化与思想行为层次的现代化等三个层面②。国家治理体系和治理能力现代化作为一个有机整体，体现国家治理制度框架的国家治理体系现代化更多地体现为制度层面的现代化，作为国家治理体系发挥作用表现的国家治理能力现代化更多体现为思想行为层面的现代化。具体到高等教育领域而言，国家高等教育治理体系现代化是全面深化改革的必然要求，不仅要求实行现代国家高等教育治理，而且要求构建一个现代化的国家高等教育治理体系。这一治理体系作为一个制度化的治理架构，已经突破了现行高等教育领域推进"依法治校"与完善"中国特色现代大学制度"的要求，不仅要有完整和科学的制度设计与制度安排，而且还要建立起协调有效的组织体系，形成制度保障和组织体系和谐运行的机制；同时，还必须重视人的因素，在高校领导干部中有效形成和充分发挥国家治理能力，有效解决高等教育发展与改革中面临的现实矛盾和突出问题。针对后者，要实现高校治理能力现代化，当务之急就是牢固树立并大力提升其运用法治思维和法治能力全面深化高等教育改革、推动教育事业发展、化解教育领域主要矛盾、维护校园和谐稳定的能力。

第一节　大学治理中的行政权力与学术权力

大学治理作为一种新的大学管理模式，主张通过合作、协商、伙伴关系、

---

① 本书编写组.《中共中央关于全面深化改革若干重大问题的决定》辅导读本[M]. 北京：人民出版社，2013：3.
② 金耀基. 从传统到现代[M]. 北京：中国人民大学出版社，1999：131-137.

确立共同目标等方式实施对大学事务的管理，①这种理解明显不同于政府、企业与社会等其他组织的治理，这主要源于大学这一特殊的组织特性和文化特性，也就是大学是社会的学术和文化组织；但是，当前要正确认识大学的学术和文化组织特性，却有着不少理论和现实上的困难。②庆幸的是，我国高等教育研究的奠基人、中国高等教育学科的创始人潘懋元先生自改革开放初期就开始对其进行理论上的探索，并且他的理论成果影响着改革开放以来我国大学治理的实践。最迟在 1984 年，潘先生在思考新技术革命与高等教育对策问题时就明确提出教育系统"改革管理体制"这一问题③；直到 2013 年 6 月，潘先生在"教授治学与大学治理"两岸高端论坛上做主题发言时，仍然在关注这一问题④；2014 年 9 月，潘先生在教育部高等教育教学评估中心第八期业务学习的发言时继续涉及这一主题。⑤这里结合对潘懋元先生大学治理思想的学习、研究与分析，尝试梳理现代大学治理中学术权力与行政权力关系的问题。

一、现代大学治理的理论基础

习近平总书记强调我们的高校是党领导下的高校，是中国特色社会主义高校。中国特色现代大学制度建设中，"我们要认真吸收世界上先进的办学治学经验，更要遵循教育规律，扎根中国大地办大学"⑥，既要遵循思想政治工作规律、遵循教书育人规律、遵循学生成长规律⑦；又要从我国实际出发，遵循治理规律，把握时代特征。⑧教育规律问题，是教育学研究的一个原理论问题，更是指导我国教育实践的一个基本问题。

改革开放 30 多年来,潘懋元先生对大学治理这一问题思考的理论基础是其首倡的"教育内外部关系规律"理论。在教育外部关系规律中，他注重社会主义市场经济、新技术革命、可持续发展、知识经济，以及社会主义民主

---

① 教育学名词审定委员会. 教育学名词：2013[M]. 北京：高等教育出版社，2013：140.

② 张应强. 追寻大学治理的源头[J]. 高教探索，2014（6）.

③ 潘懋元. 潘懋元文集卷三·问题研究（上）[M]. 广州：广东高等教育出版社，2010：20-41.

④ 罗海鸥. 探索教授治学 完善现代大学治理——"教授治学与大学治理"两岸高端论坛述要[J]. 教育研究，2013（9）.

⑤ 潘懋元. 高等教育大众化的困难[N]. 光明日报，2014-09-23.

⑥ 习近平. 习近平谈治国理政[M]. 北京：外文出版社，2014:174.

⑦ 习近平. 习近平谈治国理政（第二卷）[M]. 北京：外文出版社，2017：378.

⑧ 习近平. 习近平谈治国理政（第二卷）[M]. 北京：外文出版社，2017：386.

法治建设等外部环境对大学治理的影响与制约；在教育内部关系规律中，他重视高等教育地方化、高等教育民营化、高等教育大众化、高等教育特色化等高等教育自身发展规律对大学治理提出的新要求。

（一）教育内外部关系规律成为探索大学治理问题的指导思想

教育规律问题是教育基本理论的一个核心问题。"文化大革命"结束后，我国教育界在教育规律的研究热潮中，潘懋元先生作为新中国第一代教育研究的学者，提出了著名的"教育外部关系规律、教育内部关系规律"理论，从教育内、外两个方面揭示了教育与社会、教育和教育内部各要素之间的本质联系，对我国改革开放以来的教育理论的发展与实践进展，特别是高等教育实践产生了巨大的推动作用，实现了教育理论的本土创新和对现实的指导意义。

教育外部规律，就是指教育作为社会的一个子系统与整个社会系统及其他子系统（主要是政治、经济、文化系统）之间的相互关系的规定，表述为"社会主义教育必须通过培养全面发展的人为社会主义的政治、经济的发展和生产力的发展服务"。教育外部关系规律的依据是教育的本质，是教育本质的体现。后来这条规律被进一步表述为"教育必须受一定社会的政治、经济、文化科学所制约，并为一定社会的政治、经济、文化科学服务"，二者之中"受制约"是前提，"为之服务"是方向[①]。制约教育的社会外部要素主要有生产力与科学技术发展水平、政治制度与经济制度、文化传统。改革开放以来，中国经济社会发展在经济、政治、文化、生态建设及党的建设方面迅猛推进，改革开放的各方面实践决定、制约着高等教育的改革与发展，直接影响着中国大学治理理论与实践的进展。

教育内部规律，就是指教育自身作为一个系统，它内部各个要素或子系统之间的相互关系规律，被表述为"社会主义教育必须培养全面发展的人"，或者说"社会主义教育必须通过德育、智育、体育培养全面发展的人"，[②]教育的内部规律就是教育方针所包含的教育目的的内容。中国高等教育有着其自身的发展规律，特别是改革开放以来，我国高等教育发展先后出现了地方化、民营化、大众化、特色化等特点，这直接影响着大学治理及现代大学制度建设的实践进程。

---

① 潘懋元. 中国当代教育家文存 潘懋元卷[M]. 上海：华东师范大学出版社，2006：73-75.

② 潘懋元. 中国当代教育家文存 潘懋元卷[M]. 上海：华东师范大学出版社，2006：77-80.

（二）高等教育主动适应社会主义市场经济发展

在改革开放过程中，中国先后提出发展商品经济、社会主义市场经济，而对高等教育与商品经济、市场经济的关系，理论界有不同认识。潘懋元先生认为，一方面，根据教育内外部关系的规律，对待商品经济与市场经济应该有一个辩证的态度①：对待高等教育的改革与发展，根据教育的外部规律，教育必须适应商品经济、市场经济的发展，而且必须是主动适应，也就是要根据主体的判断与选择的作用，努力利用商品经济、市场经济的积极因素，促进高等教育的改革与发展；面对商品经济、市场经济的消极因素，应尽量消除或者减少对其本身的影响。主体的判断与选择的依据又是教育的内部关系规律，符合内部关系规律就是积极的，违背内部关系规律就是消极的，为此要根据教育的内部规律，在主动适应商品经济、市场经济的同时，努力按照教育自身的价值、特点、规律来办教育，既要看到教育的社会价值，也要看到教育促进人的全面发展的价值；既要看到教育的经济价值，还要看到教育的非经济价值；既要照顾教育的短期价值，也要照顾到教育的长远价值。只有遵循了教育的内部规律，教育的外部规律才能得到落实。

另一方面，潘懋元先生还研究了竞争机制与教育规律的关系。竞争机制的引进势必会对原有的教育体制和教育政策产生巨大的冲击，但在教育中引进竞争机制反映了教育外部关系规律，我们必须遵循它；教育内部培养人的活动在商品经济条件下必然也要受到竞争机制的影响和制约，竞争机制的引进又必须通过教育内部的规律性才能充分发挥它的作用。迎接市场机制的挑战，需要超前研究和制定相应的政策，"可以放开一点、放下一点，多给学校一点自主权，学校多给系主任一点自主权，尤其要给教师一点自自主权"②。

（三）新技术革命促进高等教育管理体制改革

潘懋元先生在 1984 年专门论及了"改革管理体制"这一问题：事业管理体制的改革，相当于企业管理体制而言，措施不太明确，改革的进程缓慢，尤其是教育系统的管理体制，情况更为复杂；但是有些明显的不利于发挥教师与干部积极性的规章、措施，应当及时改善，这是毋庸置疑的。当前急需解决的是某些职权的下放与责任制的建立，使各级干部与教师，职、权、责统一起来，同时权力既要下放，单位所有制也必须打破，否则就不能使人尽

---

① 潘懋元. 潘懋元文集卷三·问题研究（上）[M]. 广州：广东高等教育出版社，2010：100-104.

② 潘懋元. 潘懋元文集卷三·问题研究（上）[M]. 广州：广东高等教育出版社，2010：44.

其才、物畅其流。①高等教育要适应社会主义市场经济就必须实现高等教育管理体制的改革。当经济体制是集中的计划经济时，高等教育的管理方式就相应地采取自上而下的行政管理手段，并着重于过程的管理，政府直接干预高等学校的运行过程，学校则事无巨细，都需向教育领导部门及其办事机构请示遵行。改革开放初期，为了增强高校适应市场经济的能力，国家教委连续提出了扩大直属高校办学自主权和内部管理体制改革的意见，这是及时的。但就这些文件的性质来说，基本上是在行政性的管理范围内适当下放一些自主权。为了更好地适应经济体制的改革，是不是可以转变管理观念，从以行政管理为主转变为以法规管理为主，在法规基础上，灵活运用行政管理手段与经济管理手段。当然，采取单纯的经济管理而完全排斥行政管理是不行的，保留一定限度的行政管理仍是必须的，尤其是在以经济手段进行管理的条件还不成熟时，只能逐步寻找行政管理与经济管理的最佳结合点。行政管理要减少干预，着重法规，着重调查研究，加强评估。其次，为了适应市场机制，高等教育管理应该向社会开放，吸收社会人士、企业家参加高校及地方教育的咨询与决策。②

（四）要探索高等教育自身的可持续发展规律

从可持续发展的角度研究高等教育的改革与发展，可以从两个方面进行探索：一是高等教育为经济社会的可持续发展服务，主要体现在高等教育的发展战略与培养目标、教学内容上；二是要探索高等教育自身的可持续发展规律，也就是运用可持续发展的观点和原则，探讨高等教育运行中的问题，特别是包括"管理体制上行政权力与学术权威的关系"等③；教育教学中的许多问题，例如，"高等教育的学术取向问题""学校管理中行政权力与学术权威的协调问题"，都可以从可持续发展的理念、原则中得到某些启示，做出比较合理的判断④。

（五）知识经济时代要确保大学中心作用的充分发挥

就高等学校的内部条件说，大学自身也必须改革，其中之一就是要改革

① 潘懋元. 潘懋元文集卷三·问题研究（上）[M]. 广州：广东高等教育出版社，2010：33.
② 潘懋元. 潘懋元文集卷三·问题研究（上）[M]. 广州：广东高等教育出版社，2010：106.
③ 潘懋元. 潘懋元文集卷三·问题研究（上）[M]. 广州：广东高等教育出版社，2010：117-118.
④ 潘懋元. 潘懋元文集卷三·问题研究（上）[M]. 广州：广东高等教育出版社，2010：129.

大学教育体制和人才培养模式，把一个充满活力的现代大学带入 21 世纪，带
入知识经济时代。大学教育体制改革的核心在于理顺政府与大学的关系，扩
大大学的办学自主权，为大学创造一个自由、宽松的学术环境和氛围，为人才
的成长创造有利条件①。

（六）在高等教育地方化中推进现代大学制度建设

高等教育地方化或区域化是世界高等教育体制结构改革的热门话题，包
括两层含义：一是高等教育要适应地方经济发展，为地方发展服务，使之成
为地方的文化科学中心。这是高等教育地方化的本义，也是高等教育地方化
的主要价值所在；二是高等教育管理权属于地方，并以地方财政拨款作为办
学资金的主要来源。这是高等教育地方化的必要条件，只有具备管理与财政
地方化的条件，才有可能达到为地方发展服务的实质性目的；只有以为地方
发展服务作为价值取向，才能使地方具有对高等教育管理与拨款的积极性。②
从中国高等教育地方化的必要性与可行性来说，其中之一就是有利于深化高
等教育内部改革。"在国家统一管理的办学体制之下，高等教育很难与地方的
经济发展保持最密切的联系，高等院校缺乏强烈的参与意识与竞争意识，只
能是一种被动适应。由于缺少外部的压力，高等教育内部改革就缺乏强有力
的动力机制"，"如果只依靠高等教育自身的理论，由于因循守旧的习惯势力
太大，在短期内改革很难奏效，只能在外部与内部合力的作用之下推动高等
教育内部改革。"③

（七）高等教育大众化要求实现大学治理现代化

21 世纪之初，中国高等教育进入大众化阶段、多样化发展时期，高等学
校的分类与定位问题成为一个必须面对和解决的问题。潘懋元先生认为，"在
高等教育结构与体系研究中，如何划分高等学校类型，是一个世界性的难题，
又是一个高等学校定位与发展不能不解决的问题。其困难是面对复杂交错的多
样化高等学校模式，要按照一定划分标准分别归类，使所有高校都能各就其位，
明确各自发展方向，朝着正确的发展目标，制定合理的发展规划。作为类型划
分，必须符合划分的逻辑规则；作为事业规划，必须具有可行性并为人们所认

---

① 潘懋元. 潘懋元文集卷三·问题研究（上）[M]. 广州：广东高等教育出版社，2010：
140.
② 潘懋元. 潘懋元文集卷三·问题研究（上）[M]. 广州：广东高等教育出版社，2010：
66-67.
③ 潘懋元. 潘懋元文集卷三·问题研究（上）[M]. 广州：广东高等教育出版社，2010：
74.

同。其所以不能不解决，是由于如果分类不清，势必导致各高校定位不明，发展目标错位，发展规划不合理并难于实现。在中国当前高等教育大众化进程中，所谓分类发展、分类指导，都将因缺乏科学的依据而难于理顺。"①

二、现代大学治理的主要内容

潘懋元教授大学治理思想的基本内容主要包括我国高等教育办学模式的现实症结、现代大学治理结构的权力分析、现代大学制度建设的历史使命、西方传统大学理念的借鉴吸收、高等学校二元权力结构的科学阐释、大学自治行政科层的兼容协调、民办高校治理方式的内外困境、高等教育改革发展的学术本位、高等教育区域推进的体制创新、大学办学自主权落实中的产权明晰等。

（一）现代大学治理结构的权力分析

高等教育管理权力的功能在于调整和规范高等教育管理中的各种关系，例如，中央与地方的关系，政府与高校的关系，校内院系所与行政职能部门的关系以及教师与学生的关系，等等。它区别于社会上的经济权力、政治权力的特性就在于它是一种学术性权力，以繁荣学术事业、促进学术进步为宗旨。高等教育管理权力主要由宏观的高等教育行政权力和微观的高等学校管理权力组成。

高等教育行政权力是一种国家权力，是国家赋予行政管理机关管理学术性事业的权力。新中国建立以来，我们先后实行过三种高等教育行政权力结构：中央分权模式、地方分权模式和中央地方分级分权模式。现行的中央地方分级分权模式是政府部门经济所有制和部门行政体制的产物。在市场经济条件下，该模式已经显示出行政权威无序、分权限度无序和行政职能无序等弊端。改革的目标应当是建立中央统一领导，地方协调推进，政府集中宏观管理和高等学校自主办学的新模式。改革的战略：适当集中和下放中央各部委所属高校，中央部门与省级政府共同管理部委所属院校，落实高等学校办学自主权。

高等学校管理权力是一种处理高校内部学术事务及其相关事务的权力。高等学校管理的权力主体有学生、教师、行政管理人员及校外人士等。不过，

① 潘懋元. 中国当代教育家文存·潘懋元卷[M]. 上海：华东师范大学出版社，2006：215-220.

各类人员所执掌的权力不但有大小之分，而且有性质之别。就我国高等学校管理的现实而言，教师权力和行政权力本来是两种起主要作用的权力，但行政权力长期主导管理学校权力结构。在这种权力结构下，教师权力薄弱，不利于高等学校按照教育规律办学；中下层权力过小，不利于调动广大教职工的办学积极性。改革的战略：培植教师集体势力，健全教师参与管理机制；扩大中下层管理权力，调动广大教职工的办学积极性；审慎实验董事会体制，合理引导社会力量参与办学。

（二）我国高等教育办学模式的现实症结

我国高等教育办学模式的特点是以国家为主体，融投资者、办学者、管理者为一体的"集中模式"，国家或各级政府在其中起着决定性作用。这种模式与市场经济的冲突有：现行的高等教育模式与市场经济的平等竞争表现出明显的不协调，不仅体现在高等院校之间竞争的不平等上，也表现在一所高等学校内部竞争机制的不健全上，这种不平等的运行机制极大地限制了高等学校自我发展的积极性。在现行高等教育管理体制下，高等学校实际上的办学自主权很少，这与市场经济的自主原则明显不符。从表面形式看，我国高等学校已经是一个独立法人，但实际上，目前在相当大的程度上，其并不具备企业在市场经济运行中的各种条件，各种有形无形的限制仍然制约着高等学校作为独立法人作用的发挥，高等学校的独立法人资格并没有在实践中得到充分的体现和运用。[①]

高等教育发展中的制度问题，包括高等教育的举办权、管理权与办学权应合理分离，高等学校办学自主权的落实，市场机制的适当引入。[②] 在高等学校内部，存在着"去行政化"问题。"规划纲要"明确提出要"逐步取消实际存在的行政级别和行政管理模式"，这一条引起的争议比较大。首先，如何理解"去行政化"。"去行政化"并不是不要行政管理。现在的学校，尤其是高等学校非常复杂，没有行政管理是不行的。健全的科层制对大学管理来说是必要的，这也是大学管理的进步。"去行政化"显然不是去科层或者简单地去掉几个部门，而是指消除以行政权力取代学术权力、以行政运作代替教育规律的倾向。在高校中，实际存在的行政级别，强化了官本位的行政化管理，去行政化实际上也就是去官本位，提高学术权力。学校是一个学术机构，应

---

① 潘懋元. 潘懋元文集卷三·问题研究（上）[M]. 广州：广东高等教育出版社，2010：358-360.

② 潘懋元. 潘懋元文集卷三·问题研究（上）[M]. 广州：广东高等教育出版社，2010：374.

该有两种权力存在，即行政权力和学术权力。没有行政权力，学校就没办法运转，不能简单地将"去行政化"理解为去掉行政机构、行政权力；但学校是学术机构，必须用学术权力来指挥学术活动，包括培养人才和科学研究等。教授治学也是"去行政化"的一个方面，进一步明确了大学的科层是为教学、科研服务的，而不是取代或凌驾于学术权力之上的。"去行政化"首先要从认识上明确这一点。在实践中，成立学术委员会，学术事务应该由学术委员会而不是由行政机构来做出决定，学术委员会应该成为学术决策的机构，而不是只作为学术的咨询机构，甚至只是行政的附属机构。另外，还要给院系所这些教学科研机构相应的治学自主权，现在对院系所等教学科研单位的管理就存在着过于僵化、自主权太少的问题。①

（三）现代大学制度建设的历史使命

潘懋元先生专门论及建立现代大学制度。2001 年，进入社会中心的大学肩负着重要的历史使命，即大学应该成为社会经济发展的人才库、知识库、孵化器、思想库。②虽然说建立现代大学制度是大学完成其使命的需要，但是大学还远未为完成这些使命做好准备，就大学制度来说，还存在种种不能胜任新使命的缺陷。大学制度包括组织机构、决策机制、激励机制、资源配置机制、工作机制（包括科层、教学和社会服务活动的运作模式）和制度创新机制。一是组织机构方面，院校合并形成的巨型大学中组织结构重复设置、运转不灵的混乱状况还比较严重，即使只是院校内涵的急剧扩张也会强烈要求进行机构调整；但如何设置机构才能使大学胜任日益多样和复杂的使命，增强知识生产的效率，是增加管理层次、强化科层管理，还是减少管理层次、增强基层活力？二是决策机制方面，教学、科研、社会服务等基本职能活动的决策尚缺乏有效的沟通与协调，现在的大学制度还不能克服院系和职能管理部门决策的狭隘性，往往各行其是，不能保障大多数决策的科学性和协调性。为了适应知识价值的多级开发的需要，大学应该建立怎样的决策机制？三是在激励机制方面，学校的产权（所有权、经营权、利益分配权）结构还不能激励社会投资办学，不能激励校长成为高等教育事业家，不能激励教师积极开展教学改革与合作研究，这些都是大学提高知识生产能力的障碍；四是在资源配置机制方面，人事管理制度

---

① 潘懋元.潘懋元文集卷三·问题研究（上）[M].广州：广东高等教育出版社，2010：447-448.

② 潘懋元.潘懋元文集卷三·问题研究（上）[M].广州：广东高等教育出版社，2010：184.

还不利于人才的合理流动，知识资源的系统管理还没有提上议事日程。跨院系、跨学校乃至跨国配置和利用教育资源和研究资源还有许多障碍。这些都不能适应知识生产的基本要求；五是在工作机制方面，我国大学的课程生成系统还有待科学化，教学模式还基本上是传统的，既未充分利用现代信息技术，也不能适应培养创造性人才的需要；六是在制度创新方面，中央集权的管理模式只鼓励大学执行上级决策，不鼓励大学自主创新，创新活力受到抑制。大学制度改革的理论研究还相当薄弱，束缚着大学的制度创新。什么样的权力结构才有利于提高大学的制度创新能力？这还有待理论研究与实践探索。大学要完成其使命，还有许多制度方面的问题需要解决，没有现成的解决方案。开展现代大学制度研究，促进大学制度现代化，是我国大学完成其使命的需要。[1]

（四）西方传统大学治理理念的借鉴吸收

1990 年，在谈到西方国家现代高等教育发展的一些特点时，潘懋元关注到学术自由，大学在西方一向被认为是"民主""自由"的温床，学术自由尤为西方学者津津乐道，然而这种学术自由充其量也只能是在资本主义制度所允许的范围内的自由；关注到学校的自由权，西方国家政府很少直接干预学校行政，但可以通过拨款、资助等经济手段控制学校，控制与反控制在西方高等教育界是人们经常谈论的问题。对这两方面的特点，潘懋元既有所"认同"，又有"存异"，因为学术自由有利于百家争鸣、繁荣学术，扩大高等学校办学自主权，使高等学校具有主动适应经济社会发展需要的积极性与能力。可以从西方现代教育中吸取某些有益的东西作为参考，但必须考虑到我国社会主义的性质，不能生搬硬套，所以，在学术和科学研究上要积极创造良好的气氛与条件，鼓励各种严肃认真的科学探讨，同时又不放任自流，更不能搞资产阶级自由化；在扩大学校办学自主权方面，积极吸收国外经验，增强学校本身的活力，同时又不能削弱党和政府对学校的领导。[2]后来，扩大学校的办学自主权，逐步取消学校的行政级别和行政化的管理模式，正式提出教授治学理念、教授治校的传统和理念都起源于欧洲中世纪的大学，这些都对我国大学的发展起了重要的促进作用。许多理论工作者也一再提出中国应该实行教授治校。事实上，现在的大学很大、很复杂，如果要教授管学校

---

[1] 潘懋元. 潘懋元文集卷三·问题研究（上）[M]. 广州：广东高等教育出版社，2010：208.

[2] 潘懋元. 潘懋元文集卷三·问题研究（上）[M]. 广州：广东高等教育出版社，2010：337-339.

各方面的问题，这势必会影响到他们的教学和科研。但学术还是应该由教授治理，所以教授治学的理念更加合理。①

（五）高等学校二元权力结构的科学阐释

权力问题是政治的核心问题。权力的研究，虽然不限于政治学的观点，如法学、管理学也要在各自的视角中研究权力问题，但政治学对权力的研究特别关注。中国的公立高等学校隶属于政府，实际上是政府的一级组织，与政府机构一样，大学也有各种行政处事等一套自己的组织机构，虽然与政府组织不完全一样，但仍然有一定的行政事务需要处理，它的运作需要行使一定的行政权力。任何组织机构都有其组织目标、结构、规范，都有一定的内部或外部行政事务，在其运转中都要行使一定的行政权力。

有人认为，党委在一定程度上代表领导权（我们也称之为"政治权力"），校长主要代表的是行政权力，校长及各部长、处长要处理行政事务，所以要赋予他们一定的行政权力。可以说，行政权力在高等学校是不可或缺的，没有一定权力，就无法履行自己的职责。高等学校作为学术性机构，虽然隶属于政府，但其主要职能是教学、科研及直接为社会服务。为了通过这些活动达到学术目的，完成学术任务，就必须赋予高等学校作为学术活动主体应有的权力，而且其权力越充分，任务就完成得越好。这种相当于行政权力的大学权力，我们称其为学术权力。高等学校不仅有学术权力，还有行政权力，这两种权力不仅是必要的，而且是必然的。正因为如此，我们认为高等学校的二元权力结构是合理的。但是，任何二元权力之间都会产生矛盾。因此，任何权力的行使都要有一定的限度、一定的范围，否则就会相互干扰，产生矛盾。学术权力只能用来处理与教学、科研相关的校内外的学术事务，对学校的非学术事务，教学、科研人员作为学校的成员，可以提出自己的建议，但是不能也不应直接行使非学术的权力。行政权力要限定在处理行政事务范围之内，不能过分地行使行政权力来干预学术活动或直接插手学术事务，如果行政人员过分干预学术事务、插手学术事务，势必会导致高等学校的学术活动丧失学术活力，不利于学术发展，不利于科研开展，不利于教学，不利于学术水平的提高，也不利于大学本身的发展，这就是"去行政化"的弊害。

现在高校的主要问题是二元权力之间存在行政权力过分干预学术事务的情况。高等教育二元权力结构的合理性和局限性是并存的，二者产生的矛盾

① 潘懋元. 潘懋元文集卷三·问题研究（上）[M]. 广州：广东高等教育出版社，2010：444.

和冲突也是不可避免的，问题是能不能协调。随着高等学校规模的日益扩大和学术活动、学术事务的日益复杂，高校的内部组织机构和社会关系也越来越复杂，学术权力和行政权力会不断地产生摩擦。因为学术权力强调处理大学事务要依照学术的标准，而行政权力却强调法规与制度，要按照法律法规、规章制度和操作程序等按部就班地进行；学术权力要求从事学术活动能够更加灵活、机动，有更大的创造性，要求学术自由和学术民主，而行政权力则强调程序、规则、约束与效率。产生矛盾并不可怕，因为矛盾并不都是消极的，如果协调得当，矛盾双方不但能够相互支持、相互促进，而且能够形成一个宽松的、高效的环境。行政人员应该意识到这种宽松环境的形成能够提高行政效率，既可以做到高效和自由，又可以自我约束，既能够有利于学校教学和科研水平的提高，也有利于学校办学水平的提升，所以二元权力结构是合理的。如何协调、处理好二元权力之间的关系是一个大课题。有的担任高校主要行政领导职务的学者结合自身的工作实践提出，"作为校长，只能代表行政权力；作为教授，遇到不懂的问题也要认真听取和尊重其他教授的意见。因为坐在校长的位置上，就不得不遵守上级的法规，因此整天所考虑的就是如何按照规章制度办事，提高效率，处理好行政事务。同时，如果不尊重学术权力的话，就容易把另一只手伸向学术活动"。潘懋元认为，如何协调好学术权力与行政权力之间的关系，是高校领导的一门艺术。[①]此外，他提倡要在充分研究二元权力结构的合理性、局限性及矛盾冲突的前提下，着重探讨合理的运行机制，重构我国高等学校学术权力与行政权力关系模式的基本点应该是：改变过分依靠行政权力进行决策管理的现象，充分发挥学术权力在决策管理中的作用，健全决策、审议、咨询、执行、监督、保证的运行体系，使学术权力和行政权力互补协调，共同发挥作用。[②]

（六）大学学术自治行政科层的兼容协调

与行政权力、学术权力有关的另外一个问题就是学术自治问题。学术自治是传统的大学理念之一，但是目前学术自治受到的挑战不仅有政府干预的，而且有高等学校自身发展带来的。尤其是巨型大学出现，学校规模变大，学校跟社会的关系变得比以前更为复杂，即学校与政府、市场、企业等的关系，以及与社会方方面面的关系都变得更加复杂。如此一来，大学的事务就很多，如何科学而又高效地管理好一所大学，已经不是"教授治校""学术自治"时期那

---

① 潘懋元. 潘懋元文集卷六·讲课录[M]. 广州：广东高等教育出版社，2010：69-72.
② 潘懋元. 高等教育：历史、现实与未来[M]. 北京：人民教育出版社，2004：106.

种方式能够管好的。当大学人数很少的时候，"教授治校"是可以的，因为没有那么多行政事务，也没有那么多社会关系，过去的大学行政组织结构相对简单。但是，现在大学相当复杂，没有专门从事大学管理的人来管理，由教授来管，管得了吗？教授有自己的教学、科研任务，教授也不见得专门受过科学的管理训练。现在一所大学有部、处、科，俨然是一个包括多个管理层次的科层组织。这种情况不仅在中国如此，世界上许多国家也都是如此，只不过中国大学的组织结构比国外大学更庞杂些，多了一些与党委、政府部门对口的办事机构，如计划生育办公室、节能办等，大学的科层人员也就比世界其他大学更多。为此，需要重新认识"学术自治"和"教授治校"等理念。

（七）民办高校大学治理的内外困境

民办高校的内部管理问题主要表现在：民办高校普遍存在家族式管理、企业式管理等，缺乏民主与监督。例如，有些学校的董事会形同虚设，有些董事会则常常不恰当地干预校务，举办者与办学者之间矛盾尖锐；人事安排上出现了"近亲化"的倾向，甚至有些办学者把学校视为己有，经费随意领支，手续不全，造成财务管理混乱。民办二级独立学院尽管有很多优势，发展很快，但也存在政策与管理上的问题。在政策方面，既要利用公办本科高校的优质资源，又要防止国有资产（包括人力、物力、财力）的流失；在管理方面，许多独立学院并不独立，与母体的产权关系不明确，导致经营权和管理权含糊不清；独立学院要以其学费收入的相当部分作为管理费或其他名目上交母体，从而不得不扩大招生并增加学费；不少学院至今尚未建立董事会，基本上沿用老大学的作法，有些学院尽管成立了董事会，要么成员组成不合理，要么职能越位，严重制约着独立学院的健康发展。①

民办高校面临的外部困境也有行政管理方面的：政府缺乏管理民办高校的实践经验，习惯于用公办高校的思路来管理民办高校。尚未出现专门管理民办高校的专门机构，对民办高校的管理往往混同于公办高校，忽视了民办高校的特殊性。具体管理中，民办高校的"婆婆"又太多，如教育厅法规处、高教处、财务审计处以及工商管理、税务部门等都有权对民办高校的依法办学、教学质量、财务管理等进行监督管理，部门众多，标准不一，给学校的运行带来很大的负担。②

<hr>

① 潘懋元.潘懋元文集卷三·问题研究（下）[M].广州：广东高等教育出版社，2010：315-316.
② 潘懋元.潘懋元文集卷三·问题研究（下）[M].广州：广东高等教育出版社，2010：325-326.

（八）高等教育改革发展的学术本位

人事制度改革中需要提高学术权力。以北京大学 2003 年教师评聘制度改革为例，在教师评聘制度改革中议论最多的不是聘而是评，因为北大聘任教师的改革方案与国外同行的聘任程序大抵相同，将组织人事部门的行政权力部分地转移给教授会、学术委员会或聘任委员会等学术权力机构，这无可非议；原则上规定不直接从本单位招聘应届博士研究生，以免"近亲繁殖"，这也是国外通例。[①] 争论最多的是教师职称评审制度的改革。赞同北大方案中的"坚持学术标准第一和公开、公平、公正原则""实行行政审核和学术审核并行体制"，希望北大教师评聘制度改革能够保障与增强学术权力，保持并发扬北大学术自由的优良传统。一是要真正摆正学术权力与行政权力的关系，使两种权力发挥各自作用，既要充分发挥学术权力在学术水平评审中的作用，又要运用行政权力妥善处理分流、下岗、解聘等行政事务；二是要制定能真正体现不同学术水平的评审标准，而不是沿袭那种以论文多少篇、专著多少字的数量指标来代替学术水平的质量指标；三是要防止鼓励竞争的措施使人急功近利，导致北大学术自由的宽松环境变得浮躁近利。

（九）高等教育区域发展的体制创新

在大学城的管理中，要把政府、企业、学校的力量结合起来，给学校和企业高度的自主性，政府主要起指导协调的作用而不能直接管理。即使要管理也应是服务型的管理，一般可以设立管理委员会，管理委员会不是一级政府组织，而是相当于物业的管理、服务组织。大学城中的大学，不论是公立还是民办，与管理委员会之间的关系都不是上下级关系。大学城应该是"大学是主体，企业是主要投资者，政府起支持、指导、协调作用，采取市场运作、产业化经营、社会化服务的新模式"。[②] 体制创新是宁波高等教育实现大发展的启示。潘懋元认为，宁波高等教育尤其是高等职业教育与民办高等教育的较大发展，在全国产生广泛影响的原因在于宁波高等教育的发展不仅体现为数量的增加与质量的提升，更主要的是一种制度的创新，是一种高等教育在制度层面的重大发展。[③] 这种新体制的核心是在高等教育的发展中逐步引入

① 潘懋元.潘懋元文集卷三·问题研究（下）[M].广州：广东高等教育出版社，2010：499.
② 潘懋元.潘懋元文集卷三·问题研究（上）[M].广州：广东高等教育出版社，2010：212-213.
③ 潘懋元.潘懋元文集卷三·问题研究（上）[M].广州：广东高等教育出版社，2010：234.

市场机制，为民办高等教育留有充分的发展空间，使公办高等教育与民办高等教育发挥各自优势，共同发展。宁波模式的成功还在于制度创新，就是"国有民营"。① 当然，潘懋元关心的是：现在很多国有民营学校董事会也不是很完善，没有形成有效的法人治理机制，学校领导的权力难以得到有效制约，而政府的干预往往又会影响正常的办学。此外，由于国有民营的局限，学校治理结构也没有纯民办那样高效。②

（十）落实大学办学自主权的产权明晰

明晰产权是落实大学自主办学权的重要条件。传统计划经济体制下，政府集投资、管理和办学于一身，形成了"三位一体"的、单一的权力结构。这种权力结构必定导致"政府集权、学校无权"的现实。实行高等教育体制改革以来，我国实施了以落实高校办学自主权为核心的管理体制改革，《高等教育法》逐项规定了大学办学的自主权。然而，法律上的规定与实际操作是两回事，因为政府"下放"的是行政权，而大学自主权是以产权为基础的。因此，要落实大学自主权就必须以大学的产权制度改革为切入点。

行政权与产权是两个不同的概念。从来源看，行政权依附于行政组织，实质上就是"职权"。行政权具有等级差异性，是通过自上而下的"设置"与"分配"确定下来的，谁占有了组织中的某个职位谁就拥有相应的权利（权力）；而产权则是与财产相联系的一组权利，是独立存在的权利实体，在此基础上按各种方式组合起来，因此具有天然的"平等性"。行政权与产权在不同经济体制中的地位和作用是不同的。在计划经济体制下，行政权超越了产权，可以操纵产权；而在市场经济体制下，产权受到尊重和保护。当然，现实生活中既没有纯计划经济也没有纯市场经济，任何类型的经济体制中，计划和市场都要发挥各自的作用。因此，在社会主义市场经济体制下，建立行政权与产权协调一致的产权结构和产权制度，对我国高等学校管理体制改革具有重要理论与实践意义。高校办学自主权必须以产权为基础。在改革高校管理体制过程中，一方面，政府担心权力下放后会导致权力的滥用和失控；另一方面，高校也不敢大胆使用应该有的自主权，形成一方不敢放，另一方不敢要的局面。形成这一局面的原因在于高校管理

---

① 潘懋元. 潘懋元文集卷三·问题研究（上）[M]. 广州：广东高等教育出版社，2010：237-238.

② 潘懋元. 潘懋元文集卷三·问题研究（上）[M]. 广州：广东高等教育出版社，2010：241.

改革没有被提高到产权制度这一高度。放权或收权都属于行政权范畴，放权改革必然削弱上级部门的权力，从而导致控制力下降，最终使原有的权力结构遭到破坏，出现"一放就乱，一乱就收"的循环怪圈，问题的实质在于被授权者缺乏自我约束能力上。通过建立合理的产权制度，就可能建立起具有自我控制、自我约束能力的权力结构。因为产权是以财产为基础的权利，尊重彼此的权利是产权的基本特点，产权在其运作过程之中遵循平等和等价的原则。通过产权之间形成的制衡关系，使产权具有自我控制和自我约束力。所以产权越分散，力量越均匀，侵权行为就越少。从产权角度看，大学自主权只有以产权为基础，才能具有自我约束能力，因为激励和约束是产权的两项重要功能。大学的自主权不是靠政府"下放"得来的，而是产权的基本属性。因此，我国管理体制改革的关键是建立起合理的产权结构和产权制度，使政府在"下放"行政权力的过程中，不至于因为控制权的失落而造成管理系统的混乱。①

三、现代大学治理的认识路径

（一）采取多学科的观点与方法

相关研究主要体现在《多学科观点的高等教育研究》总论② 之中，详细的观点与论证体现在潘懋元先生的授课提纲之中③。从研究方法上讲，他在高等教育的应用性研究中，更加深刻地理解到高等教育是一个复杂的、多层次的开放系统。用多学科的观点与方法来研究高等教育问题，可能是高等教育学一种独特的研究方法，其他学科也要用多学科的研究方法，但至少这个方法是高等教育学的主要研究方法，而其他学科没有像高等教育学一样跟多学科联系这么紧密。④潘懋元在相关著述与授课中谈到了要利用十二个学科（历史学、哲学、心理学、社会学、政治学、经济学、文化学、生态学、管理学、科学学、系统科学、比较教育学等）的观点或视角开展高等教育研究。

从哲学的观点看，经典的大学理念是洪堡建立柏林大学时所概括的学术自由、大学自治、教授治校、教育与研究统一的思想原则；但是时代不

---

① 潘懋元. 潘懋元文集卷三·问题研究（下）[M]. 广州：广东高等教育出版社，2010：299-301.
② 潘懋元. 高等教育：历史、现实与未来[M]. 北京：人民教育出版社，2004：86-110.
③ 潘懋元. 潘懋元文集卷六·讲课录[M]. 广州：广东高等教育出版社，2010：56-94.
④ 潘懋元. 潘懋元文集卷六·讲课录[M]. 广州：广东高等教育出版社，2010：58.

同了，经济的发展、社会的进步、大学职能的扩展，尤其是大学从远离社会的"象牙塔"走向社会的中心，高等教育日益受到外部关系规律的制约，社会也日益要求大学为政治、经济、文化、科学的发展提供有效的服务。根据 19 世纪以前高等教育发展历程所总结的经典大学理念，已经不能全面反映社会与高等教育关系的新进展，也不能满足人们对高等教育改革与发展的新追求。因此，20 世纪以来尤其在进入新世纪后，人们不断地提出新兴的大学理念，有反映大学内部发展逻辑的，如"科学教育与人文教育相结合""个性化与人本化"等等；更多的是反映高等教育外部关系的，其中谈的最多的是高等教育的大众化与普及化、面向社会、面向市场、可持续发展、民族特色与国际化等。对这些新兴大学理念的产生、嬗变、特点、内容及其对大学教育实践的意义的研究，已经超出了哲学的范畴。①

从心理学的观点看，高等教育改革过程中的心理因素很重要，但往往被忽视。高等教育改革从心理学的角度看，就是心理冲突与心理适应的过程。社会心理的作用是潜在而持久的，对高等教育改革起推动或阻碍作用，如果高等教育改革已经有比较良好的心理背景，改革的措施与现有的社会心理意识和价值标准也比较一致，那么改革就可能得到比较广泛的社会心理的支持；相反，如果缺乏一定的社会心理基础，与传统的价值取向不一致或相抵触，社会心理就会成为一种顽固的阻力，甚至使改革偏离预定的目标。② 促进心理适应要从激发改革动机与提高改革的心理承受能力两个方面来进行，大学制度的改革也是如此。

从文化学的观点看，文化与高等教育存在着双重关系，外部关系和内部关系；存在着两种作用，制约和中介作用；存在着两大功能，传承和创新的功能。重点在于把握高等教育的文化功能，也就是文化传承与文化创新功能，同时还有文化保存、文化批判、文化选择等功能。要学会用文化的观点来研究高等教育的现象与问题，例如高等教育改革中北大的人事改革碰到很大阻力，但在南方如中山大学就不存在，这是因为北京是一个传统文化内涵很多的城市，而广州作为开放的沿海城市，文化上具有很强的包容性。任何高等教育改革都必须考虑文化条件、文化背景及其与传统文化的关系。潘懋元有一句经验之谈："制度改革，最大阻力来自有经验的干部；教学改革，最大阻力来自有学问的教授"。③ 在传统文化与高等教育现代化的关系上，任何现代化的改革都要在传统文化的基础上进行改革。文

---

① 潘懋元. 高等教育：历史、现实与未来[M]. 北京：人民教育出版社，2004：97-98.
② 潘懋元. 高等教育：历史、现实与未来[M]. 北京：人民教育出版社，2004：99.
③ 潘懋元. 潘懋元文集卷六·讲课录[M]. 广州：广东高等教育出版社，2010：87-88.

化改革，包括教育改革，都应当是渐进式的改革，而不是突变性的革命。①

（二）深化高等教育管理改革及其理论研究

高等教育管理理论，在高等教育科学各个分支学科中，研究活动最为活跃，研究成果最为丰富。广义的高等教育管理，包括高等教育体制与结构、高等教育发展战略、高等教育规划、高等教育评估等；狭义的高等教育管理，从高等教育领导与管理的原理原则、高等教育的运行机制，到宏观高等教育管理体制、高等学校内部管理的各个系统，如教学管理、科研管理、人事管理、信息管理、财务管理、总务管理等。② 高等教育管理最为活跃的原因就是领导重视，群众欢迎。高等教育发展需要管理改革，管理改革需要理论指导，高等教育管理学学科的理论与实际的关系最为紧密、直接，应用性最强，能够更快更容易地转化为高等教育改革与发展的决策与办学实践。当前的高等教育改革中，管理的问题很多，不解决这些问题，整个高等教育改革就很难顺利进行；高等教育改革，首先要求管理科学化。③

潘懋元先生认为高等教育管理学主要是由管理学与教育学两个学科中相关的次级学科交叉而成。"高等教育管理学体系来源于学科的交叉，而从高等教育管理理论出发，又可以交叉出许多应用性很强的次一级学科或专门研究领域，例如，高等教育行政学、高等教育评估学、高等教育心理学、高等学校科研管理、高等学校后勤管理、高等学校财务管理等等。"④ 管理学原理揭示高等教育中蕴含的一般矛盾及其普适运动规律；高等教育学揭示高等教育中的特殊矛盾及其特殊运动规律。两者的结合使高等教育学体系建立也有"由一般到特殊"和"寓一般于特殊之中"两种基本方式。⑤ 因此，研究对象这一基本问题，是两种基本方式殊途同归的基础，高等教育管理学可以一般管理学的逻辑体系来构建学科体系，但必须以高等教育学原理为学科的生长点。潘懋元先生认为，高等教育思想应该成为构建高等教育管理学体系的核心，解决高等教育管理问题必须以高等教育思想为指引，这从本质上说明了高等教育管理学研究对象的基本属性。潘懋元先生认为高等教育管理理论必须以问题研究为核心。"从教育基本规律到教育实践，经历了原则、政策、措施与

① 潘懋元. 潘懋元文集卷六·讲课录[M]. 广州：广东高等教育出版社，2010：91.
② 潘懋元. 潘懋元文集卷三·问题研究（上）[M]. 广州：广东高等教育出版社，2010：183.
③ 潘懋元. 潘懋元文集卷三·问题研究（上）[M]. 广州：广东高等教育出版社，2010：206-208.
④ 王伟廉，杨广云. 潘懋元与中国高等教育可持续发展[M]. 北京：中国华侨出版社，2000：231-232.
⑤ 潘懋元. 潘懋元高等教育文集[M]. 北京：新华出版社，1991：39.

做法三个主要中间环节。"① 高等教育管理自身作为应用性很强的学科及其他一些应用性次级学科的母学科，其学科权重主要分布在中、后环节，不必刻意追求十分严谨的理论体系，而是要着重解决应用高等教育管理学的理论来解决各层各类的高等教育问题，既要解决集权与分权、科学化与民主化、社会参与等原则问题，也要解决包括教学管理、科研管理、人事管理、后勤管理等方面的许多具体问题，并在应用中不断丰富和加深高等教育管理的基本理论。

（三）注重大学治理及高等教育改革发展的渐进式方法论

教育的改革和发展是渐进的，是一个不断以新质代替旧质的过程，而不是突变的。因此，教育的改革和发展，不能用革命的手段和运动的方式来进行，因为它违反了教育自身发展的规律。政治革命可以是爆发式的，而教育改革却只能是渐进式的。② 例如，在公平与效率视角下高等教育重点项目的设置与存废问题：在国家大力提倡教育公平的背景下，在政策层面，应该是逐渐减少、淡化重点项目而不是增加、强化重点项目，减少行政对学术过多干预，加强高校学术上的自主竞争。③

虽然，对于高等学校行政权力与学术权力二分法的研究思路，学术界有不同观点，如有学者认为大学治理不宜用学术、行政二分法来概括，这种推导演绎的"二分法"难以反映大学治理的实践，认为突破大学治理的困境重在研究规则与实践。④ 但是，潘懋元教授大学治理思想坚持现代共同治理的价值取向，以高等学校办学自主权的落实及大学内部学术权力与行政权力的合理划分为基础，以教授治学与大学治理这一现代大学制度建设的核心问题为中心，已经并将继续指导中国特色现代大学制度建设与大学治理的实践发展。

第二节 大学治理中的法治思维与法治方式

在大学治理中，高校领导干部要善于运用法治思维和法治手段实现高等教育的"良治"，必须确立高等教育法治化与依法治校的科学理念。重新审视

① 潘懋元. 教育基本规律及其在高等教育研究与实践中的运用. 上海高教研究，1998（1）.
② 潘懋元. 潘懋元文集卷六·讲课录[M]. 广州：广东高等教育出版社，2010：272.
③ 潘懋元. 潘懋元文集卷六·讲课录[M]. 广州：广东高等教育出版社，2010：302.
④ 李立国. 大学行政权力与学术权力是对立的吗[N]. 光明日报，2015-05-12（13）.

教书育人、管理育人与服务育人三者的关系，以全面素质培养为目标的高校教育理念提升教书育人的价值，与法治社会相适应的高校教育治理方式的转变突出管理育人的地位，以后勤社会化为主要内容的高校社会化改革强化服务育人的功能，要提升三者在育人中的互动价值，使教书育人真正立足于智育与德育功能的结合，使管理育人真正体现法治原则的要求，使服务育人真正立足于服务质量的提高。无论教书育人、管理育人、服务育人，还是社会教育、家庭教育、学校教育，都要着力提高运用法治思维和法治方式解决学生涉法问题的能力，维护好大学生的合法权益。

一、实现高等教育治理方式的法治化

党的十八大报告强调，要坚持教育为社会主义现代化建设服务、为人民服务，把立德树人作为教育的根本任务，培养德、智、体、美全面发展的社会主义建设者和接班人①。高等学校在承担人才培养这一首要的基本职能过程中，要充分运用法治思维与法治方式，实现教书育人、管理育人与服务育人的结合，实现社会教育、家庭教育与学校教育的结合，实现教育培养与大学生自我教育的结合。结合的关键在于遵循大学生成长与发展规律，协调大学生教育与管理中的各种促进力量，消除高校教育管理工作中存在的缺位、错位与冲突，化阻力为动力，增强教育管理的合力；结合的核心在于高校领导干部要将法治思维与法治方式运用到高等学校教育管理活动之中，实现人才培养、科学研究、社会服务与文化传承创新等工作的法治化。

法治作为一种治国理政的方式，是与人治相比较而言的，具体说来，法治更为重视制度在社会管理中的作用，在制度与规则的运用中更为重视稳定性、预期性而不是变动性、灵活性，在正义实现过程中更为重视程序正义而不仅仅是实体正义。西方现代社会的法治经验以及我国改革开放以来依法治国的社会主义法治进程均表明：如果各级各类领导干部及工作人员能主动、自觉和善于运用法治思维和法治方式，自然就会大力促进相应国家、地区乃至某个具体单位的法治实践；而该国家、地区或单位的法治实践又会成为相应国家、地区、单位的执政者和领导干部更主动、自觉运用法治思维和法治方式的内在驱动力。如果某一国家、地区或者单位形成了这种良性循环，我们就可以认为该区域、单位已经进入了法治运行和科学发展的正常轨道，呈现了法治社会的常态。

---

① 中国共产党第十八次全国代表大会文件汇编[M]. 北京：人民出版社，2012：35.

（一）高校治理方式法治化重点在于领导干部

国务院早在 2010 年就发布了《关于加强法治政府建设的意见》，从国家行政机关工作人员树立和培养依法行政意识与能力的角度指出，行政机关工作人员特别是领导干部要"带头学法、尊法、守法、用法，牢固树立以依法治国、执法为民、公平正义、服务大局、党的领导为基本内容的社会主义法治理念，自觉养成依法办事的习惯，切实提高运用法治思维和法律手段解决经济社会发展中突出矛盾和问题的能力"①。该《意见》发布之后，中央政府的各组成部门、各级地方人民政府相继通过会议和文件向所辖行政机关工作人员、领导干部重申了这一要求，有的地区还通过党委和人大的决议形式将这一要求扩展到包括党的干部在内的全体国家工作人员（例如，湖南省委 2011 年 8 月发布《法治湖南建设纲要》，湖南省人大常委会 2011 年 9 月通过《关于推进法治湖南建设的决议》，等等）。在总结国家各级行政机关及其工作人员特别是领导干部依法行政实践的经验基础上，党的十八大报告对此进行了系统的理论阐述，指出"法治是治国理政的基本方式"，在全面推进依法治国的进程中要"提高领导干部运用法治思维和法治方式深化改革、推动发展、化解矛盾、维护稳定能力"②。这将"法治思维与法治方式"运用的对象与主体从国家行政机关工作人员拓展到党和国家的各级领导干部及有关工作人员。在此背景下，高校领导干部以及广大教育工作者更要善于运用法治思维和法治方式实现高等教育管理法治化。特别是在涉及教职工、学生等学校主要成员权益保障等事项上，必须彻底改变传统的高等教育管理方式，实现现代高等教育的有效治理。

（二）高校治理方式法治化要求领导干部确立法治思维与法治方式

法治是法治思维与法治方式的良性互动。高校领导干部的法治思维是指他们在社会主义法治理念思想的指导下，运用法律规范、法律原则、法律精神和法律逻辑对高等教育办学实践过程中遇到的各类问题进行分析、综合、判断、推理并形成结论，做出科学决策的思想认识活动。按照学者的理解，法治思维要求领导干部在整个决策、执行和纠纷解决过程中遵守五项要求，实现目的合法、权限合法、内容合法、手段合法、程序合法③。

所谓的法治方式（之前也称之为"法治手段"，但不科学、合理，因为"手

---

① 中国共产党第十八次全国代表大会文件汇编[M]. 北京：人民出版社，2012：28.
② 国务院. 关于加强法治政府建设的意见（国发〔2010〕33 号）［EB/OL］. http://news. xinhuanet. com/legal/2010-11/08/c_12751134. htm.
③ 姜明安. 政府官员应具备法治思维[N]. 人民日报，2012-03-21（17）.

段"更多的只是突出了法治本身的工具价值，尚未彰显法治的本体价值），是指高等学校领导干部通过执行国家各类法律、法规、规章，领导或参与制定并实施单位内部的以大学章程为龙头的各项规章制度，运用这些具有法律意义的制度、机制、设施与程序来处理高等学校在人才培养、科学研究、社会服务与文化传承创新中的各种问题，解决高等教育领域及办学过程中的各种社会矛盾、争议，促进高等教育实现"良治"与"善治"，实现高等学校内涵发展措施、方式与方法的总称。"法治思维"与"法治方式"写进十八大报告是我国依法治国基本方略的具体体现，是社会主义法治理念的生动实践，正在成为从基层到中央上下一体遵循的基本规则，这不仅意味着执政党要依法执政，政府要依法行政，领导干部要遵奉宪法、做到法律至上；也决定着在高等教育领域，高校领导干部在其教育管理实践活动中要示范和引领法治思维与法治方式的运用。

（三）高校治理方式法治化的最佳切入点是运用法治思维和法治方式实现师生员工合法权益的保障

高等教育要以提高人才培养质量为首要任务，教师与学生是高校的主要成员。近年来，师生合法权益保障及其引发的法律问题已经成为高校教育管理的一项重点工作和日常工作，涉及政府、高校、教师、学生及其家庭、司法机关、舆论、社会等各种力量与主体，与其说是一个理论问题，不如说是一个需要通过理论概括进行阐述的重大现实问题。这既是一个需要以马克思主义唯物史观和人的全面发展为指导进行探索的基础理论课题，也是面对当代中国社会经济体制深刻变革、社会结构深刻变动、利益格局深刻挑战以及思想观念深刻变化提出的具有挑战性和应用性的重大而紧迫的社会实践课题，同时也是在全球化、信息化、民主化、法治化背景下加强和改进高校教育管理的一个热点和难点问题。基于此，高等教育要实现治理方式的法治化，就要坚持运用法治思维与法治方式并以此为抓手，推广贯彻到高等学校教育管理的各个领域。

二、推进高校行政权力运行的规范化

实现依法治国、建设社会主义法治国家的目标，要求各个行业、领域与具体单位都能实现依法治理。高等学校特别是公立高校作为具有公共管理职能的社会组织，按照法律至上、保障权利、制约权力的原则实现治理是行政法治原则的必然要求。在高校教育管理活动中，既要努力维护学校、教职员工的合法权益，更要充分保障学生的合法利益，确立法治思维与法治方式，实现高校行政权力运行的规范化、法治化、公开化与效率化。

（一）运用法治思维与法治方式厘清政府、高校、教师与学生间的法律关系

近年来，随着依法治国方略的提出与实施，全社会的法制意识显著增强，由于高校、政府、教师与学生之间的法律地位不明确，四者之间特别是前三者与学生之间的法律纠纷不断。现实中，行政机关和司法机关对于涉及高校的各类纠纷（如宪法意义上的教育权与受教育权，行政法意义上的学位授予权，以及最为普遍的师生民事权利保障等问题）的解决也在不断探索和徘徊之中，缺乏理论的指引和制度的规范。这些纠纷不仅使作为高等教育办学者的高校无所适从，而且使得作为高等教育管理对象、服务接受者、权利享有者的学生饱受伤害，还使作为裁判者的教育行政机关（同时也具有高等教育举办者、管理者的角色）和司法机关（国家公权力的掌控者）在部分纠纷处理中难以入手。在此情形之下，就需要作为举办者与管理者的政府及其部门、作为办学者的高校运用法治思维与法治方式，从法律层面探讨学生与政府、高校、教师之间的法律关系，明确各主体在学生教育管理中的法律地位。这对于涉及高校及其各类成员的法律纠纷的顺利解决，对于和谐社会的构建、校园和谐的促进都大有裨益。

（二）运用法治思维与法治方式实现高校行政权力行使的规范化

我国高校要成为独立运行的法人实体，关键就是要重构政府与高校的关系，即由"命令—服从型"的行政关系向"授权—经营型"的法律关系转变。[①] 在市场化运行模式下，政府与高校之间的关系，必须从传统的、简单的行政隶属关系转变为现代的产权明晰、职能明确的举办者（投资者、管理者）和经营者（办学者）的关系，从以计划为约束的直接管理方式转变为以市场为导向的间接管理方式。也就是说，要进一步转变政府教育管理职能，改变直接管理学校的单一方式，减少不必要的行政干预[②]。政府与高校的这种新型关系延伸到高校内部，就需要高校行政权力行使要以法治思维与法治方式的确立和运用为前提。针对高校行政权力行使不规范和低效率的现状，有必要改革行政权力的运行模式，即由传统的权力导向模式

---

① 湛中乐. 公立高等学校法律问题研究[M]. 北京：法律出版社，2009：2.
② 国家中长期教育改革和发展规划纲要（2010—2020 年）[M]. 北京：人民出版社，2010：48.

（主要是党委领导确立的政治权力、校长负责制下高校内部各种行政权力）向现代的权利导向模式（主要是包括师生在内的学校成员权利、高校内部各类精英民主与协商民主中体现的权利、教代会与学代会等具有代议民主特色的组织中体现的权利）转变，从人治型的模式向法治型模式转变，实现高校内部行政管理的公开化和效率化。为积极应对这种挑战，推动高校面向社会真正做到自主办学，高校需要确立一种与市场经济相适应的法治型行政权力来实现其教育管理职能，这种法治型行政权力的有效运行也只能是建立在领导干部法治思维与法治方式的确立与运用之上。这样，从制度的顶层设计上就能避免或极大减少师生合法权利受高校行政权力侵害的可能性，为高校保障其成员合法权益提供制度基础。

（三）运用法治思维与法治方式促进高校权力结构的适当分散和弹性控制

伴随着我国高等教育管理体制改革的深入发展，高校权力的结构和运行都将面临着适应市场要求的进一步调整，其中一个重要内容就是必须改革高校现行权力的控制与监督机制。目前，我国高校的内部管理基本上都是以行政权力为中心的模式，教师与学生在管理过程中的合法合理诉求缺乏表达机制与主张渠道，不具备参与高校治理的有效途径与现实载体。针对我国大学权力顶部聚集和等级森严的症结，改革的核心应该放在协调权力的内部分配和完善权力的自律控制上。简单地说，以党内民主为基础配置政治权力，以首长负责制为核心配置行政权力，以学术（精英）民主为主导配置学术权力，以教职员工和学生的代议民主配置代议权力（现实中的教代会与各类学代会，目前在法律层面只是民主监督机构），以举办者和管理者（两者并不总是同一，公办高校的举办者主要是中央人民政府与省级人民政府，副省级、地级、县级市等城市人民政府；管理者一般均为各省级以上人民政府的教育行政主管部门）的有效制约配置监督权力，这些权力依照宪法和法律至上、党章约束的原则与精神，贯彻法治思维与法治方式，确立各自权力运行的合理边界。为此，高校行政权力结构应适当分散并具有弹性。例如，在涉及学生合法权益保护与学生教育管理事项等方面应该听取学生意见，吸收学生参与民主管理，学生事务尽可能地交由学代会等具有学生自治与代议特色的组织协商处置，涉及学生权益的事项要实现程序正义，这都不仅有利于克服权力运行的负效率和低效率，同时也与民主平等、公平正义的社会主义法治理念相吻合。

（四）运用法治思维与法治方式切实维护学校、教师和学生各自的
合法权益

在高校教育与管理两类不同性质的活动过程中，各种法律关系主体的
法律地位要明确界定，各主体在教育与管理活动中的权利和义务关系要合
法设定，各主体的日常行为规范要清晰具体。通过运用法治思维与法治方
式对高校作为民事主体和作为行政主体所承担不同法律责任的深入分析，
为高校、教师与学生之间的法律纠纷的解决提供可行路径。各类教育管理
者在高校内外部各种交往活动中必须增强法律意识，充分并善于运用法治
思维和法治方式，规范行使各类权力，本着致力于推进学术共同体繁荣发
展的最高目标、促进学生全面发展的价值追求，综合运用宪法、民法、行
政法、刑法、教育法等法律手段，切实维护学校、教师和学生的合法权益。
在促进三者之间法律关系运行规范化和良性化的同时，彰显学生作为宪法
上的公民、民法上的自然人、行政法上的被管理者、教育法上的受教育者、
社会法上的服务接受者等不同角色所应该享有的合法权益，并使之得到切
实维护和现实保障。

三、彰显现代大学制度建设的特色化

坚持以人为本、全面实施素质教育是教育改革发展的战略主题，是贯彻
党的教育方针的时代要求，其核心是解决好培养什么人、怎样培养人的重大
问题，重点是面向全体学生，促进学生全面发展，着力提高学生服务国家服
务人民的社会责任感、勇于探索的创新精神和善于解决问题的实践能力。[①]
在此过程中，高校要不断完善中国特色现代大学制度，以法治思维与法治方
式实现依法治校。

（一）运用法治思维与法治方式完善中国特色现代大学制度

中国特色现代大学制度的建设要求德治与法治两种治理方式大致平
衡，也就是依法治校与以德治校的观念统一与制度协调。政府与学校之间、
学校与社会之间、学校与学生之间，以及学校内部都能充分实现依法治理，
使高校真正成为独立办学的市场实体，彻底实现依法自主发展和自我监督。
为此，高校必须通过依法治校，以法治思维和法治方式为思想指导，切实
转变办学观念以及教育和管理的理念、思路、方式和手段，发挥师生等学

---

① 胡锦涛. 在全国教育工作会议上的讲话[M]. 北京：人民出版社，2010：12.

校成员在大学制度建设中的主体作用，通过各种权力的分离与制约的制度设计，实现学校的治理与善治，为建设中国特色现代大学制度奠定坚实的民主基础。

（二）运用法治思维与法治方式提高教育管理水平，办好人民满意的教育

当前，高校教育管理活动自主性与复杂性大为增加，权利和义务关系的多样性纷纷呈现，学生法律意识丰富性显著增强，高校办学中的法律问题、管理漏洞与矛盾纠纷日渐凸显，师生在自身权益保护以及社会公益维护过程中运用申诉、信访、诉讼、仲裁的途径不断丰富，借助传统媒体、新媒体的意识不断增强，能力不断提高，再加上学生家庭以及其他各类主体力量的参与，给高校教育管理及相关纠纷的行政或司法处置带来了许多新问题和现实挑战。高校领导干部必须通过依法治校实现教育管理的制度化、法治化和规范化，重视教育管理活动中对学校及领导干部自身义务的合法设定和切实遵守，依法实现与学生、家庭、公民、媒体、社会其他组织的协调、对话与合作，以期获得人民群众的认可与支持，维护不同主体各自的合法权益。

（三）运用法治思维和法治方式实现教育管理与办学活动的有法可依、有章可循

有法可依、有章可循是突出法治作为学校治理方式与治理手段的基本要求。高校要坚持社会主义办学方向，领导干部率先垂范，全面树立宪法法律至上、尊重学校章程、依法依章办事的思想观念和工作要求，宪法法律与规章制度面前人人平等，实现教育管理与办学活动的法治化。为此，要以增强高校各级领导者运用法治思维和法治方式治理学校的思想意识和水平能力，增强学校章程及内部各类规章制度的合法性与合理性，规范和制约学校各种管理权力的有序运行，保证国家法律法规的贯彻实施，建立健全师生权利救济渠道等作为切入点，体现社会主义法治原则对高校办学全局、管理全程的全面统领，对教育过程与管理行为实现系统规范。在高校的日常教育与管理工作中，各级领导干部要准确把握并全面实现权利与义务、权利与权力、民主与法治、实体与程序、教育与惩戒的和谐平衡，实现人才培养目标与教育管理手段的有机统一，以合法合理的日常管理制度、深入细致的思想政治工作和高超精妙的教育方法艺术代替各类苛刻繁杂的师生行为准则。①

---

① 教育部. 关于全面推进依法治校实施纲要（教政法〔2012〕9 号）[R]. 2012-11-22.

（四）运用法治思维与法治方式推进人才培养模式改革、实施素质 教育

高校教育管理活动在人才培养中要坚持能力为重的指导思想，优化学生知识结构，丰富社会实践，强化能力培养，着力提高学习能力、实践能力、创新能力，引导学生在法治课堂中培养法治思维，在法治实践中学会权益维护，在法治环境中树立法治方式，在法治社会中确立法治手段。高校紧紧围绕和服务于提高人才培养质量这一根本任务，体现各自特色，关注各类成员的不同需求，从制度层面上贯彻以人为本的原则要求，切实尊重和保护师生员工合法权益，提高管理水平和服务意识，重视师生参与民主管理的制度建设，依法落实师生及其家庭、媒体、社会等各类主体的知情权、表达权、参与权和监督权。在人才培养中加强现代公民意识教育，树立社会主义民主法治、自由平等、公平正义理念，把培养具有现代法治理念和现代民主观念的社会主义合格公民，作为大学德育的重要目标，作为高校人才培养的基本任务，作为实施素质教育的现实追求。高校依法治校要实现切合社会主义法治理念的育人环境营造与构建，通过高校各级领导干部以及广大教职员工运用法治思维与法治方式的言传身教引导学生学法、尊法、守法、用法，树立现代公民意识。

第三节　大学治理中的管理育人与权益保障

2017 年 12 月，为认真学习贯彻党的十九大精神，进一步把贯彻落实全国高校思想政治工作会议和《中共中央国务院关于加强和改进新形势下高校思想政治工作的意见》精神引向深入，大力提升高校思想政治工作质量，教育部制定了《高校思想政治工作质量提升工程实施纲要》，将管理育人质量提升体系建设作为高校思想政治工作质量提升工程的十大育人体系之一，明确要求：把规范管理的严格要求和春风化雨、润物无声的教育方式结合起来，加强教育立法，遵守大学章程，完善校规校纪，健全自律公约，加强法治教育，全面推进依法治教，促进教育治理能力和治理体系现代化，强化科学管理对道德涵育的保障功能，大力营造治理有方、管理到位、风清气正的育人环境。大学治理，要进一步发挥其管理育人的重要职能，保障师生员工合法权益，引导管理干部用良好的管理模式和管理行为影响和培养学生。

法治是法治思维与法治方式的良性互动。思想政治教育的法治思维，是指思想政治教育工作者在社会主义法治理念的指导下，运用法律规范、法律原则、法律精神和法律逻辑对思想政治教育过程中遇到的各类问题进行分析、综合、判断、推理并形成结论、做出科学决策的思想认识活动。按照学者的理解，法治思维要求相关实践主体在整个决策、执行和纠纷解决过程中遵守五项要求，实现目的合法、权限合法、内容合法、手段合法、程序合法。[①]所谓思想政治教育的法治方式（之前也称之为"法治手段"，但不科学、合理，因为"手段"更多的只是突出了法治本身的工具价值，尚未彰显法治的本体价值），是指思想政治教育工作者通过执行党的路线方针政策与国家各类法律、法规、规章，以及单位内部的各项规章制度，运用这些具有法律意义的制度、机制、设施与程序来处理思想政治教育过程中的各种问题，在法治范围内解决人的思想问题，促进并实现人的全面发展的各种方式、手段与方法的总称。

一、顺应社会主义法治实践的新进展

在思想政治教育研究与实践中引入大学生合法权益保护的问题，有助于思想政治教育学科研究领域的进一步拓展和大学生思想政治教育职能的实现，增强教育的主体性、针对性、时代性与有效性。高校思想政治工作的主要对象无疑是大学生，包括思想政治理论教育和日常思想政治教育两个重要途径，前者是主渠道，后者是主阵地，两者相互依存、互为补充。主阵地要积极配合主渠道，共同做好大学生思想政治教育。[②]大学生合法权益保护体现在主渠道上就是要加强社会主义法治理念的教育，体现在主阵地上就是从日常教育管理工作实际和大学生权益保护的实际出发，广泛开展日常思想政治工作。

（一）正确面对大学生思想政治教育的现实境遇

国际国内形势的深刻变化使大学生思想政治教育既面临着有利条件，也经受着严峻挑战，经济全球化、社会信息化、体制市场化、文化多样化相互交织，[③]共同构成当代大学生思想政治教育环境新变化的主要特征。这

---

① 姜明安. 政府官员应具备法治思维[N]. 人民日报，2012-03-21（17）.
② 刘川生. 大学生日常思想政治教育实效性研究[M]. 北京：北京师范大学出版社，2009：5.
③ 骆郁廷. 当代大学生思想政治教育[M]. 北京：中国人民大学出版社，2010：42.

虽有利于大学生成长成才与全面发展，但也带来了不容忽视的负面因素，例如，现实中业已存在的部分大学生价值取向扭曲、诚信意识淡薄、社会责任感缺乏、艰苦奋斗精神淡化、心理素质欠佳等，究其原因，在一定程度上与大学生法治精神的缺失有关。在当今时代，法治已经成治国理政的基本方式，依法治校已成为高校治理的主要形式，大学生思想政治教育要改进薄弱环节，主动适应教育新形势，更新教育理念，深化教育内容，拓展教育渠道，创新教育载体，优化教育环境，在教育管理中实现大学生合法权益的有力保障。

（二）切实坚持大学生思想政治教育的基本原则

在大学生思想政治教育中，坚持教育与自我教育相结合，既充分发挥高校在学生教育管理中的引导作用，又充分调动大学生维护自身合法权益的积极性与主动性。坚持思想理论教育与社会实践相结合，既搞好大学生思想道德修养与法治理念的课堂教育，实现学校育人的目的；又注重引导大学生结合自身权益保障的实际，深入社会、了解社会、服务社会，实现社会育人的目的。坚持解决思想问题与解决实际问题相结合，在学生教育管理中既以理服人、以情感人，又以法服人、以法正人、以法育人，增强思想政治教育的实际效果。坚持教育与管理相结合，既做好教书育人工作，又突出管理的育人功能，把思想政治教育融入学校管理之中，依照法律和学校各类规章制度加强和改进教育管理，建立起自律与他律、激励与约束相结合的有效工作机制。

（三）系统建构大学生思想政治教育的内容体系

十八大提出的社会主义核心价值观力求倡导自由、平等、公正、法治，这成为大学生思想政治教育的必然内容，其教育目的是在努力培养造就具有坚定正确政治方向的社会主义事业建设者和接班人的过程中，加强社会主义核心价值体系建设，全面提高大学生道德素质，弘扬社会主义法治精神，树立社会主义法治理念，增强大学生学法、尊法、守法、用法的意识。思想政治教育内容必然随着时代发展而不断变化，与市场经济、民主法治、科技进步、信息发展、和谐社会相适应。在思想政治教育基础性内容中，要将社会主义法治理念融入社会公德、职业道德、家庭美德与个人品德教育；在思想政治教育主导性内容中，要将社会主义法治精神纳入思想理论教育、理想信念教育、时代精神教育、荣辱观教育与形势政策教育；在思想政治教育拓展性内容中，要将社会主义法治意识贯穿诚信守信教育、心理健康教育、公民意识教育、民主法治教育、创新精神教育、生命伦理教育与生态道德教育，实现显性教育与隐性教育的结合，增强教育内容的交叉性、渗透性和兼容性。①

（四）科学实现大学生思想政治教育的专业化

大学生思想政治教育以促进大学生全面发展为目标，探索形成中国特色大学生思想政治教育理论与方法体系，实现高校思想政治教育的专业化与科学化，培育大学生良好德行与非智力因素，与智育紧密结合开发人力资源。大学生思想政治教育要突出主体优势互补、合力整体形成、资源优化配置，实现教育力量的有效整合。其中，作为大学生思想政治教育的领导力量，学校党政干部和共青团干部负责教育的组织、协调和实施，②要按照十八大报告提出的要求，提高这些领导干部和专职工作人员运用法治思维和法治方式在高校教育管理和大学生思想政治工作中深化改革、推动发展、化解矛盾、维护稳定的能力；辅导员按照学校党委部署有针对性地开展日常思想政治工作，这是大学生思想政治教育的支柱力量，更要接受民主法治及法律实务方面的专业化辅导与培训，掌握专业化特长，维护学生合法权益。

二、关注学生合法权益保障的新课题

当今时代，法治已经成为治国理政的基本方式，在全面推进依法治国的进程中，要"提高领导干部运用法治思维和法治方式深化改革、推动发展、化解矛盾、维护稳定能力"。③这既是一个需要以马克思主义唯物史观和人的全面发展为指导进行探索的基础理论课题，也是面对当代中国社会经济体制深刻变革、社会结构深刻变动、利益格局深刻挑战以及思想观念深刻变化提出的具有挑战性和应用性的重大而紧迫的社会实践课题,同时也是在全球化、信息化、民主化、法治化背景下加强和改进高校教育管理的一个热点和难点问题。大学生合法权益保障及其引发的高校学生教育管理中的法律问题，不

---

① 熊建生. 思想政治教育内容结构论[M]. 北京：中国社会科学出版社, 2012：177-197.
② 骆郁廷，储著斌. 大学生日常思想政治教育的力量整合[J]. 学校党建与思想教育, 2010（28）.
③ 中国共产党第十八次全国代表大会文件汇编[M]. 北京：人民出版社, 2012：28.

仅直接关乎如何进一步加强和改进大学生思想政治教育的问题，而且还与大学生的受教育权、高校依法治校等问题密切相关，与教育实践中学生行政申诉、行政复议及行政诉讼等问题紧密相连。因此，这一问题一直为学术界关注，也成为高校教育管理实践中的难点问题之一，引发了研究者与管理者的普遍热议。

教育学研究以及高等教育管理实践中，重视学生作为受教育者的教育权、法治进程中的学生权利保护及依法治校等问题；行政法学研究与相关实践强调高校特别是公立大学的行政诉讼主体资格；大学生思想政治教育理论与实务中，突出大学生法律意识的培养与社会主义法治精神的弘扬。教育学、行政法学的学术研究与工作实践为思想政治教育就大学生权益保障拓展了研究视野，提供了规范与实证分析方法，但依然存在不少问题。这些问题表现在：思想政治教育学对大学生权益保障问题的研究还较为薄弱，对相关学科研究成果的借鉴、吸收还不够，在理论上尚未突出法治思维与法治方式引发的思想政治教育环境的较大变化，社会育人、实践育人、管理育人等思想政治教育原则与方法尚未明确彰显，教育主体的法治思维方式尚未真正确立，教育对象法治意识的自发性、自觉性有待提高；在实践中大学生思想发展中的法治因素未充分发掘，学生辅导员队伍专业化建设亟待加强，学生合法权益保障效果不明显，在大学生思想政治教育的涉法问题上束手无策，严重制约着思想政治教育的有效性。

（1）学理研究的广度和深度不够。注重学生法律意识的培养，忽视高校思想政治工作者运用法治思维与法治方式解决学生事务管理中法律纠纷能力的培养与提高；注重学生事务管理中个案研究，忽视在高校教育与管理中法律问题案例分析基础上的全面系统梳理；高校思想政治工作注重高校、教师、管理人员、服务人员以及家庭、社会教育合力的形成，缺乏对学生所处的外部法律环境，如学生与高校、家庭、媒体、社会等其他教育力量之间法律关系的深入研究。

（2）研究方法较为单一。法学、教育学比较注重规范分析，思想政治教育学要在注重定性分析的基础上加强定量分析与规范分析、实证分析，要在思想政治教育比较研究中参考和借鉴其他国家和地区大学生思想政治教育涉法事务处理的先进经验，要在实证调查中注重不同类型、层次高校学生思想政治教育涉法事务的不同特点及制度需求。

（3）研究视野较为狭窄。思想政治教育仅仅停留在学生法律意识培养上是不够的，这些法律知识的理论学习与其自身权益的保护实践联系不紧密，缺乏大学生权益保障理论与实践方面的专门研究；在辅导员专业化、科学化研究及队伍建设中，缺乏对辅导员等专门工作者进行民主法治、法律事务方面的专业化辅导与培训；各级各类思想政治教育工作者运用法治思维和法治方式开展工作，在理论研究与工作实践中基本未涉及。

三、拓展学生合法权益保障的新路径

大学生思想政治教育范围广泛，涉及面宽，学生权益保障问题属于大学生日常思想政治教育范畴，一般以高校党委学生工作部（学生工作处）、学院专职党委副书记、辅导员、班主任等专、兼职高校学生工作人员为主，根据党的教育方针、国家法律法规、学校思想政治工作要求、学校规章制度等，从学生思想发展规律出发，及时发现和解决学生在思想、学习和生活等方面存在的问题，其中很多问题最后转化为法律问题、法律纠纷。这就需要高校思想政治工作加强应对学生事务管理法律问题的及时性、针对性、有效性与合法性。

（一）关注学生权利及其保障

在教育对象研究中，合理界定学生权利和义务的基本结构，高校学生作为共和国公民，在高校教育管理活动及其他各类活动中享有宪法规定的基本权利；作为民事主体，在学校日常教育活动中享受各种民事权利；作为行政相对人，在服从高校行政管理过程中享有各种保障性权利；作为受教育者享有各种具体的受教育权。同时，也要强调享受权利与承担法律义务的一致性。在学生自身合法权益受到学校、教师及其他主体侵害时，引导学生寻求救济的具体途径和机制；在学生就社会公益问题主张权利时，帮助学生寻求社会支援与公益诉讼的途径和机制；引导学生合理合法选择教育申诉、教育行政复议、教育行政诉讼以及其他的民事诉讼、刑事诉讼、仲裁等法律制度与程序，合理使用信访、检举、举报等途径保障其合法权利。

（二）重视高校学生教育管理法律问题

在大学生日常思想政治教育研究中，结合高校教育管理法律问题及法律纠纷实践，合理划分高校学生涉及的法律纠纷类型。一是涉及高校学生人权，主要是贫困大学生、违法违纪大学生的基本人权保障；二是涉及高

校学生公民权，主要是成年大学生的选举权和被选举权、言论自由权、结社权（组成学生社团等）、受教育权等；三是涉及学生作为高校行政权相对人，针对学校享有的权利，这是高校与学生关系实践中最典型、研究最深入、分歧较大的一种类型，如学位、学历证书的授予；违法违纪引发的学业评价；学生获得行政主体对自己生命财产的行政保护；获得行政主体支持以抵制乱收费的权利；获得行政主体对受教育机会平等保护的权利；对治安管理处罚和高校内部纪律处分的行政复议请求权；行政监督建议权，行政知情权，政府和高校有义务对学生公开信息；行政听证权，包括政府立法的听证权、政府决策如学费定价的听证权、高校决策的听证权、学生奖惩的听证权；高校学生的荣誉权、行政赔偿权和行政诉讼权等；四是涉及高校学生民事权利，包括学生人身权、物权、知识产权、债权与继承权等，这是司法实践中发生频率最高的一类案件，学生人身权法律问题包括学生生命权与健康权、名誉权、隐私权、婚姻自主权；物权法律问题包括学生财产置于学校时不能一概排除学校的损害赔偿责任，高校及其教师无权没收或扣押学生财产等；知识产权法律问题包括学生在教师指导下的科研成果可能是职务成果、个人成果、共同成果的定性问题，教师剽窃学生科研成果问题，学生科研成果署名权等；债权法律问题包括学生的合同权，如高校招生简章的承诺，学生报到手续文件的合同性质，学生自主选择专业、利用学校资源的权利，人身侵害的赔偿请求权，要求学校科学、合法处理突发公共事件的权利等；五是涉及高校学生其他权利，例如大学生自主创业中的法律问题；学生社团的法律问题；学生参与社会公益事业引发的法律问题，这些问题是新型学生教育管理法律问题。

（三）建立法律风险防范工作机制

从工作机制来看，要在充分调研各类高校学生教育管理法律问题与法律纠纷基础上，借鉴法治国家或地区学生教育管理先进经验，遵循现有法制秩序，建立法律风险防范体系。深化法律进课堂活动，根据大学生的特点与接受能力，在思想政治教育实践中合理制定社会主义核心价值观教育、公民教育、法制教育的教育规划与计划，提高教育的针对性和有效性，科学规划、系统安排大学生各个阶段教育的内容与体系，按照法治理念、法律常识、一般性法律知识和专门性法律知识的梯度，循序渐进安排教育内容，通过理论教育、实践教育、隐性教育等渠道拓展教育方式；深化法律进学校活动，大力提高各类高校的校领导及各级管理者、辅导员、教师运用法治思维和法治方式解决学生法律问题的意识和能力，提高依法管理学校、实施教育教学和管理活动的意识和能力，提高依法保护学校合法权益、维护学生合法权利的意识与能力；针对不同类型的学生法律纠纷与法律问题制定相关工作预案，在遵循国家法律法规前提下制定应急处置办法，例如，现实中多发的学生非正常死亡事故（案件）应急处置办法，学生涉法信访案件处理流程，学生人身伤害事故处理办法，学生申诉处理办法等；建立高校学生涉法事务管理体制机制，按照各地高校经验，设立各种不同性质的学生法律事务室（法律顾问室），挂靠在学校办公室（党办或校办）或学生工作处（部），归口管理学生教育管理中的法律问题与法律事务，规范法律问题处理流程，对涉及学生权益的规范性法律文件进行合法性与合理性审查。

第七章
地方高校现代大学制度建设的经费保障

　　教育经费使用管理是切实强化管理育人的具体举措之一。《高校思想政治工作质量提升工程实施纲要》明确了教育经费使用管理的育人功能，即：加强经费使用管理，科学编制经费预算，确保教育经费投入的育人导向。教育经费使用与管理成为地方高校现代大学制度建设的保障条件之一。

　　教育经费投入是支持国家长远发展的基础性、战略性投资。在高等教育发展重点论的政策导向下，现行经费投入政策未能彻底解决地方高校发展的资金瓶颈问题。地方高等教育经费已形成了地方财政与学生个人投入的两极化格局。为推动地方高教内涵式发展，中央财政要继续加大对地方高校的支持力度，地方财政要进一步发挥经费投入的主体作用，学费标准要纳入价格听证范围并建立不同学科和专业学生毕业后收益率的动态调整机制，地方高校要切实提升服务区域经济社会发展的能力。

第一节　地方高等教育的经费投入政策

　　党的十八大报告指出，要"推动高等教育内涵式发展"。[①] 教育要发展，条件是基础。办好一流高等教育、培养一流创新人才，迫切需要加大对关键领域和薄弱环节的投入，不断提高各类高校教育现代化、教育信息化建设水平，增强高等教育的发展实力，为建设教育强国、人力资源强国奠定坚实的物质基础。教育经费投入既是政府支持地方高教事业改革与发展的前提条件，也是实现区域经济社会协调发展的基础性与战略性投资。在国家确立区域协调发展的历史机遇期，地方政府高度重视本区域的高等教育事业，出台了一

---

① 中国共产党第十八次全国代表大会文件汇编[M]．北京：人民出版社，2012：32．

系列重大举措并进一步加大经费投入，按照中央要求建立并逐步完善了地方高教事业的经费投入体制机制，公共财政有力保障了地方高教事业的发展，典型体现为地方高校的办学经费总量不断增加，为地方高等教育事业的改革与发展、实现高等教育大众化目标，以及满足人民群众接受优质教育的期盼提供了物质保证。但是，从满足地方高教事业发展的现实需求看，高教经费投入仍然成为地方高校实现内涵式发展的关键领域和薄弱环节。为此，全面落实教育投入政策，切实提高教育投入效益，加强学校基础设施建设，提高地方高校运行保障能力，成为地方高校加强教育条件保障的现实选择。

一、地方高等教育经费投入的政策偏好

一般来说，我国经济社会发展主要采取的是一种后发者追随、赶超的模式，在经济领域、政治领域如此，在高等教育领域也是如此。中华民族绵延百余年的追赶传统，在 1949 年以后被具体化为如何实现以先发国家为标准的发展指标问题，而这其中表达最简明扼要、最富时代象征意义的总体性指标就是"现代化"。就教育现代化而言，国际上通常以公共教育支出占国内生产总值的比例作为衡量一个国家教育投入水平的基本指标，所以教育现代化的关键指标之一就是"国家财政性教育经费占 GDP 的比例"。为了实现这一关键指标，国家教育法律设定了多项教育经费制度，如教育经费的"三个增长""两个提高"、教育费附加制度、预算内教育经费制度、国家财政性教育经费制度等，以实现国家财政性教育经费支出占国内生产总值 4% 这一关键性指标。

第一，就全国而言，高等教育中央财政经费投入典型地表现出"重点论"，地方高校因其"非重点"的身份处于中央财政投入的边缘。

（1）高等教育经费投入关注重点区域。这既是基于战略的需要，更是基于历史的惯性，例如北京、上海、武汉、西安、成渝、南京、广州等国家或区域政治文化中心的高等教育实力比较强，在计划经济时代，这些地区也一直享有非常明显的经费投入政策优惠。目前，我国已经形成了中央政府宏观指导、省级地方政府全面统筹的办学体制，绝大多数高校与地方经济社会发展的关系日益密切，区域重点发展、分类开发的战略肯定会直接或间接地对相关地区高等教育发展产生政策影响，进而决定其资源分配；非重点区域的地方高校的经费收入则相对有限。

（2）高等教育经费投入关注重点项目。也就是国家经费投入主要集中于重点区域高校的教学和科研这两大高等教育的核心职能上，非重点区域的地

方高校很难争取到重点项目，也就往往被国家投入所遗忘。

（3）高等教育经费投入关注重点高校。也就是说教育经费更多投向了重点大学，也就是现行的"一流大学""一流学科"支撑的重点大学群。地方高校一般来说无法进入这个重点大学行列，因此能得到的中央财政投入就更为有限了。

第二，地方政府财政投入成为地方高校资金来源的主渠道，但现实中地方政府（主要为省级政府及包含副省级市在内的地级市政府两级）教育投入偏低和分配不当是制约地方高校发展的难题。

就中央政策层面而言，国家财政性教育经费投入在2012年达到国内生产总值的4%已经实现，同时还实施了加大经费投入、完善投入机制、加强经费管理等保障经费投入的诸多措施。国家财政部也于2010年开始实施"中央财政支持地方高校发展专项资金"等中央各项工程计划。尽管如此，学术界及地方高等教育管理者仍然感觉地方高校发展资金不足。例如，朱永新在2012年3月全国人大会议上提出了《关于大力支持地方高校发展的建议》的议案，[①] 按相关程序，办理部门之一的国家财政部已于2012年8月1日进行了答复。[②] 在地方政府加大对地方高校经费投入的同时，中央要求进一步放开各类社会资源进入地方高教，鼓励多渠道增加地方高教经费投入，通过财政、税收、金融和土地等方面的优惠政策及税收激励机制吸引社会资金以投资或捐赠的方式进入地方高教领域。但是，一方面，地方高校毕竟数量庞大，地方政府的支撑能力存在着经济发展水平的区域差异，现实中也还有很大一部分地方高校，特别是中西部的高校难以得到充足的经费投入；另一方面，很多地方高校发展基础不强，在各方面可持续发展能力落后于重点高校的情况下，再加上不利的教育发展政策，近年来在整体水平上与部属高校的差距呈扩大趋势，这严重影响到地方高校履行服务区域经济社会发展的基本职能。地方高校本来就在与重点高校的竞争中处于劣势地位，所以中央出台的政策途径在很多地方高校，特别是中西部地区的地方高校中还是难以实现。因此，现行地方政府的经费投入仍未能彻底解决地方高校改革与发展中的资金瓶颈问题。

第三，按照国家高等教育投入政策，要建立并完善高等教育培养成本分担机制，地方高校的办学成本由受教育者个人或家庭分担一定份额，学费标准可根据区域经济发展水平、物价变动幅度及个人承受能力等因素合理调整。

---

① 朱永新. 关于大力支持地方高校发展的建议[EB/OL]. 中国民主促进会，2012-03-11.

② 财政部. 关于"进一步加大中央财政支持地方高校发展"建议的答复[EB/OL]. 中华人民共和国财政部，2012-03-02.

诚然，人力资本投资是回报率最高的投资，往往可以改变一个学生、一个家庭的命运，也是促进就业、增加收入的根本所在，事关人民福祉；但是人力资本投资同时也是周期性较长的投资，也不是一个学生本人、一个家庭就能够承受的，这在中西部欠发达地区表现得尤为典型，现实中"教育致贫"现象屡有发生，很多高校包括重点大学将学费的催缴视为一项日常工作也为明证；实践中的大学生就业难的困境加剧并进一步恶化了家庭对高等教育投资的积极性与主动性。基于这些因素的考虑，在现行公办高等学历教育学费由政府定价的前提下，地方高校"适时调整学费"就更为艰难。根据现行行政体制，高校学费是由政府价格主管部门或其他有关部门按照定价权限和范围制定的价格，不经价格主管部门批准，任何单位或个人都无权变动；有的地区还将公办高等学历教育纳入价格听证范围。① 这些都表明，学费收入在目前也难以支撑地方高校的经费来源。

二、地方高等教育经费投入的两级格局

《国家中长期教育改革和发展规划纲要（2010—2020 年）》对高等学校经费投入问题做了专门阐述和顶层设计，按照学生数量实施人均经费基本标准和人均财政拨款基本标准等制度。② 实行标准预算和标准拨款，是国际通行的做法，我国教育法律对此也有相应规定。在高等教育领域制定学生人均经费和人均财政拨款两个基本标准，有利于改变教育经费投入不考虑学校办学基本需要而主要取决于领导重视程度的现状，构建一种体现标准导向、满足办学需要、实现稳定增长的教育经费投入的长效制度安排。考虑到各地经济发展水平的现实差异，各地可综合考虑国家办学条件基本标准和教育教学基本需要等因素，制定并逐步提高这两个生均基本标准。但从地方高教的现实运行来看，举办者投入低，形成了政府财政与学生个人投入的两级格局。

（一）以举办者投入为主的高等教育经费投入机制在地方高等教育中体现得不明显、不充分

从管理者来看，普通高校实行中央和省级两级政府管理的体制；从举办者来看，地方高校又可以分为省属高校和市属高校（其中包括副省级城市作为举办者的市属高校）。根据地方本科高校生均财政拨款的相关统计，扩招后

① 沈佳. 学历教育和景区收费纳入听证[N]. 楚天金报，2012-12-08（A6）.
② 国家中长期教育改革和发展规划纲要（2010—2010 年）[M]. 北京：人民出版社，2010：56.

在校生的数量增长比例远远高于财政拨款的增长比例，这直接导致生均财政拨款持续缩减。从教育部与国家统计局公布的数据看，其一，地方高校生均财政拨款逐年下降，1999 年大约为 7 000 元/人上下，在 2003—2005 年之间则降到 5 000 元/人以下。其二，地区之间生均拨款的差异也非常明显，1998—2008 年东、中、西部地区生均拨款 10 年来的平均值分别为 6 637.71 元、4 378.22 元、5 259.35 元；以省级区域做比较，1999 年生均拨款最高的是上海，达 16 569.88 元，最低的为新疆，只有 3 855.34 元，两者相差 4.3 倍；2008 年生均拨款最高的为北京，达 2 6181.8 元，最低的为湖北，仅 3 940.49 元，两者相差为 6.6 倍，差距不断扩大。① 由此可见，省与市两级政府在地方高教的财政投入水平上存在着很大的差距。对于部属高校与省属高校来说，教育经费中公共财政投入的比例一般可达 50% 以上，但市级政府所属本科院校财政拨款的比例则更低。总之，地方高校的生均拨款存在区域差异和层次差异，市属高校的生均财政投入偏低尤其明显。

（二）地方高等教育中受教育者合理分担的培养成本正在逐步上升

我国地方高等教育规模的迅猛增长是在高等教育大众化的政策背景下实现的，是政府主导的教育现代化的现实成果。我国高等教育毛入学率在 2011 年已达到了 26.9%，各类高等教育的在校生总规模达到 3 167 万人。地方高校作为扩招主力军，承担了大部分扩招的任务，这虽然是国家财政加大投入、持续投入的必然结果，但更为重要的却在于地方高校经费来源过度依赖于非财政收入，其中最重要的主体部分就是学生的学费收入。1998年之前，大学生在普通高校接受高等教育都是免费的，也就是说是由国家财政负担所有的培养成本，后来随着改革的深入，慢慢地过渡到学生交纳部分学费阶段，并且学费交纳比例逐步提高。这种成本分担政策的实行，极大地增加了地方高校支撑高等教育大众化的能力。按照相关统计数据，1998 年地方高校总收入中的学生学费（包括向学生合法收取的各类杂费）收入占比仅为 18.6%，扩招后这一比例逐年增加，到 2005 年的时候就已经达到了 40.6%；而这年该项收入在中央高校中的占比则只有 21.1%。② 之后几年来这一比例肯定只会继续递增。在地方高等教育中，地方高校经费来源或者称之为收入已经不再是"国家包办"，国家财政（主要是地方财政）的保障程度大幅降低，学生个人（其实主要还是受教育者的家庭）支付的

---

① 宴成步. 关于建立"生均拨款标准"的制度设计与思考[J]. 现代教育管理，2011（9）.
② 赵应生，钟秉林. 我国地方高等教育大众化进程中地方高等教育的发展[J]. 高等教育研究，2009（3）.

学费成为地方高校收入的主要来源之一，已经占据着地方高校收入的"半壁江山"。地方高等教育中财政投入与受教育者个人投入的"两级化"格局早已形成。

（三）地方高等教育经费投入中学费收入的比重将进一步扩大

一方面学费比重将进一步扩大是由地方高校扩招这一基于扩大内需的政策初衷决定的。当时转变经济增长方式的政策背景下，扩大内需仍然是各级政府的战略选择。另一方面，又是由现行经济社会发展方式决定的，在国家控制房地产开放后，土地财政受到严格挤压，地方政府可支配的财政资金减少，势必影响到其对地方高教的经费投入，地方高校的财政来源会大幅减少，这样学费标准的调整、学费来源比重的增加就势在必行。

三、地方高等教育经费投入的财政支持

地方高校是实现高等教育大众化的主力军，我国要在 2020 年基本实现教育现代化，就必须重视包括城市大学在内的地方高校的发展。地方高校的办学质量直接影响到我国高等教育的整体质量，我国高等教育事业的改革与发展不能忽视地方高校。

（一）就中央财政而言，继续完善支持地方高校发展的各类专项
　　　　资金制度，推动地方高等教育事业实现内涵式发展

中央自 2010 年开始设立专项资金，对某些地方高校予以重点支持，其条件要求是"办学层次较高、办学特色鲜明、符合行业和区域经济与社会发展需要"，按照财政部有关规定，专项资金主要用于地方高校的国家级特色重点学科建设、省级重点学科建设、教学实验平台建设、科研平台和专业能力实践基地建设、公共服务体系建设及人才培养和创新团队建设等六个方面。[①]虽然这些专项资金的支持范围"已经涵盖所有地方所属公办普通本科高校"；但是，这些资金支持的对象非常有限（目前专项资金支持的高校数量超过 600所，分布在全国 35 个省市区），地方高校难以满足其支持条件。仅就国家级特色重点学科建设而言，以湖北省为例，该省地方本科院校目前还没有一个国家级"特色重点学科"，因此中央财政资金将不予安排。[②]同时，在"中央

---

① 财政部. 关于印发《中央财政支持地方高校发展专项资金管理办法》的通知［EB/OL］. 中华人民共和国财政部，2010-10-27.
② 湖北省财政厅. 财政部《中央财政支持地方高校发展专项资金管理办法》政策解读［EB/OL］. 湖北省财政厅，2010-11-27.

各项工程计划加大对办学有特色的地方高校的支持"的原则下，地方高校要按照中央的要求办出特色，实现差异化发展。

（二）对于地方财政而言，应在地方高等教育事业发展中继续发挥主体作用

根据目前的管理体制和政策规定，地方高校由地方政府负责管理，地方财政在支持本地区高等教育事业发展方面负有主体责任。为此，中央财政在其专项资金管理办法中，明确提出了地方财政应加大财政投入的要求；在专项资金的安排上，也将地方财政投入的努力程度作为重要因素。同时，自 2010 年起，中央财政还通过"以奖代补"机制，支持各地提高地方普通本科高校生均拨款水平，减轻地方高校债务负担，引导和鼓励地方政府进一步加大对地方高校的投入力度。特别是在地方高校的化债工作中，需要地方财政的大力支持，例如长春大学积极应对吉林省政府三年内减轻高校债务负担的举措，制定了《长春大学化债工作方案》，2011 年偿还银行贷款 5 149 万元，超额完成化债任务 1 149 万元；青岛大学紧紧抓住中央与山东省实施高校化债财政奖补政策的重大机遇，全面启动了债务化解工作，全年共化解债务 2.9 亿元，银行贷款余额由前一年底的 12.5 亿元降至 9.6 亿元，当然，这些化债资金主要来源于省级政府的财政资金。此外，地方政府要配合、支持并监督地方高校全方位加强教育经费使用管理，提高经费使用效益。

（三）就受教育者个人或其家庭投入而言，要充分考虑并体现教育公平性原则

高等学校学费标准要考虑学校办学的实际条件、当地经济发展的现实水平以及受教育者家庭的承受能力等因素，这是教育部 1996 年颁布实施的《高等学校收费管理暂行办法》明确规定的高校学费标准应考虑的主导因素，此精神也为以后的各项教育经费政策相承袭，成为学费收取的价值原则。其一，从家庭的承受能力来看，早在 2003 年北京市统计局就有一项调查表明，64% 的家庭认为高校收费标准太高，33% 的家庭认为一家供养一个大学生很困难，37% 的家庭勉强可以供得起，仅有 30% 的家庭认为没有困难。[①] 这还是在经济发展水平较高、人均收入在全国名列前茅的北京地区 10 年前的调查结论，现在的状况特别是中西部欠发达地区的状况更可想而知了。其二，从高校学费标准来看，地方高校学费标准的调整要纳入规范化、法治化轨道，省市政

---

① 许峰. 审计风暴刮向高校[N]. 南方周末，2005-07-07（A4）.

府的价格主管部门要严格按照政府定价的要求，对地方高校实施的学历教育等层次的学费标准实行听证，并且改变"逢听必涨"的习惯做法，实现地方高校学费标准的科学化。其三，从大学生毕业后收入角度看，学费标准的制定要考虑经济社会发展水平和大多数国民或家庭的承受能力，充分考虑广大低收入阶层，特别是农村学生的利益，力求教育机会均等；应统计不同学科、不同专业学生毕业后的收益率，按照市场公平原则和投入与收益正相关的原则对不同收益率的专业制定不同的学费标准，收取不同的学费；对收费后可能产生的问题也要进行可能的全面预测与估算，完善学校的各类奖学金、贷学金、助学金等自主政策，在最大程度上维护高等教育的公平性。[1]

总之，对地方高校而言，要在内涵式发展上下工夫，切实提升服务区域经济社会发展的能力。虽然地方高校的可持续发展受教育经费短缺制约，但地方高校要找准发展目标定位，助力所在城市建设，提升服务城市及区域经济社会发展的能力。为地方经济社会发展服务，是地方高校履行其基本职能的必然要求，地方高校必须将其作为办学的根本宗旨，作为提高综合竞争能力、拓展生存发展空间的必由之路。

第二节　地方高等学校的办学成本分担

我国公立高校学费及其调涨问题备受关注，在党的十八届三中全会之后各类论争更是激烈。成本分担理论支撑的生均教育成本分析方法对高校学费标准确定有着重要影响，其理论困境就在于没有一套科学合理有效的操作方法与计量工具来准确测算生均教育成本。公立高校经费投入体制的政策偏好导致地方高校中政府以财政拨款形式投入的经费与学校向学生及其家庭收取的学费之间呈现紧张关系。地方公立高校办学成本分担的两级格局在于以举办者投入为主的经费投入体现得不充分，受教育者合理分担的培养成本正在逐步上升。地方公立高校学费定价仍然要发挥市场积极作用，基于审慎规划原则有条件地逐步放开高等教育学费价格，基于弱势群体照顾原则推动各项助学措施。

改革开放 30 多年来,我国高等学校学费制度经历了由免费到收费的逆向改革，在国家经济总量跃居世界第二、高校办学成本与消费物价指数不断攀

---

① 王同孝. 高等学校学费研究[M]. 北京：北京大学出版社，2010：234.

升的背景下，不少高校都有着调涨学费的冲动与诉求。与此同时，世界各国也在不断进行着高等教育学费制度改革，往往在议会、政府、学生、学校、政党以及相关利益群体与学者之间引发激烈的论争，甚至导致街头抗争。在我国，透过高等教育学费制度改革，能否找到学费定价特别是地方公立高校学费定价的基本规律，不仅是公共政策制定的需要，也是公共经济理论与教育经济理论发展的需要。我国地方公立高等学校学费改革问题，涉及公共财政、价格学、教育经济学等多学科的综合理论问题，也是事关教育利益各相关者的公共教育政策的重大实践问题，备受社会关注，同时也饱受各方争议。

一、地方高校学费制度改革的现实背景

高等教育办学成本与学费的关系是最直接而且最复杂的，同时也是最暧昧与最有争议的。[①] 广义地说，学费包括学杂费、实习费、书籍费、住宿费、生活费、考试费、学生团体保险费及海外研修的相关费用[②]；狭义地说主要指学杂费，我国各类教育中的学费均指的是学杂费。学费本身就是广义教育成本的一部分，也就是学生作为受教育者、受益者由其个人或家庭支付的教育成本。教育成本是确定学费收取标准的主要依据（对此，我们将"教育成本"与"办学成本"做同义理解，对这两个概念不进行区分）。对于教育成本的内涵与外延，不同学科与专业视角有不同的理解。社会公众出于对公立高等学校学费的质疑，当前关心的教育成本应该只是直接影响学费标准确定的生均教育成本，而不是学校实际发生的全部办学成本，也不应该是受益者个人担负的全部教育成本，这就直接引发了高等教育不同利益相关者各自视野中公立高等学校办学成本与学生学费之间的紧张关系。

在当前我国全面建成小康社会的历史新时期，国家经济实力总体增强，经济社会发展水平得到了极大提高，人均国内生产总值、受教育者及其家庭的承受能力、学生毕业后收益及高等教育供求关系等均发生了极大的变化。不可否认的是，无论哪种类型的高等学校，其办学成本也是直接上涨的。但在此前提条件下，高等学校收费项目由中央政府及其部门（体现为教育部、发改委与财政部等中央政府部门）直接掌控，学费收取标准由国家直接定价，

---

① 伍海泉. 学费定价研究——理论、方法与改革[M]. 北京：经济科学出版社，2011：163.

② 基于台湾地区《大学法》第35条规定的理解，2011年1月26日修订版本，这一广义的学费范围同时也成为台湾地区高校学生办理贷款项目的范围。

具体的高校学费定价政策有：一是权限范围，教育收费直接关系到广大人民群众的切实利益，属于全国性行政事业收费项目，除国务院规定或经财政部、国家发改委、教育部联合批准外，其他任何部门、省级及省级以下政府无权出台新的教育收费项目；二是听证程序，改按学分制收费的实行总额控制，并且需要在召开听证会基础上报经省级人民政府批准后执行，各省级人民政府也规定了学费调涨中的听证程序；三是政府定价，除国家另有规定以外，现在中央部属高校学校、住宿费标准仍然执行 2006 年秋季相关标准；四是收费公示，地方政府要对收费项目、标准与政策通过门户网站等方式向社会公示，高校要将经批准的收费项目和标准，在校内向学生公示，未公示或公示内容与政策不符的学生有权拒绝缴纳①。国家教育最高行政主管部门多次强调，高校学费总体标准不会因物价上涨提高，将来也不会因为物价上涨而提高收费，高校收费标准的制定跟物价不应该挂钩，培养成本提高以后，高校还是以国家财政拨款为主，物价提高了以后培养成本如果提高，学校入不敷出了，如果收费标准不够，国家财政要适当地增加给高校的拨款②。在中央财政与各级地方财政对地方高校资金投入有限、不得提高学费收费标准、地方高校自身造血能力有限的宏观背景下，如何推进地方高校的改革与发展就成为一个现实问题。

党的十八届三中全会明确指出："凡是能由市场形成价格的都交给市场，政府不进行干预""政府定价范围主要限定在重要公用事业、公益性服务、网络型自然垄断环节，提高透明度，接受社会监督。"在此情境下，学术界与实务界均有人提出要完善高等教育学费主要由市场决定价格的机制，具体来说，也就是高校学费应与办学成本等市场因素挂钩，最终由市场决定办学成本，进而决定高等学校学费收取标准。这在理论上也进一步加剧了高校学费改革的难度与社会影响力。

二、地方高校办学成本分担的理论困境

成本是市场经济的产物，作为市场经济中的一个经济范畴，是市场经济条件下商品价值与价格的主要组成部分。它是人类社会发展到一定阶段后，

---

① 教育部、国家发展和改革委员会、财政部《关于进一步规范高校教育收费管理若干问题的意见》（教财发〔2006〕2 号）[R].发展改革委向社会公布中央部属高校学费标准[EB/OL].新华网，2007-07-06，http：//news. xinhuanet. com/edu/2007-07/06/content_6338736. htm.
② 教育部：高校学费总体标准不会因物价上涨提高，新华网，2007-05-21，http：//news. xinhuanet. com/edu/2007-05/21/content_6130046. htm.

在对投入与产出关系认识的基础上提出来的，是马克思主义经济学对成本的基本认识。就现代社会而言，成本既属于经济学范畴也属于会计学范畴，经济学范畴的成本揭示了成本的本质属性，提供了经济分析的工具与手段；会计学范畴的成本，在体现成本的现实属性的同时还体现了管理工具所具有的计量特征。高等教育领域之所以引入成本的概念及具体分析方法，这与高等教育办学成本的确定及向学生收取学费密切相关。

1. 教育成本是经济学上的成本概念运用到教育领域的产物，是随着教育经济学的实践发展变化与理论研究深入而提出来的

对教育成本的研究肇始于英国教育学家约翰·维泽 1958 年发表的《教育成本》及 1963 年美国学者舒尔茨撰写的《教育的经济价值》等著作。舒尔茨认为，教育的全部要素可分为两个部分，一部分是提供教育服务的成本，包括教师、学校管理人员的服务成本、固定资产的折旧及利息成本，以及维持学校运转耗费的要素成本；但不包括与教育服务无关的附属活动成本，如学生食堂、住宿、运动队活动等成本，也不包括向学生提供的奖学金、助学金等"转移支付"性质的支出；另一部分是学生上学时间的机会成本，这部分成本可以用学生因为上学而放弃的收入来衡量[①]。国内外对于教育成本的研究已经很丰富，对于教育成本的概念虽然认识不一，但着眼点大致相同，也就是认为教育成本的本质是培养学生所耗费的各项教育资源的价值总和，不仅包括以货币支出形式表现的教育资源耗费的价值，这更多地体现为我国目前高校财务核算制度中的支出部分也就是实际成本，而且包括因资源用于教育领域而带来的价值损失，这更主要的是指学生因为接受教育所付出的机会成本。所以，我们认为教育成本就是指用于培养学生所耗费的各种教育资源的价值，是教育机构为培养人才所耗费的资源的尺度，是衡量学校管理水平以及资金使用经济与社会效益的重要经济指标。就此而言，教育成本还是一个笼统的、模糊的概念。

2. 在高等教育领域，公立高等学校的生均教育成本建立在教育成本基础之上，是高等学校教育成本的相对指标

与企业的单位产品成本相类似，生均教育成本是指高等学校培养一个合格学生全过程的平均支出。生均教育成本作为衡量一所高等学校资金使用效益的重要指标，在不考虑教育质量的前提下，生均教育成本过高则说明学校资金使用效益低下，生均教育成本过低则说明高校教育资金投入不足，这些

---

① 王同孝. 高等学校学费研究[M]. 北京：北京大学出版社，2010：107.

都会影响学生的培养质量与学校的改革发展。生均教育成本本身就是一个复杂的概念，在计量中更是涉及各种具体的模型、假设其案例，例如，有学者以湖南地区各类高等学校为例进行学费定价的成本计量与分析，研究了基于学费定价的实际生均成本、标准生均成本与分专业生均成本的不同计量，^①但这更多的只是一种理论上假设与分析的模型、框架。

3. 虽然生均教育成本对于高等学校学费标准的确定有重要影响，但是现实中没有一套科学合理有效的操作方法与计量工具能够准确地测算全国、某个区域乃至具体高校的生均教育成本

我们转换视角，就现实中高等学校教育成本的经费来源做出分析，可能更具有实际意义。教育经济学认为，教育成本的投资也是一种生产性投资，可以决算投入与产出。就高等学校的投入而言，办学成本主要是各种人、财、物的需求，人力成本的需求是相应的各类教育人员费用，如工资、津贴、各种福利，人力成本从本质上讲也是财力的投入。因此，可以把教育成本理解为教育资源（作为总体上人财物各类资源的总称）的投入，其中财力是人力和物力的货币表现。假设能把教育成本的支出都以货币形式表现，那么教育成本就可以视为教育经费的投入，在一定程度上可以通过对高等教育的教育经费投入来决算教育成本。我国目前公立高等学校的经费来源主要包括如下部分：一是政府财政拨款，包括教育事业费和基本建设预算内投资，在我国包括中央政府与省市等地方政府的财政拨款，部属高校主要由中央财政拨款，地方高校主要受省市等地方财政的投入支持（中央政府在近年来有针对性、选择性地挑选了部分地方高校加大投入，例如《中央财政支持地方高校发展专项资金管理办法》中符合规定条件的地方高校，以及支持中西部部分地方高校发展计划的发布与实施）；二是个人对高等教育的投资，这主要是以收取学费的形式把家庭或个人的一部分收入转化为高等教育投入；三是企业对高等教育的投入，主要是高校为企业培训人才，企业支付的一定教育成本；四是各类社会捐赠，例如社会团体、港澳同胞与海外侨胞对高等学校的捐赠；五是学校创收，学校通过举办实体企业、提供科技服务等方式实现创收，把经营利润的一部分投入高等教育事业中。在教育成本的这五个部分来源中，无论哪类高校，政府财政拨款在目前仍然是我国公立高等学校经费来源的主渠道，大约达到高等学校经费来源的 40%~60%，区别仅仅在于不同管理体制下不同"行政级别"、不同类型的高校接受政府财政拨款的来源与数量不同，

---

① 伍海泉. 学费定价研究——理论、方法与改革[M]. 北京：经济科学出版社，2011：163-235.

存在着中央财政与省级财政、市级财政拨款的差别。

三、地方高校学费制度改革的市场机制

一般来说，我国经济社会发展主要采取的是一种后发者追随、赶超的模式，在经济领域、政治领域如此，在高等教育领域也是如此。中华民族近代以来绵延百余年的追赶传统，在 1949 年以后被具体化为如何实现以先发国家为标准的发展指标问题，而这其中最简明扼要、最富时代象征意义的总体性指标就是"现代化"。就教育现代化而言，国际上通常以公共教育支出占国内生产总值的比例作为衡量一个国家教育投入水平的基本指标，所以教育现代化的关键指标之一就是"国家财政性教育经费占 GDP 的比例"。为了实现这一关键指标，国家教育法律设定了多项教育经费制度，例如教育经费的"三个增长""两个提高"，教育费附加制度，预算内教育经费制度，国家财政性教育经费制度等，以实现国家财政性教育经费支出占国内生产总值的 4% 这一关键性指标。要实现地方高校的内涵式发展，在各自区域服务于国家各类发展战略基础上办出特色，就要处理好地方高校办学成本与学费的关系。

地方公立高校的学费改革，涉及中央与地方的公共财政，关系到地方高校办学经费，关系到社会管理及民生问题。由于教育的公共性、外溢性和信息不对称性，学费定价及其引发的学费改革问题必然成为市场经济条件下的政府价格行为，也是政府以及各方教育利益相关者共同参与并达成广泛社会影响的经济行为。一方面，作为社会公平的守护者、市场秩序的维护者和公共政策的制定者，政府在学费定价与改革以及学费管理的规范中发挥着主导与规制作用。政府要规范自身的定价行为，也就是政府价格行为法定，政府定价程序法定（这体现为各省级政府价格部门对公立高等学校学费标准确定过程中的各类法定程序，例如听证程序），约定政府的定价权限；政府的学费定价行为还要科学、高效、有序，应该在尊重市场规则的基础上，维护公共利益，吸纳公众参与，遵从公共选择。另一方面，就地方公立高校而言，引发了中央财政与地方财政的央地博弈、作为投资方的地方政府与作为管理者的省级教育行政主管部门的博弈、作为办学者的高等学校与作为投资方的地方政府之间的博弈、作为办学者的高等学校与作为政府价格管制代表的省级物价部门之间的博弈、作为消费者的学生及其家庭与作为公共产品提供者的高等学校之间的博弈。

现行地方高校的办学成本价格肯定是由市场决定的，高校学生的学费

价格是由政府定价的，但仍然要发挥市场的积极作用；同时坚持不断改进对公立高等教育价格的管理和监督。鉴于此，要基于审慎规划的原则有条件逐步放开高等教育学费价格，基于弱势群体照顾原则推动各项助学措施。

第一，高等教育学费标准要逐步实现"市场说了算"。目前我国各类公办教育（包括公办幼儿园）的收费标准均由省级人民政府的物价、财政与教育部门联合制定或批准（批复）①，这些政府部门对民办学校的收费标准也有着指导价格。在贯彻十八届三中全会过程中，民办高校的学费标准正在逐步放开，例如湖北省人民政府出台的《关于进一步促进民办普通高等教育发展的若干意见》，在全国率先提出"民办普通高校的学费标准将按市场机制调节""可根据办学成本等因素自主确定学费标准"②。这势必也会成为下一步公立高等教育领域全面深化改革的方向。

第二，高等教育作为一种高投资成本的教育，学校有办学支出，高等教育的学杂费政策应基于提升品质、成本分担、公平正义及照顾弱势等原则审慎规划。参照我国台湾地区在应对处理"学生抗议大学即将调涨学杂费"有关诉求时的认识，高等教育不应该商品化，但应该注重教学研究品质与学生人格教育发展的诉求，调整学杂费是为了合理反映教学成本。具体来说，学校要落实校务公开及财务资讯公开透明化，资讯必须公告于学校网页；并遵循浅显易懂原则，就新增学生可申请的各类助学措施、学杂费使用情况、学杂费调整理由等公开项目，使外界清楚了解学校各项资讯及财务运用情形，以利于外界检视与监督。③

第三，借鉴我国台湾地区的做法，调涨学费的幅度，应该经国家相关部委或其授权的省级人民政府部门，全校学杂费收费基准调涨幅度上限放宽到基本调幅（标准）的 1.5 倍，有关政府机构应该参酌学校教学成本及受教育者负担能力，依据国家统计部门每年公布的消费者物价指数年增率、平均每户可支配所得年增率等相关指标，核算每年学杂费收费基准调

① 以湖北省为例，省物价局、财政厅、教育厅关于各类教育收费均有文件规定：《关于我省公办幼儿园收费标准的通知》（鄂价费规〔2013〕105 号），《关于调整我省办普通高中学费标准及有关问题的通知》（鄂价费规〔2013〕110 号)，《关于调整我省公办高职高专学费和高校住宿费标准及有关问题的通知》（鄂价费规〔2013〕109 号），义务教育阶段的学费标准更是严格执行政府定价。上述文件可参见：《湖北省人民政府公报》2013 年第 17 号，第 46-48 页。

② 罗欣. 我省向民办高校"放权"学费标准市场说了算[N]. 楚天都市报，2013-12-27（16）.

③ 法源编辑室. 部分大学拟涨学费（台湾教育部门）：应基于照顾弱势原则审慎规划[N]. 法源电子报，2013-12-06（740）.

整幅度。①

第四，学校如果要拟定学杂费调整计划，必须说明学杂费调整与学校未来发展的相关性，以及学校运用学杂费自主调整机制提升校务推动与发展的规划，还必须提出弱势助学经费、财务运作以及办学品质确保的计划。②

第三节　地方高等学校的学费调涨诉求

在高等教育办学成本不断攀升的前提下，各类高校特别是地方公立高校调涨学费的冲动正在持续增长。通过对武汉地区某地方高校近 5 年的教育成本支出与学费收入的个案分析可知，调涨学费的诉求具有一定合理性。在我国现行高等教育学费制度框架内，地方高校学费标准应逐步实现市场调节，实现学费使用情况的公开，并公开说明调整学费与学校未来发展的相关性。

我国地方高等学校学费改革问题，既是一个涉及公共财政、价格学、教育经济学等多学科的综合理论问题，又是事关多方教育利益相关者的公共教育政策的重大实践问题，备受社会关注，也饱受各方争议。作为一个重要的公共财政问题，学费定价与学费管理一直都属于政府价格管控范畴，高等教育收费以及学费结构的不断调整与优化，是我国学费制度改革的基本轨迹和方向，也得到了社会的认可。但是，社会各界围绕公立高校学费问题开展的讨论、质疑乃至批判从来就没有停止过，主要是认为学费收取过高，并且学费使用情况从未依照法律规定依法公开；公立高校认为在物价上涨等因素制约下办学成本不断攀升，要求调涨学费的诉求与冲动也从来没有停止过；教育行政管理部门强调教育收费直接关系到广大人民群众切身利益，维持学费收费项目、标准的努力也没有停止过。基于此，本节尝试就某地方高校展开个案分析，对其调涨学费的现实诉求进行合理性与合法性研究，并尝试提出解决问题的思路。

一、地方公立高校学费调涨的现实诉求

从教育政治学的视角看，学费属于教育政策的范畴。从马克思主义理

① 参见台湾地区《专科以上学校学杂费收取办法》第三、第八条的规定。
② 参见台湾地区《专科以上学校学杂费收取办法》第十条的规定。

论视角看，人们所奋斗和争取的均与个人的利益有着密切关系。因此，教育活动也与利益有关，这是一种教育主体对客体的相互需求关系。在一定意义上，教育利益属于精神利益，以物质利益为基础；同时，也是一种文化利益，以经济利益为基础、政治利益为主导。所以，教育利益既是各利益主体追逐的目标，又因其自身所具有的资源价值，使其成为利益主体为分配教育资源而设置的制度规则和手段。教育政策作为分配教育资源的工具，在教育事业发展进程中发挥着重要的作用。学费，成为教育利益相关者与全社会共同关注的重要现实问题，也是事关民生的重要经济理论问题。围绕学费特别是高等学校学费问题，就其中的是非曲直，学费定价标准的高低，学费定价原则的确定（在我国，典型地体现为学费定价的成本分担方法），不同利益群体之间的论争从来就没有停止过，甚至引发学术论争，成为政治议题。

第一，高等教育学费问题及其调涨的改革取向不仅仅是一个理论问题，更突出地表现为一个公共政策问题与现实政治议题，属于需要"上升到政治高度来认识"的重大问题。

在我国，当前无论是学术界还是公共政策制定者以及高等教育管理实务，对非义务教育特别是高等教育的收费已经普遍认同。但是，面对因为公办高校学费而陷入困境的贫困家庭与学生，社会上质疑不断；目前因公办高等学校学费收取标准是否太高（也有人质疑为"乱收费"），学费定价是否有科学合理的标准、原则和依据，公办高校学费对教育公平是否产生不良影响等问题，已经引起了人们的高度关注。当今世界，尽管绝大多数国家和地区对高等教育实行收费，但收费的定价标准和方法差异很大，学费定价在西方国家的议会、政府、学生、学校、党派以及利益团体与学者之间产生过多次激烈的论争，甚至引发街头抗争。

第二，高等教育学费问题及其改革路径引起了执政党与中央政府的高度重视。

在我国，党的十八大报告指出，要推动高等教育内涵式发展。教育要发展，条件是基础。办好一流高等教育、培养一流创新人才迫切需要加大对关键领域和薄弱环节的投入，不断提高各类高校教育现代化、教育信息化建设水平，增强高等教育的发展实力，为建设教育强国、人力资源强国奠定坚实的物质基础。《国家中长期教育改革和发展规划纲要（2010—2020年）》对高等学校学费问题做了专门阐述和顶层设计，指出"完善非义务教育培养成本分担机制，根据经济发展状况、培养成本和群众承受能力，调整学费标准""建立健全研究生教育收费制度，完善资助政策""完善学校收费管理办法，规范学校收费行为和收费资金使用管理"，并再次明确要按照学生数量建立人均经费基本标准和人均财政拨款基本标准等制度。[①]但规划纲要颁布实施已多年，国家层面并没有启动学费标准的调整，省级人民政府相关部门也尚未成功根据经济发展状况、培养成本等因素调整普通高等教育的学费标准。

第三，高等教育学费定价及其引发的学费改革问题与高等学校办学成本相联系的纽带，是我国学术界从西方引进的相关理论。

公共产品理论认为，教育特别是高等教育，属于市场失灵状态下拥挤的公共产品与价格排他的公共产品，也称之为准公共产品。对我国公立高等学校学费收费标准与定价的理论与实践影响最大的一种理论就是成本分担理论，认为教育成本应该由教育的受益者也就是受教育者及其家庭、纳税人（政府）、慈善机构以及企业（在我国就是"用人单位"）共同承担。成本补偿理论则认为学费是教育成本补偿的一种形式，从效率与公平的角度考虑，学生作为教育的受益者应当承担教育成本的一定份额与比例。教育公平理论认为，对受教育者收取学费首先是基于公平的考虑，如果教育经费与教育成本全部由政府财政负担，等于让所有纳税人来负担教育经费，支付教育成本，但只有一部分人受益，这明显违反公平原则。这些理论充分论证了高等教育收取学费的必要性（当然，在我国，高等学校收费制度的确定还有 20 世纪末国家应对亚洲金融危机、刺激疲软经济的现实考量，扩大内需是我国高校收费的初衷），但是却没有从理论上阐述学费定价标准及其方法，也未能在实践上为学费标准的制定特别是教育成本如何分担、补偿提供技术支持与指导。

第四，高等教育学费收取标准从其实质上讲是一种公共政策与公共定价。

在我国，学费定价属于公共定价性质，所以主管部门除了教育部门以外，还包括发展与改革委员会（各级价格主管部门在内）与财政部门；不仅如此，在政府价格管制也就是政府定价中，公立高等学校收费标准是政府直接定价而不是间接定价；公立高等学校收费项目是中央政府决定，省级及其以下各级政府均没有相关权限。公共定价理论虽然对学费定价有重要的参考价值，但是，现有理论主要是以公共企业如水、电、燃气、邮电、交通等的产品或服务供给为研究对象的，反映在 1998 年 5 月 1 日开始实施的《价格法》第三章第十八条："下列商品和服务价格，政府在必要时可以

---

① 国家中长期教育改革和发展规划纲要（2010—2010 年）[M]. 北京：人民出版社，2010：56.

实行政府指导价或者政府定价"，其中两项就是"重要的公用事业价格"和
"重要的公益性服务价格"。显然，这种定价方式不能为我国高等教育学费
问题直接运用。

二、地方公立高校学费标准的制度安排

我国自 20 世纪 90 年代后期开始，逐步在高等教育领域实行收费制度。
梳理我国公立高校收费制度与标准的相关制度设计是进行相关分析份额的前
提与基础。

第一，学费标准的计算依据是生均教育成本。

根据理论研究成果，决定公立高等学校学费收取标准的主要因素是生
均教育成本、居民支付能力（居民收入水平）、教育的私人受益程度以及教
育供求关系等。这些理论与方法是各国实行高等教育学费定价和学费改革
的最重要理论依据。特别是其中的"成本决定原则"影响最大，我国高等
教育实践中学费定价、收取标准依据的就是这种"成本法"。1996 年 12 月
16 日国家教委、国家计委、财政部颁布的《高等学校收费管理暂行办法》
首先采用这种计算方法，并规定"高等学校学费占年生均教育培养成本的
比例最高不得超过 25%"。但是，实践中从这一规范性文件沿袭下来的以生
均成本为计算的学费收取标准及其定价政策已经受到理论与现实的严峻挑
战，因为直到现在，我国各省市区的各类大学生的生均培养成本到底是多
少，没有哪一个政府机构和各类人员能够清楚准确地回答。国家教育部早
就提出，要在 2007 年制定《高等学校生均成本核定办法》，以此作为高等
学校收费的依据，但是时至今日，这个办法都没有出台，也说明了这一点。
"成本法"应该是一种核定学费的基本方法，但是由于教育培养成本的范围
具有不确定性、教育培养成本计算的方法具有不适应性、教育培养成本的
标准具有非可控性等特征，这直接导致"成本法"在理论上有缺陷：忽视
了影响高等学校学费定价标准的其他重要影响因素；在逻辑上有矛盾：教
育培养成本与学费成为一种线型的刚性的变量关系，可能助长高等教育成
本"有限理性"的无限扩张；在实践上难操作：生均成本无论在全国范围
还是在区域范围均难以准确计算。所以说，"成本法"似乎就成为一种制度
缺陷，需要进一步改进与完善。

第二，学费收取的理论依据是受益者合理分担教育成本。

我国目前明确了高等教育实行以"举办者投入为主、受教育者合理分担
培养成本、学校设立基金接受社会捐赠"等筹措教育经费的体制与机制。在

这一机制之中，政府作为公立高等学校的举办者，其财政投入尤为重要，高等学校办学成本分担机制中的主要问题就在于政府以财政拨款形式的经费投入与学校向学生及其家庭收取的学费之间的紧张关系。就地方高校而言，地方政府的财政投入成为地方高校资金来源（也就是地方高校的收入）的主渠道，但现实中地方政府（主要为省级政府与包括副省级市在内的地级市政府）教育投入偏低和分配不当是制约地方高校发展的难题，教育经费短缺也成为论及地方高等教育时需要面对的尴尬。同时，地方高校的办学成本由受教育者个人或家庭分担一定份额，学费标准可根据区域经济发展水平、物价变动幅度以及个人承受能力等因素合理调整，但从地方政府的财政投入看，以举办者投入为主的高等教育经费投入机制在地方高等教育中体现得不明显、不充分；从学生个人的学费投入看，地方高等教育中受教育者合理分担的培养成本正在逐步上升。

第三，教育收费项目属于全国性行政事业性收费项目，学费标准的确定属于政府定价范围。

公立高等学校收费项目由中央政府及其部门（体现为教育部、发改委与财政部等中央政府部门）直接掌控，学费收取标准由国家直接定价。

第四，高校调整学费标准的程序限制比较苛刻。

在现行公办高等学历教育学费由政府定价的前提下，地方高校"适时调整学费"更为艰难。根据现行管理体制，高校学费是由省级人民政府价格主管部门及其他有关部门按照定价权限和范围制定，不经省级物价、财政与教育部门的联合批准，任何单位或个人都无权变动；有的地区还将公办高等学历教育纳入价格听证范围。[①]

三、地方公立高校学费调涨的个案分析

近年来，国内各类高校都存在着调涨学费的利益诉求，但是这一诉求在现实中都难以实现。本书以我国实施中部崛起战略所在的武汉地区的某一地方公立高校为例进行分析。该校坚持党的教育方针，走科学发展、内涵发展和创新发展之路，应用型本科人才培养取得显著成就，得到省市党委、政府及其相关部门以及用人单位与学生家长的充分肯定和赞扬；但该校在发展过程中也遇到了一些困难，特别是近年来该校党委和行政锐意改革，提出并着力实施"应用性、创造性、国际性"的"三性"人才培养，加大人才引进力度，加强实践教育，加大教学投入，教育成本不断攀升，

---

① 沈佳. 学历教育和景区收费纳入听证[N]. 楚天金报，2012-12-08（A6）.

学费收费标准未达生均教育成本支出的 25% 这一约束指标，学费收费标准与教育成本支出呈现倒挂。这一现象的存在及其恶性发展，严重困扰着学校教育教学事业的改革与发展。

第一，自 2006 年以来，某公立地方高校一直严格贯彻执行所在地区省物价局、财政厅、教育厅《关于进一步规范高校教育收费管理的通知》（鄂价费〔2006〕183 号）规定的学费收费标准。

具体来说，在 2007—2011 年某公立地方高校招生的 63 个本科专业（专业方向）以及 13 个专科专业中：34 个本科一般专业及专业方向严格按照文件要求，执行每生每学年 4 000 元的标准；1 个本科优惠专业（园艺学）专业实行优惠学费，按基本标准的 75% 即 3 000 元收费；15 个本科专业或专业方向作为重点本科专业，严格按照文件规定向上浮动 30% 即按 5 200 元收费，但上浮学费的本科专业数量远低于规定的 30% 专业数量限额；13 个艺术类本科专业严格执行省里规定收费；13 个专科专业的收费标准为 3 000 元。

第二，某公立地方高校教育成本支出、生均教育成本逐年上升，导致学费收费占生均教育成本支出的比例逐年下降，办学的教育成本逐年上升（见表 1、表 2。数据来源：根据有关文献数据整理出的表格[①]）。从 2007 年到 2011 年，该校办学教育成本是逐年上升的，5 年来教育成本支出增长了 53%，即 2011 年的教育成本支出是 2007 年的 1.53 倍。从 2007 年到 2011 年，该校生均教育成本支出大体也是逐年上升的，2011 年生均教育成本是 2007 年的 1.50 倍；从 2007 年到 2011 年学费标准占生均教育成本支出比例是逐年下降的，以每年 5 000 元学费标准计，从 2007 年的 20% 一直降低到 2011 年的 13.6%。一方面是教育成本支出的逐年上升，另一方面则是学费标准占生均教育成本比例的逐年下降，形成学费标准与生均教育成本支出倒挂现象。国家对高等学校学费收费做了如下规定：高等学校的学费标准根据年生均教育培养成本的一定比例确定，现阶段，高等学校学费收费标准占年均教育培养成本比例最高不得超过 25%。如果以 25% 这个比例为标准，该校从 2007 年到 2011 年 5 年内没有哪一年达到这个比例，最接近的只是 2007 年的 20%，而 2011 年只达到 13.6%。也就是说 2007 年的学费标准占生均教育成本支出的比例，还有 5% 的空间可以提升，而 2011 年则有 11.4% 的上升空间。

---

① 方爱平，等. 楚天学术（第 21 辑）[C]//肖引. 市属高校教育成本支出情况分析. 武汉：长江出版社，2013：295-297.

表 1　某地方高校 2007—2011 年教育成本支出情况统计表（单位：万元）

年度	人员经费	公用支出	补助	折旧	合计	学生数	生均成本支出	教育成本支出与上年递增比
2007	14 343.11	11 655.50	8 246.75	5 699.57	39 943.43	16 359	2.44	
2008	15 666.59	14 574.64	9 256.87	5 954.76	45 452.85	16 525	2.75	13%
2009	15 654.19	16 274.48	8 904.65	6 875.05	47 708.37	17 543	2.72	4%
2010	17 445.81	19 700.59	9 091.52	7 300.76	53 539.69	17 232	3.11	12%
2011	18 776.15	24 111.86	10 521.11	7 880.04	61 289.16	16 709	3.67	14%

表 2　某地方高校 2007—2011 年学费收入与生均教育成本支出情况统计表

年份	学生人数（人）	学费收入（万元）	生均学费收入（元）	生均教育成本（万元）	生均教育成本中学费比例
2007	16 359	7 847.46	4 797.03	2.44	20%
2008	16 525	8 171.87	4 945.16	2.75	18%
2009	17 543	8 657.32	4 934.91	2.72	18%
2010	17 232	8 710.15	5 054.63	3.11	16%
2011	16 709	8 794.39	5 263.26	3.67	13.6%

　　第三，该校为提高人才培养的质量，加强师资队伍建设，加大人才引进力度，导致人员经费增长幅度较大，增大了教育成本支出。

　　该校 2007 年教育成本支出人员经费这一块是 14 343.11 万元，到 2011 年达到 18 766.15 万元，五年间增长幅度达 30%，即 2011 年是 2007 年的 1.3 倍。五年间该校引进了一名"双聘"院士、十余位楚天学者、近百位海外博士充实到教师队伍中来，对教学质量的提高和人才培养质量的提升起到了积极的作用，但同时也增大了学校的教育成本支出。

　　第四，该校为了培养出创造型应用型人才，加大了实验实习课程等实践教学环节的培养力度，强调学生动手能力的培养和实施创新教育，在公用经费这一块增长幅度较大，导致了教育成本支出的增加。

　　该校公用经费支出由 2007 年的 11 665.50 万元上升到 2011 年的 24 111.86 万元，五年间上升幅度为 106%，主要用于"双师型"教师的引进和培育，实验实习所需原材料的购买还有实验实习所需的水电费用、人工费用。

第五，物价上涨增加了该校教育成本的支出，也使得教育成本支出逐年上升。

根据国家统计部门公布的数据，2007 年的通货膨胀率为 4.8%，2008 年为 5.9%，2010 年为 3.3%，2011 年为 4.9%。该校从实际办学中更明显地感受到了物价上涨带来的生活开支扩大的压力。显然这五年物价上涨导致学校教育成本在原材料、燃料、动力、专用教学仪器设备、图书资料等方面增加了开支，这无疑增大了教育成本。

四、地方公立高校学费调涨的解决思路

现行地方高校办学成本的价格肯定是由市场决定的，虽然高校学生的学费价格是由政府定价的，但仍然要发挥市场的积极作用；同时要坚持不断改进对公立高等教育价格的管理和监督。鉴于此，要基于审慎规划的原则有条件地逐步放开高等教育学费价格，基于弱势群体照顾原则推动各项助学措施。

第一，地方高校学费标准要在利益相关者的博弈中尊重市场规则。

地方公立高校的学费改革涉及中央与地方的公共财政，关系到地方高校办学经费，关系到社会管理及民生问题。由于教育的公共性、外溢性和信息不对称性，学费定价及其引发的学费改革问题就必然成为市场经济条件下的政府价格行为，也是政府以及各方教育利益相关者共同参与并达成广泛社会影响的经济行为。一方面，作为社会公平的守护者、市场秩序的维护者和公共政策的制定者，政府在学费定价与改革以及学费管理的规范中发挥着主导与规制作用。政府要规范自身的定价行为，也就是政府价格行为法定，政府定价程序法定（这体现为各省级政府价格部门对公立高等学校学费标准确定过程中的各类法定程序，例如听证程序），约定政府的定价权限；政府的学费定价行为还要科学、高效、有序，应该在尊重市场规则的基础上，维护公共利益，吸纳公众参与，遵从公共选择。另一方面，就地方公立高校而言，引发了中央财政与地方财政的博弈、作为投资方的地方政府与作为管理者的省级教育行政主管部门的博弈、作为办学者的高等学校与作为投资方的地方政府之间的博弈、作为办学者的高等学校与作为政府价格管制代表的省级物价部门之间的博弈、作为消费者的学生及其家庭与作为公共产品提供者的高等学校之间的博弈。

第二，地方高校学费收入情况要向社会公开，特别是要将学杂费的使用情况公开。

高等教育作为一种高投资成本的教育，学校有办学支出，高等教育的学杂

费政策应基于提升品质、分担成本、公平正义及照顾弱势等原则审慎规划。参照我国台湾地区处理有关"学生抗议大学即将调涨学杂费"事宜的政策，高等教育不应该商品化，但应该注重教学研究品质与学生人格教育发展的诉求，调整学杂费是为了合理反映教学成本。具体来说，学校要落实校务公开及财务资讯公开透明化，资讯必须公告于学校网页；并遵循浅显易懂原则，就新增学生可申请的各类助学措施、学杂费使用情况、学杂费调整理由等公开项目，使外界清楚了解学校各项资讯及财务运用情形，以利于外界检视与监督。

第三，有关部门确立每年度学杂费调涨的基准幅度，并责令公开说明调涨学费与未来发展的相关性。

调涨学费的幅度，应该经国家相关部委或其授权的省级人民政府部门批准，全校学杂费收费基准调涨幅度上限放宽到基本调幅（标准）的1.5倍，有关政府机构应该参酌学校教学成本及受教育者负担能力，依据国家统计部门每年公布的消费者物价指数年增率、平均每户可支配所得年增率等相关指标，核算每年学杂费收费基准调整幅度。学校如果要拟定学杂费调整计划，必须说明学杂费调整与学校未来发展的相关性，以及学校运用学杂费自主调整机制提升校务推动与发展的规划，还必须提出对家庭经济困难等弱势群体的助学经费、财务运作以及办学品质确保的计划。

参考文献

[1] 习近平. 习近平谈治国理政[M]. 北京：外文出版社，2014.

[2] 习近平. 习近平谈治国理政（第 2 卷）[M]. 北京：外文出版社，2017.

[3] 本书编写组. 党的十九大报告辅导读本[M]. 北京：人民出版社，2017.

[4] 中共中央宣传部. 习近平总书记系列重要讲话读本（2016 年版）[M]. 北京：学习出版社，人民出版社，2016.

[5] 湛中乐. 教育行政诉讼理论与事务研究[M]. 北京：中国法制出版社，2013.

[6] 湛中乐. 公立高等学校法律问题研究[M]. 北京：法律出版社，2009.

[7] 湛中乐. 大学法治与权益保障[M]. 北京：中国法制出版社，2011.

[8] 湛中乐. 大学自治、自律与他律[M]. 北京：北京大学出版社，2006.

[9] 湛中乐. 高等教育与行政诉讼[M]. 北京：北京大学出版社，2003.

[10] 湛中乐. 通过章程的大学治理[M]. 北京：中国法制出版社，2011.

[11] 劳凯声. 变革社会中的教育权与受教育权——教育法学基本问题研究[M]. 北京：教育科学出版社，2003.

[12] 劳凯声. 中国教育法制评论（1-11 辑）[M]. 北京：教育科学出版社，2002-2014.

[13] 劳凯声. 中国教育改革 30 年（政策与法律卷）[M]. 北京：北京师范大学出版社，2009.

[14] 周光礼. 公共政策与高等教育——高等教育政治学引论[M]. 武汉：华中科技大学出版社，2010.

[15] 周光礼. 法律制度与高等教育[M]. 武汉：华中科技大学出版社，2005.

[16] 周光礼. 教育与法律——中国教育关系的变革[M]. 北京：社会科学文献出版社，2005.

[17] 周光礼. 学术自由与社会干预——大学学术自由的制度分析[M]. 武汉：华中科技大学出版社，2003.

[18] [美]内尔达·H·坎布朗-麦凯布，等. 教育法学：教师与学生的权利（第 5 版）[M]. 江雪梅，等，译. 北京：中国人民大学出版社，2010.

[19] 万以娴. 企业规章制度违法风险防范指南[M]. 北京：中国法制出版社，2013.

[20] 卓宇轩. 教育行业法律风险防控大全[M]. 北京：法律出版社，2013.

[21] 李钊. 民办高校办学风险防范研究[M]. 北京：社会科学文献出版社，2009.

[22] 教育部政策法规司,教育部高等教育司. 中国特色现代大学制度文件辑要（2014）[M]. 北京：外语教学与研究出版社，2014.

[23] 中国高等教育学会. 改革开放 30 年中国高等教育发展经验专题研究（1978-2008）[M]. 北京：教育科学出版社，2008.

[24] 王连森. 大学发展的经济分析——以资源和产权为中心[M]. 北京：高等教育出版社，2013.

[25] 刘绍怀，等. 现代大学制度理论与实践研究[M]. 北京：高等教育出版社，2013.

[26] 申素平. 高等学校的公法人地位研究[M]. 北京：北京师范大学出版社，2010.

[27] 蔡珍红. 现代大学基层学术组织特征与治理研究[M]. 重庆：重庆大学出版社，2012.

[28] 吕继臣. 中国公立高等学校法人制度研究[M]. 北京：北京师范大学出版社，2011.

[29] 覃壮才. 中国公立高等学校法人治理结构研究[M]. 北京：北京师范大学出版社，2010.

[30] 祁占勇. 高等学校法人内部治理结构研究[M]. 北京：教育科学出版社，2012.

[31] 洪源渤. 共同治理——论大学法人治理结构[M]. 北京：科学出版社，2010.

[32] 蒋达勇. 现代国家建构中的大学治理——基于中国经验的实证分析[M]. 北京：中国社会科学出版社，2014.

[33] 毕宪顺. 决策、执行、监督—高等学校内部权力制约与协调机制研究[M]. 北京：教育科学出版社，2013.

[34] 吴惠平. 西方大学的共同治理[M]. 北京：北京师范大学出版社，2012.

[35] 欧阳光华. 董事、校长与教授——美国大学治理结构研究[M]. 北京：高等教育出版社，2011.

[36] 王绽蕊. 美国高校董事会制度——结构、功能与效率研究[M]. 北京：高等教育出版社，2010.

[37] [美]威廉·G·鲍恩. 汲取经验——普林斯顿大学校长的反思[M]. 王天晓，译. 北京：高等教育出版社，2012.

[38] [美]阿德里安娜·基泽. 面向合作的高等教育管理——校领导手册[M]. 沈蕾娜，译. 北京：高等教育出版社，2013.

[39] [美]米歇尔·拉蒙特. 教授们怎么想——在神秘的学术评价体系内[M]. 孟凡礼，译. 北京：高等教育出版社，2011.

[40] [美]斯坦利·阿罗诺维兹. 知识工厂——废除企业型大学并创建真正的高等教育[M]. 周敬敬，译. 北京：高等教育出版社，2012.

[41] 俞可平. 论国家治理现代化（修订版）[M]. 北京：社科文献出版社，2015.

[42] 俞可平. 国家治理评估——中国与世界[M]. 北京：中央编译出版社，2009.

[43] 谢春涛. 中国共产党如何治理国家？[M]. 北京：新世界出版社，2012.

[44] 人民论坛. 大国治理——国家治理体系和治理能力现代化[M]. 北京：中国经济出版社，2014.

[45] 胡鞍钢. 中国国家治理现代化[M]. 北京：中国人民大学出版社，2014.

[46] 本书编写组. 完善和发展中国特色社会主义制度推进国家治理体系和治理能力现代化党员干部读本[M]. 北京：红旗出版社，2014.

[47] 本书编写组. 推进国家治理体系和治理能力现代化[M]. 北京：国家行政学院出版社，2014.

[48] 刘世军. 大国的复兴——国家治理体系与治理能力现代化[M]. 上海：上海人民出版社，2014.

[49] 连玉明. 社会管理蓝皮书·治理体系与治理能力现代化（2014版）[M]. 北京：社科文献出版社，2014.

[50] 许海清. 国家治理体系和治理能力现代化[M]. 北京：中共中央党校出版社，2013.

[51] 张小劲，于晓虹. 推进国家治理体系和治理能力现代化六讲[M]. 北京：人民出版社，2014.

[52] 周兆呈，刘鹏辉. 新加坡公共政策传播策略:政府如何把握民意有效施政[M]. 北京：民主与建设出版社，2015.

[53] 教育规划纲要工作小组办公室. 教育规划纲要辅导读本[M]. 北京：教育科学出版社，2010.

[54] 教育规划纲要工作小组办公室. 全国教育工作会议文件汇编[M]. 北京：教育科学出版社，2010.

[55] [美]亚瑟·M·科恩，卡丽·B. 基斯克. 美国高等教育的历程（第二版）[M]. 梁燕玲，译. 北京：教育科学出版社，2012.

[56] 卢洁莹. 美国社区学院治理及其理论基础[M]. 合肥：安徽教育出版社
      2011.

[57] 贺国庆. 外国职业教育史（上、下卷）[M]. 北京：人民教育出版社，
      2014.

[58] [德]劳耐尔. 国际职业教育科学研究手册（上册）[M]. 赵志群，译. 北
      京：北京师范大学出版社，2014.

[59] [英]克拉克. 职业教育：国际策略、发展与制度（第 1 辑）[M]. 翟海魂，
      译. 北京：外语教学与研究出版社，2011.

[60] 王建华. 第三部门视野中的现代大学制度[M]. 广州：广东高等教育出
      版社，2008.

[61] 孙霄兵. 探索完善中国特色现代大学制度[M]. 北京：高等教育出版社，
      2012.

[62] 孙霄兵，马雷军. 教育法理学[M]. 北京：教育科学出版社，2017.

[63] 孙霄兵. 中国特色现代大学制度建设研究（修订版）[M]. 北京：教育
      科学出版社，2014.

[64] 朴雪涛. 现代性与大学——社会转型期中国大学制度的变迁[M]. 北
      京：人民出版社，2012.

[65] 马钦荣. 中国特色现代大学制度探索与实践[M]. 上海：华东师范大学
      出版社，2012.

[66] 张力，马陆亭. 中国特色现代大学制度建设理论与实践[M]. 上海：华
      东师范大学出版社，2013.

[67] 胡赤弟. 教育产权与现代大学制度构建[M]. 广州：广东高等教育出版
      社，2008.

[68] 田爱丽. 现代大学法人制度研究——日本国立大学法人化改革的实践
      和启示[M]. 上海：上海教育出版社，2009.

[69] 赵文华，龚放. 现代大学制度：问题与对策[M]. 上海：上海交通大学
      出版社，2007.

[70] 王洪才. 中国大学模式探索——中国特色的现代大学制度建构[M]. 北
      京：教育科学出版社，2013.

[71] 金泽龙. 科学发展观视角析"现代大学制度"创新探究[M]. 北京：中
      国纺织出版社，2013.

[72] 孙雷. 现代大学制度下的大学文化透视[M]. 北京：光明日报出版社，
      2010.

[73] 樊艳艳. 双重起源与制度生成——中国现代大学制度起源研究[M]. 武

汉：华中科技大学出版社，2011.

[74] 丁刚. 现代大学制度下的中国高校工会[M]. 北京：吉林大学出版社，2011.

[75] 于文明. 中国公立高校多元利主体生成协调研究——构建现代大学制度的新视角[M]. 北京：高等教育出版社，2007.

[76] 方明，谷成久. 现代大学制度论[M]. 合肥：安徽大学出版社，2007.

[77] 胡建华. 现代中国大学制度的原点：50 年代初期的大学改革[M]. 南京：南京师范大学出版社，2001.

[78] 秦国柱. 中心城市与大学发展[M]. 北京：中国社会科学出版社，2006.

[79] 李志红，等. 大学与城市互动研究[M]. 济南：山东大学出版社，2009.

[80] 郇海霞. 美国研究型大学与城市互动机制研究[M]. 北京：中国社会科学出版社，2009.

[81] 赵长城，等. 地方高校发展若干问题的思考[M]. 北京：中国经济出版社，2012.

[82] 丁立宏. 科学研究与社会服务前沿论锋[M]. 北京：首都经济贸易大学出版社，2010.

[83] 湖北省社会科学界联合会. 以马克思主义实践观指导高校服务经济社会发展[M]. 北京：湖北人民出版社，2013.

[84] 张男星，等. 高等学校绩效评价论[M]. 北京：教育科学出版社，2012.

[85] 刘江华，等. 中国副省级城市竞争力比较研究[M]. 北京：中国经济出版社，2009.

[86] 倪鹏飞，等. 教育提升城市竞争力：构建服务型教育体系的宁波经验[M]. 北京：社会科学文献出版社，2011.

[87] 成长春. 赢得未来——高校核心竞争力研究[M]. 北京：人民出版社，2006.

[88] 宋东霞. 中国大学竞争力研究[M]. 北京：高等教育出版社，2005.

[89] 曲绍卫. 大学竞争力研究——基于新制度经济学分析框架[M]. 北京：教育科学出版社，2008.

[90] 冯敏. 高校核心竞争力研究[M]. 上海：上海世界图书出版公司，2012.

[91] 林荣日. 制度变迁中的权力博弈——以转型期中国高等教育制度为研究重点[M]. 上海：复旦大学出版社，2007.

[92] 朱国仁. 高等学校职能论[M]. 哈尔滨：黑龙江教育出版社，1999.

[93] 潘懋元. 潘懋元高等教育文集[M]. 北京：新华出版社，1991.

[94] 眭依凡. 大学的使命与责任[M]. 北京：教育科学出版社，2002.

[95] 郝维谦，等. 高等教育史[M]. 海口：海南出版社，2000.

[96] 江汉大学高等教育研究所，邵红，张丽萍. 城市大学蓝皮书·十五副省级城市综合大学发展报告（2006-2010）[M]. 武汉：湖北人民出版社，2012.

[97] 江汉大学高等教育研究所，邵红，张丽萍. 城市大学蓝皮书·十五副省级城市综合大学发展报告（2011）[M]. 武汉：湖北人民出版社，2012.

[98] 江汉大学高等教育研究所，邵红，张丽萍，肖引. 城市大学蓝皮书·十五副省级城市综合大学发展报告 2012[M]. 武汉：湖北人民出版社，2013.

[99] 江汉大学高等教育研究所，桑建平，肖引. 城市大学蓝皮书·十五副省级城市综合大学发展报告 2013[M]. 武汉：湖北人民出版社，2014.

[100] 江汉大学高等教育研究所，肖引. 城市大学蓝皮书·十五副省级城市综合大学发展报告 2014[M]. 武汉：湖北人民出版社，2015.

[101] 江汉大学高等教育研究所，肖引. 城市大学蓝皮书·十五副省级城市综合大学发展报告 2015[M]. 武汉：武汉出版社，2016.

[102] 江汉大学高等教育研究所，肖引. 城市大学蓝皮书·十五副省级城市综合大学发展报告 2016[M]. 武汉：湖北人民出版社，2017.

[103] 储著斌. 人的观念现代化研究[M]. 北京：中国社会科学出版社，2015.

[104] 肖引. 地方高校核心竞争力研究——基于我国城市大学的分析[M]. 武汉：湖北人民出版社，2017.

后 记

我是"半路出家"从事教育学研究的。大学本科、硕士与博士研究生期间，均选择的是马克思主义理论与思想政治教育这一学科。1998 年从武汉大学本科毕业后，一直在位于湖北省武汉市的江汉大学工作，期间回母校在职攻读了硕士与博士学位。工作期间经历过不同的工作岗位，先后从事过马克思主义理论宣传教育、发展规划与政策法规、法律事务与信访管理等党务与行政工作，基本上都属于"管理育人"的岗位。2011 年底，为了实现走上教学科研第一线的个人"梦想"，主动、毅然地到江汉大学高等教育研究所专职从事社会科学研究工作，实现了人生的一次重大转型。之后，一方面结合自己的教育经历与实践经验，选择了大学德育（马克思主义理论）、大学治理（教育学）作为自己的研究方向，管理育人就是典型的结合点；另一方面，为弥补自己在教育学理论、法学理论上的空白，主动以骨干青年教师访问学者的名义进修学习了"教育经济与管理"学科的课程，积极以社会人员的名义参加湖北省法律专业本科的自学考试并顺利毕业且通过了十多年前的国家司法考试。我的些许努力估计在"方向"上有问题，以至事到如今虽终日忙忙碌碌却一事无成，只有继续在哲学社会科学研究队伍中滥竽充数了！

对自己的评价，感觉唯一的"优点"似乎就是"不懒"！之前从事党务与行政工作的时候，经常"夹点私货"，也就是在工作之余结合起草的文件稿、撰写的讲话稿，再琢磨一下，写过一点小文章，竟然也公开发表了！例如，起草学校校务公开的文件稿时，附带发表几篇关于"高等学校信息公开"的小文章，难得是还被国内最著名高校的顶级专家引用过，进入了著名学者的"法眼"！参与学校章程起草的时候，虽起草的条目难以被采纳，但尝试着以"大学章程建设"为议题，申报了几个不上台面的小项目，也破天荒地获批了！在处理学校法律事务过程中，虽代理的一些诉讼、仲裁案件裁判结果不佳，但也促进了我对地方高校依法治校、学校法律顾问制度建设等问题进行了一些思考（现在才知道这些都属于"教育政策与法律"或"教育法学""教育政治学"的研究范畴）。可能是因为这些细小的、拿不上台面的"成绩"，我就沾沾自喜了，个人的私欲"膨胀"了，义无反顾地走上了所谓的"学术研究"

之路，专职从事哲学社会科学研究系列的高等教育研究。

这是我的第一本关于教育学方面的所谓的"著作"。之所以说是"所谓的著作"，是因为本书的主要内容是在以往有关论文的基础上修改、加工而成，这一痕迹很明显，特此向读者、我的老师们以及出版社致歉！当然，也是在不停地自我否定和自我肯定的矛盾纠结中逐渐修改而成的，越是对其进行深入研究、大幅修改，就越发现自己之前的幼稚与浅薄，恨不得推倒重来！对本书的出版还有一个自我怀疑、自我否定、不知所措的过程。庆幸的是，正如尊敬的李进才校长在本书"序"中所期待的，希望我以此为起点，更加深入地研究现代大学治理的中国特色问题、更加系统地研究现代大学治理中地方高校的特色个性问题、更加全面地研究我国高等学校管理育人与制度育人等方面的问题。我现在能说的就是，相关研究并没有告一段落，还需要今后更精心地完善、更细致地研究！

本书的出版，要感谢江汉大学及有关领导的大力支持！一是感谢李进才老校长的关心与支持。李校长已年届 80 高龄，曾任教育部高教一司副司长、武汉大学副校长、江汉大学校长，目前作为江汉大学名誉校长，兼任江汉大学地方高校发展与评估研究中心主任，仍以扶掖年轻人成长为己任，欣然将本书出版纳入该研究中心的"高校发展与评估研究论丛"，并欣然提笔为我作序！惭愧的是，我确实对不住老人家的厚爱，未能拿出像样的成果；二是感谢江汉大学教育学院及院长孔晓东教授的鼎力支持，同意将本书的出版纳入"江汉大学武汉市市级重点学科项目'教育学'学科建设课题基金资助"计划；三是感谢江汉大学高等教育研究所所长肖引研究员、副所长刘义研究员，在我"高不成、低不就"的情况下，仍同意接纳我成为他们的一员，满足了我想搞哲学社会科学研究的"梦想"；四是感谢江汉大学地方高校发展与评估研究中心副主任邓传德、朱现平两位研究员以及江汉大学高教所的各位同事，他们引导我走上学术道路，鼓励、支持着本书的写作与出版！

本书的出版，感谢西南交通大学出版社的编辑！不仅是他们的辛勤工作，直接催生着本书的出版面世；更重要的是他们一直在催促着我、鼓励着我前进！没有编辑老师的关心、鼓励，本书的出版基本上是未知数！

最后衷心的感谢我的家人。我的爱人周艳霞女士，是湖北某一省级示范高中的语文老师，她在繁重的应试教育工作与沉重的家务劳动之余，尊重我选择的道路，愿意陪我实现那小得可怜的梦想。感谢我的女儿，储天舒现已成长为一名优秀的初中生了，聪慧、活泼、善解人意的她陪伴着我、激励着我；储天晴也快四个月了，我虽很少陪伴她，但相信她长大后能谅解我"为稻粱谋"过程中的失职！特别感谢我的岳父周宏义先生、岳母肖杏华女士，他们已届退休，本可颐养天年，但因我"身在异乡为异客"，他们十余年来却默默无闻、不计回报地为我操持着家务、抚养着孩子！感谢我的弟弟、安徽明壹律师事务所主任储晓东律师及其夫人，在家乡赡养着我年事已高的父母，免除了我的后顾之忧！

这本书，可以成为我在教育学理论研究上的起点，但可以肯定的是，这绝不是终点！

储著斌于汉阳蜗居
戊戌年正月